세계 도보여행 50

초판 1쇄 발행   2021년 10월 20일
　　 2쇄 발행   2022년 6월 30일

지은이   이영철

펴낸이   정혜윤

디자인   김태욱

펴낸곳   SISO

주소   경기도 고양시 일산서구 일산로635번길 32-19

출판등록   2015년 01월 08일 제 2015-000007호

전화   031-915-6236

팩스   031-5171-2365

이메일   siso@sisobooks.com

ISBN   979-11-89533-81-6 (13980)

* 책값은 뒤표지에 있습니다.
* 잘못 만들어진 책은 구입하신 곳에서 교환해드립니다.

특사를 파견하여 설득하는 등 전 세계가 만류했으나 바비는 끝내 뜻을 굽히지 않고 단식 66일 만에 생을 마쳤다. 폴스 로드 49번지에 위치한 신페인 당 건물 측면 전체가 그의 초상화로 채워져 있다. 추모 공원인 리멤버런스 가든을 지나 서쪽으로 200m 지점이다.

두 거리 사이는 가깝지만 건너가는 길들은 거대한 벽으로 막혀 있다. 우회해야 한다. 피스 월 또는 피스 라인으로 불리는 이 벽들은 벽돌이나 철조망 등 다양한 형태로 북아일랜드 전역에 설치되어 있다. 인접한 두 지역 간 폭력사태를 막기 위하여 임시방편으로 1970년부터 하나둘씩 설치해오던 것이 수십 군데로 늘어난 것이다. 그중에서도 이곳 샨킬 로드와 폴스 로드 사이의 피스 월이 가장 많이 알려졌다. 이름은 '평화의 벽'이지만 정작 벽들을 가득 채우고 있는 벽화들은 하나같이 강렬하고 살벌하고 전투적이다. 오랜 세월 쌓여온 테러와 보복의 악순환 역사를 보여주는 것이다.

벨파스트에서는 '이 거리를 혼자 여행한다면 특히 안전에 유의하라'는 당부를 많이 듣는다. 2005년 IRA와 영국 간 평화협정이 체결되기 전까지는 외지인들의 안전한 여행은 꿈조차 못 꿨던 그런 곳이었다.

살벌했던 분쟁 지역에서 북아일랜드의 과거와 여전히 을씨년스러운 현재를 보았다면 마지막으로 편안하고 상쾌한 정원을 거닐어볼 필요가 있다. 폴스 로드에서 대중교통을 이용해 동남쪽으로 3km 이동하면 라간 강 강변에 보타닉 가든과 퀸스대학교 캠퍼스가 제격이다. 특히 보타닉 가든 안에 있는 5층 건물 얼스터 뮤지엄에서 아일랜드 분쟁의 역사를 시각적으로 재확인할 수 있다.

재가 극명하게 조명된다. 영국과 아일랜드의 750년 역사가 압축된 곳이다.

시청 북쪽의 노스 스트리트를 따라 걷다가 야트막한 언덕 피터스 힐을 지나면서부터 서쪽으로 2km가 신교도 거리인 샨킬 로드다. 'AD 455년부터 교회가 있었던 원조 벨파스트'라는 초입 건물 벽 대형 문구가 이 지역의 오랜 역사를 말해준다. 그러나 당시의 원주민 후손들은 외곽으로 밀려났고 지금 이 일대는 AD 15세기 이후 밀려들어온 영국계 개신교도들의 땅이다. 때문에 독립을 외치는 IRA와 영국 간의 오랜 세월 피의 분쟁이 반복됐던 곳이다. 외관상 깔끔하고 깨끗한 거리지만 분쟁과 테러의 흔적들이 곳곳에 남아 있다. 인적도 많지 않고 적막하면서 어딘가 을씨년스럽다. IRA에게 희생당한 개신교도들의 사진과 추모 현장들이 거리 곳곳에 이어진다.

샨킬 로드 남쪽 인근엔 구교도 거리인 폴스 로드가 남서쪽으로 3.5km 이어진다. 오래전부터 조상 대대로 살아왔거나 신교도들에게 밀려난 원주민 가톨릭교도들이 밀집해 사는 거리다. 건물과 거리의 조형물과 사람들 모습도 신교도 거리와는 확연히 차이가 난다. 한때 빈민가였다가 이제야 조금씩 정비해가는 그런 분위기지만 음산한 느낌을 지울 수 없다. 줄을 잇는 거리의 벽화들 속에는 빼앗기고 밀려난 자들의 고통과 원한과 결기가 서려 있다.

이 거리를 방문한 여행객들이 가장 많이 찾는 곳이 바비 샌즈 벽화 건물이다. 북아일랜드의 독립을 외치며 영국에 항거했던 IRA 인물로 가장 먼저 떠올리는 이름은 마이클 콜린스(Michael Collins)일 테고 그다음이 바비 샌즈(Bobby Sands)일 것이다. 옥중에서 단식 투쟁 중 1981년 봄 27세 나이로 생을 마친 젊은이다. 교황 요한 바오로 2세가

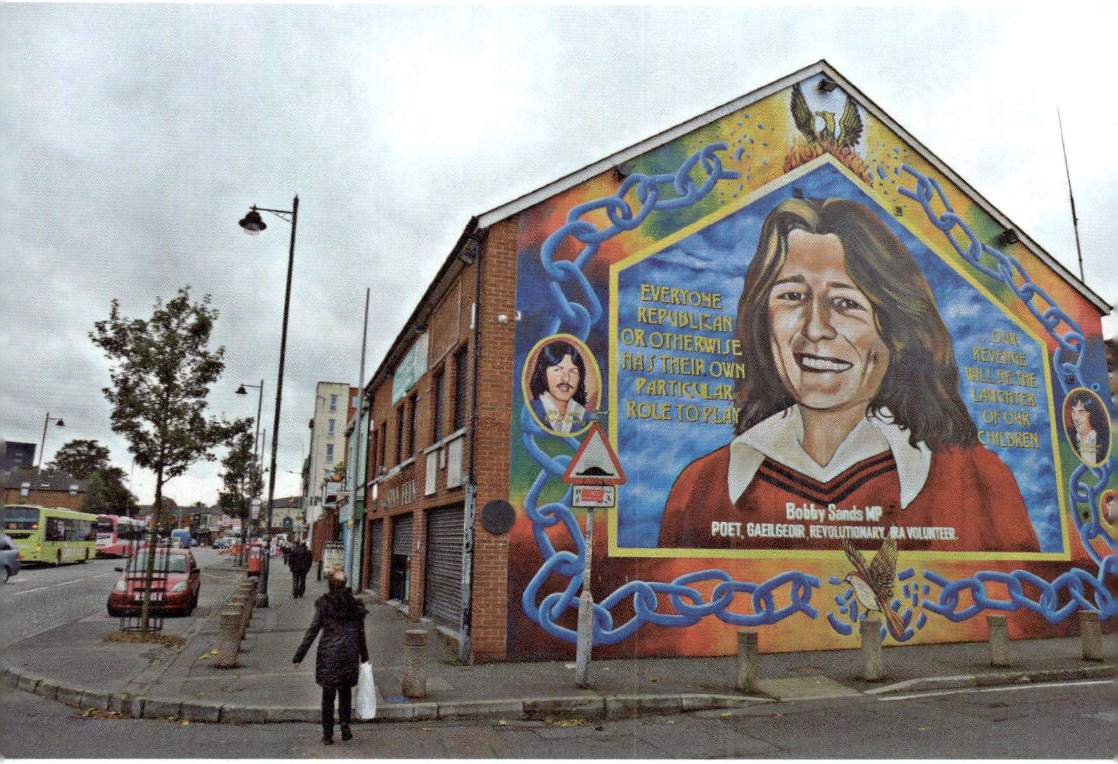
EVERYONE
REPUBLICAN
OR OTHERWISE
HAS THEIR OWN
PARTICULAR
ROLE TO PLAY
...OUR
REVENGE
WILL BE THE
LAUGHTER
OF OUR
CHILDREN
Bobby Sands MP
POET, GAEILGEOIR, REVOLUTIONARY, IRA VOLUNTEER.

HIST RY IS OURS, AND HISTORY IS MADE BY THE PEOPLE
La historia es nuestra y la hacen los pueblos

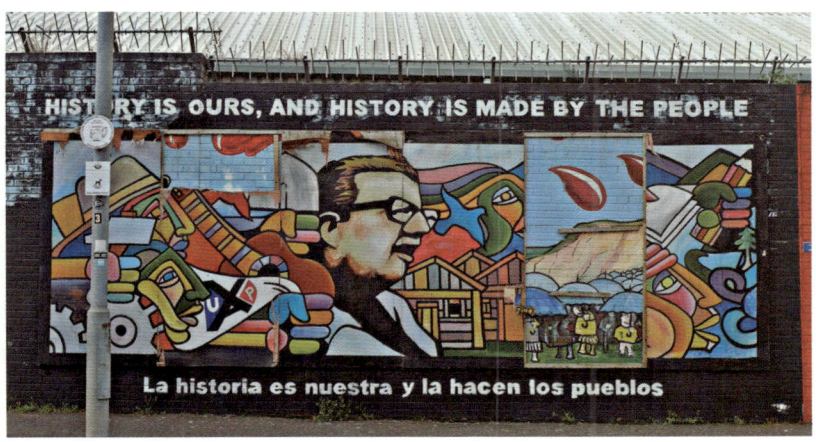

교도들이 주류를 이룬다. 500년 역사 동안 이런 구도가 견고해지면서 원주민 가톨릭계는 점차 사회 하층으로 밀려났고 그 불만이 원한으로 쌓여왔다.

   벨파스트는 라간 강을 기준으로 동부와 서부로 나뉜다. 동부는 거의 대다수가 개신교들이다. 지리적으로 영국과 조금 더 가까운 탓도 있을 것이다. 반대로 서부는 개신교가 소수지만 사회적 우위를 점하고, 가톨릭이 다수지만 삶은 열악하다. 이곳 서부의 구교도(가톨릭) 거리와 신교도(개신교) 거리를 거닐어 보면 북아일랜드의 과거와 현

📍 트레킹 루트 2. 신구교도 거리 (5.5km)

피터스 힐(Peter's Hill) - 샨킬 로드(Shankill Rd) 2km - 평화의 벽(Peace Wall Belfast) - 폴스 로드(Falls Rd) 3.5km - 보타닉 가든(Botanic Gardens) - 얼스터 뮤지엄(Ulster Museum) - 퀸스대학교(Queen's University Belfast)

아일랜드는 영국으로부터 독립하면서 남과 북으로 분리됐다. 외관으로는 우리 한반도와 닮은 상황이지만 내면은 다르다. 이념의 차이가 아니라 신교와 구교, 종교의 차이다. 아일랜드는 12세기 헨리 2세가 침공해오면서 영국의 지배가 시작됐다. 이후 영국 본토와 인접한 북아일랜드로 영국인들이 대거 이주해오면서 문제가 커졌다. 가톨릭인 아일랜드 원주민과 개신교인 영국 이주민 사이는 물과 기름의 관계였던 것이다. 이때부터 생긴 종교 갈등과 영토 분쟁이 이후 아일랜드에 시련의 역사를 안겨줬다.

1922년 아일랜드는 750년 만에 영국으로부터 독립했지만 남쪽만의 반쪽짜리 독립이었다. 북아일랜드는 영국에서 이주해간 개신교도들이 수백 년 대를 이어오며 사회의 주류를 형성했기에 당연히 영국의 일부로 남기를 원했던 것이다. 그러나 비주류로 전락한 원주민 가톨릭교도들은 반대였다. 북아일랜드까지의 독립을 주장하며 IRA 무장대를 결성해 항쟁에 나섰다. 1972년 '피의 일요일(Bloody Sunday)' 사건 등 피로 얼룩진 북아일랜드 문제는 2005년이 되어서야 영국과 IRA 간 평화협정으로 해결이 됐다. 외지인들이 북아일랜드를 마음 놓고 안전하게 여행할 수 있게 된 건 이렇게 15년밖에 안 됐다.

북아일랜드 인구로 보면 가톨릭이 다수이고 개신교는 소수다. 그러나 사회적 위치는 반대다. 모든 이권과 상권을 거머쥔 영국계 개신

의 타이타닉 철판 로고도 강렬한 대비를 이룬다. 타이타닉 호와 벨파스트의 역사를 박물관은 다양한 형태의 자료와 영상과 구조물로 보여준다.

　박물관을 보고 난 뒤 슬립 웨이를 따라 시작되는 도크까지 탁 트인 공간 1km를 걷노라면, 100여 년 전 갓 건조된 타이타닉 호가 자신의 운명도 모른 채 육중하게 바다 위로 진수되던 그날의 모습이 자연스럽게 그려진다. 시청으로 돌아오는 길은 트레일 루트와 인접한 퀸스 로드를 이용한다. 다시 4km 거리를 마저 걸어올 수도 있고 버스를 이용해 돌아올 수도 있다.

　인도교인 라간 위어를 건너고부터는 트레일 종착점인 타이타닉 도크까지 계속 강변길이다. 내륙에서 60km를 흘러온 라간 강은 하류인 이 협만에서 아이리시 해와 만난다. 런던에서 이륙한 항공편과 리버풀을 떠난 크루즈 또한 이 일대 공항과 항구에서 멈춘다. 이를테면 아일랜드 섬의 관문 지역인 것이다. 부두 선착장 앞뒤로 과학박물관 W5 건물이 돋보이고, 타이타닉 호가 수직으로 침몰하는 형상의 철 조각상도 눈길을 끈다.
　타이타닉 트레일의 압권은 역시 타이타닉 박물관이다. 거대한 크루즈 선의 뱃머리 3개를 조합한 형상의 멋진 건물 앞에 녹슨 이미지서 보았듯 첫 항해에서 빙산과 부딪혀 침몰했다. 1912년 승객 2,200명을 태우고 뉴욕으로 향하던 중이었다. 추모의 일환으로 벨파스트시는 사고 100주년에 맞추어 대규모 타이타닉 단지를 조성했고, 10년이 되어가는 지금은 벨파스트의 관광 명소로 자리 잡혔다.

북아일랜드는 영국의 일부지만 아일랜드의 슬픈 역사를 품고 있는 땅이다. 벨파스트 여행에선 타이타닉뿐만 아니라 아일랜드 역사도 함께 만나보는 게 좋다. 타이타닉 단지에 조성된 타이타닉 트레일을 걸으며 반나절, 그리고 아일랜드의 아픈 역사를 실감할 수 있는 신교도, 구교도 거리를 반나절 걸어본다면 짜임새 있는 벨파스트 하루 여행이 될 수 있다.

벨파스트는 영국 여행보다는 아일랜드 여행 중에 잠깐 들르는 경우가 많다. 더블린 코널리 역에서 벨파스트 센트럴 역까진 2시간 거리다. '타이타닉 트레일'은 벨파스트의 젖줄인 라간 강을 따라 시원하게 이어진 4km 걷기 길이다. 센트럴 역에서 1km 떨어진 벨파스트 시청이 시작점이고 타이타닉 호가 처음 바다에 띄워졌던 강 하류 도크가 트레일 종착점이다. 시에서 타이타닉 단지를 조성할 때 트레일도 함께 지정했다.

도시 자체로는 런던, 에든버러, 더블린 등에 비해 볼거리가 적지만, 도심 트레킹 코스로 이 일대는 최적의 조건을 갖췄다. 정확하게는 시청 옆 타이타닉 추모 가든이 트레킹 시작점이다. 희생자 1,512명의 이름들이 촘촘히 새겨진 추모 조형물 등을 둘러보고 가든을 나오면 10여 분 후 라간 강 앞 퀸스 광장에 이른다. 런던의 명물 빅벤을 닮아 미니 빅벤으로 불리는 알버트 메모리얼 시계탑 그리고 10m 크기의 거대 연어 조형물인 빅 피쉬가 광장 주변을 도드라지게 한다.

📍 트레킹 루트 1. 타이타닉 트레일 (4km)

벨파스트 시청(Belfast City Hall) - 타이타닉 추모 가든(The Titanic Memorial Garden) - 알버트 메모리얼 시계탑(Albert Memorial Clock) - 퀸스 광장(Queen's Square) - 빅 피쉬(The Big Fish) - 라간 우어(Lagan Weir) - 과학박물관 W5 - 타이타닉 박물관(Titanic Belfast) - 슬립 웨이(Slipways) - 타이타닉 도크(Titanic's Dock)

북아일랜드
벨파스트

영화《타이타닉》의 엔딩 장면은 언제 봐도 감동이다. 노파가 된 여주인공 로즈가 잠자리에 들고, 평생 한순간도 잊지 못했던 남자 잭을 만나러 꿈속으로 떠난다. 깊은 바다 어둠 속 타이타닉 호에 불이 하나 둘 켜지면서 선실 문이 열린다. 오랜 세월 배와 함께 가라앉아 있던 승객들이 길게 도열하여 그녀를 반긴다. 그러고는 계단 위에서 로즈를 반기는 남자 잭, 모두의 박수 속에 둘은 포옹한다.

영화 초반엔 주인공 잭을 중심으로 한 아일랜드 인들의 3등 객실 풍경이 따뜻하게 그려진다. 어려운 환경에서도 춤추고 노래하는 낙천성이 돋보인다. 가난하지만 차갑지 않고 서로 도우려는 마음 씀씀이들이 정겨워 보인다. 아일랜드 인들의 밑바닥 정서가 어쩐지 우리와 닮았고 친근하게 느껴지는 것이다.

타이타닉 호는 북아일랜드 수도 벨파스트에서 건조됐다. 영화에

리는 4km지만 1시간만으론 부족한 코스다. 아담하고 정겨운 호스 마켓도 둘러보고 항구에 즐비한 식당들 중에서 이곳 명물인 피시 앤 칩스까지 맛보려면 두세 시간 정도가 필요하다. 항구 바로 앞 무인도 인 아일랜즈 아이를 한 바퀴 돌아오는 보트 투어도 인기 있다.

　도심 북쪽 15km 지점에 있는 해안 마을 말라하이드도 더블린 외곽 여행에선 빼놓을 수 없는 명소다. 더블린 시가 아닌 더블린 카운티에 속한다. 말라하이드 역에서 내려 말라하이드 캐슬과 비치를 둘러보고 오는 거리는 8km다. 말라하이드 캐슬은 고풍스러운 중세 분위기를 물씬 풍기고, 요트가 즐비한 비치는 드넓은 녹지와 모래사장 그리고 아기자기한 건물들이 어우러져 부촌 해안 마을 특유의 여유를 느끼게 한다.

영화 《아버지의 이름으로》와 《보리밭을 흔드는 바람》의 촬영지로도 유명하다.

아름다운 대저택 정원처럼 꾸며진 전쟁 기념공원을 거쳐 리피 강을 건너면 더블린의 허파 역할을 하는 피닉스 파크다. 런던 하이드 파크의 다섯 배에 달할 정도로 넓은 녹지 공원이다. 여유롭게 산책하기 제격이다. 공원 입출구는 역사박물관과 가깝다. 메리온 스퀘어 인근에 있던 두 곳과 함께 더블린 3대 국립박물관 중 하나다. 박물관 앞 뮤지엄 역에서 트램 레드 라인을 타면 곧바로 다운타운과도 연결된다.

📍 트레킹 루트 3. 해안 마을 (16km)

더블린 항 남쪽 방파제(The Great South Wall) - 4km - 풀베그 등대(Poolbeg Lighthouse) / 호스 역 - 4km - 호스(Howth) / 말라하이드 캐슬(Malahide Castle &Gardens) - 8km - 말라하이드 비치(Malahide Beach)

도심을 벗어나 아이리시 해안 정경을 즐기며 짧게 트레킹 하기 좋은 명소 세 군데를 소개한다. 셋 모두 도심에서 기차로 30분 내외 거리라는 장점이 있다.

더블린 항의 남쪽 방파제는 'The Great South Wall'이라 부른다. 유럽에서 가장 긴 방파제라서 중국 만리장성에 빗댄 표현이다. 방파제 끝에 있는 풀베그 등대까지 왕복 4km가 현지인들이 많이 즐기는 시원한 트레킹 코스다. 바다 한가운데를 걷는 착각에 빠지게 하는 루트다. 랜스다운로드 역에서 방파제 시작점까지 3.5km는 택시를 이용한다.

더블린 시에서 가장 아름다운 해안 마을로는 호스를 꼽을 수 있다. 호스 역에서 내려 호스 항 일대를 둘러보고 다시 역으로 돌아오는 거

　도심을 벗어나면 서부 쪽으로 명소들이 많다. 템플바 인근인 더블린 캐슬에서 출발하여 서쪽으로 대성당과 기네스 맥주공장 그리고 역사적으로 유명한 감옥과 공원 등으로 이어지는 동선이면 하루 일정으로 최적이다. 이동거리는 8km지만 공원 두 곳에서 1시간 반 정도 체류하며 걷는 거리를 감안하면 총 거리는 대략 12km다.

　성 패트릭 성당은 가톨릭 국가인 아일랜드의 종교 산실이다. 5세기에 로마 가톨릭을 처음 들여온 성인의 이름을 따서 12세기에 지어졌다. 기네스 양조장도 더블린 여행에선 빼놓을 수 없는 명소다. 우리 돈 2만 5천 원의 입장료지만 아깝지 않을 수준이다. 건물 꼭대기의 그래비티 바가 하이라이트다. 바를 꽉 채운 이들과 함께 흑맥주를 들이키며 시내 전체를 조망한다. 킬 마이넘 감옥은 부활절 봉기 등 수많은 독립투사들이 수감되고 처형된 곳이다. 우리의 서대문 형무소 격이다.

물관이 바로 눈에 들어온다. 버나드 쇼, 제임스 조이스, 오스카 와일드 등 아일랜드 문학인들의 자취를 한 공간에서 다 만나고 나면 다시 강 남쪽으로 발길을 돌린다. 다운타운 트레킹의 마무리는 하페니 다리를 건너고 템플바 거리에서 아이리시 펍 문화에 취해보는 것이다. 음악이 넘쳐나는 카페나 펍 분위기 속에서 기네스 흑맥주를 한두 잔 마시고 나면 주변 아일랜드 인들과 금세 하나가 된다.

📍 트레킹 루트 2. 외곽 명소 (12km)

더블린 캐슬(Dublin Castle) - 성 패트릭 성당(St Patrick's Cathedral) - 기네스 맥주 양조장(Guinness Storehouse) - 킬 마이넘 감옥(Kilmainham Gaol) - 전쟁 기념공원(Irish National War Memorial Park) - 피닉스 공원(Phoenix Park) - 국립 역사박물관(National Museum of Ireland-Decorative Arts &History)

원이다. 극작가 오스카 와일드의 생가와 그의 부부 동상으로 유명하다. 동성애자였던 작가의 태평스러운 포즈와 남편을 젊은 남자에게 빼앗긴 아내의 슬픈 표정이 묘한 대조를 보여주는 동상이다. 공원 맞은편에 국립박물관, 자연사 박물관, 국립미술관이 인접해 있다. 취향과 시간에 따라 선택해 관람하기 편리하다.

도심에서 가장 넓은 호수공원인 스테판 그린을 거닐다 나오면 서울 명동과 유사한 그래프턴 거리가 시작된다. 영화 《원스》로 더 유명해진 거리다. 영화에서처럼 길거리 버스킹과 다양한 예술인들의 공연 장면이 이어지고 이를 즐기는 인파들로 거리는 활력이 넘친다. 거리 끝 지점에선 19세기 감자 대기근 때 실존 여인이었던 몰리 말론의 동상을 만난다. 우리의 아리랑처럼 아일랜드 인들의 애환을 상징하는 민요로도 유명하다.

인근 위스키 박물관에서 아이리시 위스키를 시음하고 나면 명문 트리니티 칼리지를 방문한다. 아일랜드 최초의 대학이면서 더블린 여행에선 필수 코스다. 리피 강은 대학에서 가깝다. 오코넬 다리 북단에서 강변을 따라 500m 지점엔 감자 대기근 때의 굶주린 사람들 모습을 담은 '기근 상'들이 연이어져 있다. 8백만이던 인구 중 2백만이 굶어 죽거나 이민선을 타야 했던 시절의 역사를 보여준다.

강북의 오코넬 거리는 600m에 불과하지만 더블린의 중심대로다. 다니엘 오코넬과 짐 라킨 등 오늘의 아일랜드를 만든 근현대사 인물들의 동상이 즐비하다. 1916년 부활절 봉기(이스터 라이징)의 역사가 보존된 GPO(우체국)는 아일랜드 독립의 산실이다. 거리 중심의 120m 첨탑인 더 스파이어는 더블린의 랜드마크다.

독립운동 추모공원인 리멤버런스 가든을 둘러보고 나면 작가 박

📍 트레킹 루트 1. 다운타운 (10km)

메리온 스퀘어(Merrion Square) - 오스카 와일드 생가(Oscar Wilde House) - 스테판 그린(St Stephen's Green) - 그래프턴 거리(Grafton Street) - 몰리 말론 동상(Molly Malone Statue) - 위스키 박물관(Irish Whiskey Museum) - 트리니티 칼리지(Trinity College Dublin) - 기근 상(Famine Memorial) - 오코넬 동상(O'Connell Monument) - 오코넬 거리 남쪽(O'Connell Street Lower) - 우체국(GPO) - 스파이어(The Spire) - 오코넬 거리 북쪽(O'Connell Street Upper) - 가든 오브 리멤버런스(Garden of Remembrance) - 더블린 작가 박물관(Dublin Writers Museum) - 무어 거리(Moore Street) - 리피 거리(Liffey Street) - 하페니 다리(Ha'penny Bridge) - 템플바(The Temple Bar)

아직까지 우리에겐 아일랜드 여행이 유럽의 다른 나라들처럼 그리 친숙하진 않은 것 같다. 선택지도 다양하지 않아서 대체로 수도 더블린에 국한된 듯 보인다. 더블린에 사흘 정도 머물면서 두 발로 걸어 곳곳을 누빈다면 아일랜드의 진면목과 마주하는 좋은 기회가 될 수 있다. 첫날은 다운타운, 둘째 날은 외곽 명소, 셋째 날은 해안 마을 순으로 코스를 정하여 더블린 시 전체를 트레킹 해보는 것이다.

서울과 한강처럼 더블린도 리피 강을 사이에 두고 강남과 강북으로 갈린다. 강남쪽이 올드타운이고 북쪽이 신흥 지역인 건 서울과 반대다. 메리온 스퀘어 가든에서 시작하여 강남 도심을 둘러보고 리피 강을 건너 오코넬 거리를 걸으면서 강북 도심을 둘러본 후 다시 강남으로 돌아오는 동선이면 더블린 주요 명소들이 거의 커버된다.

시작점인 메리온 스퀘어는 리피 강 남쪽에 자리한 아담한 도심 공

아일랜드
더블린

영화 《원스》를 봤다면 주인공 남녀가 노래하고 만나던 그 도시의 밤거리를 잊지 못할 것이다. 《마이클 콜른스》나 《아버지의 이름으로》 또는 《보리밭을 흔드는 바람》까지 좋아하는 영화 팬이라면 그 도시는 꼭 한번 가보고 싶은 여행지일 것이다.

어디 영화뿐일까. 대중음악 팬들에겐 유투(U2), 엔야, 시너드 오코너, 씬 리지, 웨스트 라이프…. 문학 쪽으로도 걸리버 여행기, 도리언 그레이의 초상, 버나드 쇼, 예이츠, 오스카 와일드, 제임스 조이스… 우리에겐 하나같이 친근한 제목이요, 이름들이다.

아일랜드의 수도 더블린은 12세기 영국 왕 헨리 2세가 쳐들어올 때 거점으로 삼으면서 이후 아일랜드의 수도로 성장했다. 서울시와 비교해 인구는 7분의 1, 면적은 5분의 1이다. 작은 규모지만 아일랜드의 축소판이나 다름없다.

틀림없다. 거대하게 솟은 두 개의 탑과 함께 템스 강 동쪽으로 보이는 타워브리지가 너무나 근사하기 때문이다. 세계 10대 다리 중 하나임이 실감된다.

런던브리지 북단의 대로를 건너 오른쪽 골목으로 들어서면 높이 60여 미터의 거대한 탑이 나타난다. 350년 전의 런던 대화재를 잊지 말자는 뜻에서 세워진 기념탑이다. 화재가 3일 동안이나 계속됐고 13,000채 이상의 집들이 소실되면서 일대가 황폐해졌다고 한다. 311개의 나선형 계단을 통해 탑 꼭대기에 오르면 템스 강과 런던 시내 정경을 파노라마로 조망할 수 있다.

런던타워는 하나의 탑이 아니라, 여러 개의 탑과 중세 건물들이 밀집되어 있는 거대한 성채다. 깊게 파인 해자와 남쪽 성벽의 템스 강이 성채 둘레를 감싸고 있어, 누구도 넘볼 수 없는 요새였음을 증명한다. 정복왕 윌리엄이 잉글랜드에 쳐들어와 노르만 왕조를 연 뒤에 건설했으니, 천 년 가까운 역사를 갖고 있다. 외적으로부터 런던 입구 길목을 지키는 용도였다지만, 이방인이었던 윌리엄이 이 지역 기존 세력들을 견제하고 통제하기 위한 목적도 있었던 모양이다.

이후 역사에서의 런던 타워의 용도는 왕궁, 병영, 감옥, 처형장 등 다양했다. 그중에서도 반역에 연루된 왕족들을 가두거나 처형했던 비운의 역사에 자주 등장한다. '천일의 앤' 앤 불린과 '레이디 제인' 제인 그레이 등, 50년 사이에 왕실 여인 네 명의 목이 잘린 곳이다. 엘리자베스 여왕까지도 한때 이곳에 유폐되면서 죽음의 공포에 떨었던 곳이기도 하다. 화려했던 대영제국의 음습한 역사의 한 면을 엿보게 하는 곳이 런던 여행에서는 런던타워다.

　코벤트가든의 복판인 애플마켓은 수제품으로 유명한 쇼핑센터다. 의류나 액세서리, 공예품 같은 다양한 핸드메이드 제품들이, 빽빽이 들어선 사람들 시선을 불러 모은다. 트라팔가 광장도 그렇지만 코벤트가든에선 거리 예술인들의 열정적인 공연이 특히 많다. 다양한 퍼포먼스들이 1년 365일 끊임없이 이어진다. 지역 상인들이 멍석을 깔아주고 자유 예술가들이 몰려와 끼를 발휘하면서 점차 유명해졌다. 덩달아 독창적인 분위기의 쇼핑센터와 카페, 레스토랑들이 함께 늘어나면서 예술과 상업이 접목된 복합 상권을 이룬 셈이다.

　시티 오브 런던에 있는 런던브리지는 런던에서 가장 오래된 다리지만 그 명성과는 무관하게 초라하고 밋밋하다. 견고해 보일 뿐 전혀 멋지진 않다. 그러나 가장 멋진 다리가 가장 잘 보이는 다리임엔까지 영국 왕실의 주거와 사무공간으로 사용돼왔다. 광장 중앙의 빅토리아 여왕 기념탑 주변은 10시부터 근위병 교대식을 보려는 관람객들로 미어터진다. 광장과 이어진 대로를 따라 다음 근무조가 행진해와서 궁전으로 들어가고, 잠시 후 이전 근무조가 궁전을 나와 인근 세인트제임스 궁전으로 돌아가는 게 교대식의 전부다. 붉은색 상의에 검정 곰털모자를 쓴 왕실 근위병들이 군악대와 함께 절도 있게 궁전으로 들어가고 나오는 과정이 꽤 흥미롭기도 하지만, 몰려든 사람들의 면면과 환호 모습이 더 구경거리다.

교대식이 끝나면 근위병들이 행진했던 길을 따라 걸어보는 것도 운치 있다. 바닥이 카펫처럼 붉은 질감이고 길 양편이 가로수들로 녹색이 우거졌다. 더 몰이라 불리는 이 대로는 애드미럴티 아치를 거쳐 트라팔가 광장까지 1km를 직선으로 잇는다.

영국이라는 조그만 섬나라가 해가 지지 않는 대영제국으로 성장할 수 있었던 건, 두 번의 해전에서 승리한 덕택이다. 16세기 말 엘리자베스 여왕이 스페인 무적함대를 쳐부순 칼레 해전은 제국으로 가는 발판이었고, 200년 후 넬슨 제독이 프랑스 나폴레옹을 격퇴한 트라팔가 해전은 대영제국의 최전성기, 빅토리아 시대로 가는 관문이었다. 광화문 광장의 이순신 장군이 긴 칼을 짚고 무서운 표정으로 눈앞의 적선을 노려보고 있다면, 트라팔가 광장의 주인공 넬슨 제독은 여유로운 표정으로 바다 멀리 다가오는 나폴레옹 함선들을 응시하고 있다. 열세의 악조건에서 절체절명의 조국을 구하고 떠나는 명장들의 마지막 한마디는 비장하면서 닮았다.

'나의 죽음을 적에게 알리지 말라.' 'Thank God I have done my duty.(하나님, 내 임무를 다하게 해 줘서 감사합니다).'

려주고 있다. 지금 여왕의 이름을 따서 '엘리자베스 타워'란 공식 이름을 가지고 있지만, 여전히 빅벤이란 애칭으로 불린다. 탑에 가까이 다가가면 시침과 분침의 길이가 3~4m라는 그 규모가 실감이 된다.

빅벤과 연결되는 웨스트민스터 브리지는 런던브리지, 타워브리지, 워털루브리지 등과 함께 템스 강을 건너는 런던의 수많은 다리들 중 하나다. 다리 위 인도에는 평일에도 주변 정경을 즐기는 인파로 북적인다. 다리 아래 크루즈 선착장이 있고, 강 건너 거대한 런던아이(London Eye)가 특히 사람들의 시선을 빨아들인다.

버킹엄 궁전의 근위병 교대식은 11시부터 1시간 동안 진행된다. 계절과 상황에 따라 시간과 일정은 조금씩 변하긴 한다. 1837년 빅토리아 여왕이 즉위하면서부터 이 궁전을 거처로 삼았고, 이후 지금

    템스 강을 따라 동쪽으로 이동하여 시티 오브 런던 지역을 추가로 둘러보는 것도 중요하다. 런던브리지와 타워브리지 그리고 역사적으로 매우 중요한 런던타워가 있기 때문이다. 코벤트가든에서 런던타워까지의 거리도 4km다. 대영박물관이라고도 불리는 영국박물관을 관람하는 건 별개의 여행이다. 워낙 방대한 유물들이 모아진 넓은 공간이라 최소한 반나절 시간은 따로 투자해야 한다.

    웨스트민스터 사원을 나오면 곧바로 국회의사당 앞 의회 광장이다. 처칠과 같은 영국인은 물론 링컨, 만델라, 간디 등 세계 정치가들의 동상을 하나씩 살펴보는 게 묘미다. 의회 광장을 벗어나 웨스트민스터 브리지로 향하면서 빅벤을 지난다. 대영제국으로 상징되는 빅토리아 여왕 시대에 지어져 150년이 넘는 세월 동안 정확한 시간을 알

 때문에 런던 초보 여행이라면 도심인 두 자치구의 명소들 위주로 둘러보면 좋겠다. 인접한 위치에 따라 가장 효율적인 동선 계획을 짜서 움직이는 것 또한 여행의 만족감을 높일 것이다. 웨스트민스터 사원을 시작으로 빅벤, 버킹엄 궁전을 거쳐 트라팔가 광장과 코벤트 가든에 이르는 경로라면 웨스트민스터 시의 명소들은 대략 거치는 셈이 된다. 직선거리는 4km지만 거의 한나절은 잡아야 한다. 여기에 버킹엄 궁전 바로 인근인 하이드 파크까지 한두 시간 산책해 보려면 최소 4km 정도가 추가돼야 한다.

어디일까? 금방 떠오르진 않겠지만 웨스트민스터 사원이 적격일 것이다. 역대 왕들의 유해를 안치한 곳이면서 왕실이나 국가적 행사들을 치르는 곳, 그리고 교회와 박물관 역할도 하는 곳이다. 앵글로색슨족의 마지막 왕이었던 에드워드가 지었다. 워낙 신앙심이 깊었던 그는 이 사원을 지은 후부터 후세에 참회왕이라 불렸다.

그가 죽은 후 집권한 정복왕 윌리엄은 물론 이후 영국 군주들 대부분이 여기서 대관식을 열었고, 죽은 후 유해도 이곳에 묻혔다. 영국을 빛낸 위인들의 추모 공간이기도 하다. 찰스 다윈과 아이작 뉴턴의 묘가 있고, 셰익스피어, 워즈워스, 브론테 자매, 월터 스콧 등 문인들의 동상들도 많다. 다이애나 왕세자비의 장례식도 치러졌고, 그녀의 아들이자 엘리자베스 여왕의 손자인 윌리엄의 결혼식을 치른 곳도 이곳이다.

웨스트민스터는 사원 이름이면서 이 지역 자치구의 이름이기도 하다. 서울특별시에 25개 자치구가 있는 것처럼, 런던 전체인 '그레이터 런던(Greater London)'은 시티 오브 런던을 포함해 33개 자치구로 구성된다. 서울에 비해 면적은 2.5배나 넓지만, 인구밀도는 3분의 1에 불과하다. 우리의 100번 외곽순환도로가 서울을 감싸는 것처럼, 그레이터 런던도 M25 외곽순환도로가 시 전체를 포위하고 있다.

서울에 처음 온 여행객들이 중구 등 도심 일대를 우선 둘러보듯 런던 여행객들도 마찬가지다. 런던의 도심이라면 33개 자치구 중 두 개 정도이다. 템스 강 북서쪽에 넓게 퍼진 '웨스트민스터 시(City of Westminster)'와 강 북동쪽에 좁게 밀집된 '런던 시(City of London)'다. 우리가 '런던' 하면 떠오르는 명소들은 대부분 웨스트민스터 시에 몰려 있다.

멸의 전설을 남겼고, 앵글로색슨족은 9세기 알프레드 대왕이 나와 잉글랜드라는 통일왕국을 건설했다. 본격적인 영국의 역사는 11세기 노르만 왕조부터 시작됐다. 프랑스인 윌리엄 1세가 침입해 왕권을 잡으면서부터다. 1066년 집권한 정복왕 윌리엄은 런던을 잉글랜드의 수도로 삼았다. 아더왕의 전설이 깃들고 알프레드 대왕 때부터의 수도였던 윈체스터에서, 역사의 중심이 런던으로 옮겨진 것이다. 영국의 천년 수도 런던의 역사는 이때부터 시작됐다.

    런던 여행에서 천년 역사의 흔적을 가장 많이 품는 곳이라면 과연

📍 트레킹 루트 (12km)

웨스트민스터 사원(Westminster Abbey) - 의회 광장(Parliament quare Garden) - 빅벤(Big Ben) - 웨스트민스터 브리지(Westminster Bridge) - 버킹엄 궁전(Buckingham Palace) - 하이드 파크(Hyde Park) - 산책로 더 몰(The Mall) - 애드미럴티 아치(Admiralty Arch) - 트라팔가 광장(Trafalgar Square) - 코벤트 가든(Covent Garden) - 런던 대화재 기념탑(Monument to the Great Fire of London) - 런던브리지(London Bridge) - 타워브리지(Tower Bridge) - 런던타워(Tower of London)

잉글랜드
런던

영국의 유니언 잭만큼 한 나라의 역사를 잘 담아낸 국기도 드물다. 빨강 파랑 하양 3색이 절묘하게 조화를 이룬다. 빨간 십자가는 잉글랜드, 빨간 X자는 북아일랜드, 파란 바탕에 흰색 X자는 스코틀랜드를 의미한다. 3개국 상징들이 절묘하게 덧씌워져 있다.

고대 영국 땅에는 북유럽 켈트족이 들어와 살고 있었다. BC 55년 줄리어스 시저가 건너오면서 로마가 500년간 이 땅을 지배했다. 게르만족의 대이동과 함께 로마가 철수하고 그 틈을 게르만족의 일파인 앵글로색슨족이 대거 밀고 들어왔다. 켈트족 원주민들은 부족별로 떼를 지어 주변 오지로 밀려나야 했다. 게일족은 북부 스코틀랜드와 인근 아일랜드 섬으로, 브리튼족은 서부 웨일스 쪽으로 옮겨 터를 잡았다.

웨일스의 브리튼족에겐 6세기 아더 왕과 원탁의 기사들이 있어 불

'공작이 없는 이 나라 영국은 상상조차 할 수 없다. 그는 신하 된 이가 오를 수 있는 최고의 위치에, 모두의 위에 섰었다. 온 국민의 존경을 받았고, 군주가 신뢰할 수 있는 친구였다. 오늘 온 나라에 눈물이 마르지 않을 것이다.'

캐슬필드 지구에서 시계 방향으로 스피닝필드 지구, 센트럴 리테일 지구, 노던 쿼터 지구를 거쳐 피카딜리 가든까지 왔다면 맨체스터 첫 여행으로는 가장 기본적인 하루 코스다. 여유가 더 있다면 피카딜리 가든에서 조금 더 움직여 시청이나 차이나타운 또는 우리와는 정서가 다른 게이 빌리지 등을 더 둘러볼 수도 있겠다.

기와는 또 달라진다. 낭만적이고 예술적인 정취가 한껏 느껴지는 것이다. 아기자기한 빈티지 샵들이 즐비하다. 젊은 신세대 예술인들이 빚어낸 독창적인 작품들이 거리 여기저기에서 음악과 미술의 형태로 선보여지는 종합 문화공간이다.

도심 한가운데 자리 잡은 잔디 광장 피카딜리 가든에도 어김없이 웰링턴 장군의 동상이 서 있다. 에든버러 웨이벌리 역 앞에도, 글래스고 현대 미술관 앞에도 장군의 늠름한 기마상이 있었다. 오랜 경쟁국의 영웅 나폴레옹을 끝장낸 웰링턴 장군에 대한 영국인들의 사랑이 얼마나 깊은지 실감할 수 있다. 광장 중앙엔 빅토리아 여왕의 동상도 함께 있다. 웰링턴 장군이 노환으로 세상을 떴을 때 빅토리아 여왕은 이렇게 애도했다고 한다.

중충하고 낮은 건물들이 즐비했던 구시가에서 깔끔한 고층 건물들이 늘어선 신시가로 들어서는 것이다. 고급스러워 보이는 에비뉴 길(The Avenue)은 노천카페와 명품 브랜드 매장들이 즐비하다.

어웰 강변에선 과거 맨체스터 노동자들의 삶을 보여주는 피플즈 히스토리 뮤지엄을 들러보는 것도 이 도시의 역사를 이해하는 데에 도움이 된다. 딘스게이트 거리는 서울의 남대문에서 광화문까지의 구간처럼, 도심 서쪽의 남과 북을 가로지르는 대로다. 이층 버스와 택시들이 즐비하게 지나지만 번잡하다는 느낌은 없다.

이어지는 센트럴 리테일 지구는 브랜드 쇼핑의 메카나 다름없다. 맨체스터에서 가장 큰 쇼핑몰인 안데일 쇼핑센터가 이 지구를 대변한다. 노던 쿼터 지구의 올드햄 거리로 들어서면 이전의 상업적 분위

한 증기기관이 맨체스터가 산업혁명의 메카로 발돋움하는 데에 어떻게 기여했는지를, 실물 자료들로 잘 설명하고 있다. 인공 염료의 개발이 면직물 산업과 합쳐지면서 비로소 패션이라는 콘셉트가 보편화될 수 있었음도 보여준다.

박물관을 나오면 도심 방향 가까이 힐튼호텔 딘스게이트 빌딩이 웅장하게 솟아 있다. 그 모습이 특이하여 저절로 눈길이 가게 된다. 이 도시에서 가장 높은 47층 빌딩인 만큼 군계일학처럼 도드라져 보인다. 가장 오래된 기차역 건물과 가장 높은 현대식 빌딩이 서로 인접하여 저마다의 개성을 뽐내고 있다.

리버풀 로드를 사이에 두고 박물관 맞은편에는 이 도시의 기원이 었던 장소가 보존되고 있다. '캐슬필드 도시공원'이다. 고대의 로마군이 서기 79년, 북쪽으로 어웰 강이 막아주는 이곳을 전략적 요충지로 생각하여 성을 지은 것이, 이 지역에 사람이 거주하기 시작한 최초의 기록이라 한다. '성곽 지역'이란 뜻의 '캐슬필드(Castlefield)'가 지역 이름으로 굳어지면서 맨체스터의 모체가 된 것이다.

서기 410년 로마가 망하고 철수하면서 원래의 성은 허물어지고 폐허가 되었지만, 지금은 재연으로나마 옛 성터의 흔적들을 만나보게 꾸며 놓았다. 공원의 안내판 문구가 시선을 끈다. 'The Roman Fort, This is where Manchester began.(로마의 성체, 이곳이 바로 맨체스터가 시작된 곳.)'

성터를 나오면 오래된 펍(pub) 화이트 라이언에 들러 뭐라도 한 잔 마시며 잠시 쉬어 가는 것도 좋다. 퀘이 거리를 건너면 운하 호수와 산업박물관과 로마 성터가 속했던 캐슬필드 지구가 끝나고 스피닝필드 지구로 들어선다. 분위기가 확 바뀐다. 주홍색과 흑갈색의 우하는 도심을 동쪽 내륙 지방과 이어주는 뱃길이고, 브리지워터 운하는 서해안의 리버풀 항까지 이어주는 뱃길이다. 철도가 생기기 전까지는 브리지워터 운하가 있었기에 맨체스터의 물자와 여객들이 리버풀 항을 거쳐 아이리시 해로 쉽게 나아갈 수 있었다. 그러나 산업혁명과 함께 세계 최초의 철도가 이 구간에 생기면서 뱃길의 역할은 자연스럽게 유명무실해졌다.

로치데일 운하가 끝나고 브리지워터 운하가 시작되는 곳은 아담한 호수를 닮았다. 이 인공 호수 앞에 현대문명을 있게 한 산업혁명의 자취들이 한 군데 모아져 있다. 딘스게이트 역에서 500m 거리, 도심 서쪽 어웰 강 인근에 있는 '과학 산업 박물관'이다. 산업혁명의 전 과정을 시각적으로 직접 확인할 수 있는 공간이다. 모두 5개의 건물로 이뤄져 있으면서 방직기계나 각종 비행기, 기차 등 탈것들이 원형 그대로 전시되어 있다. 산업혁명의 시작과 변천 과정에서 맨체스터가 얼마나 중심적인 역할을 했는지를 잘 보여주는 사진과 소품과 실물 등이 촘촘히 전시되고 있다.

공간 한가운데의 입간판 문구가 이 도시의 자부심을 한껏 드러낸다. 'In this city science and industry met and the modern world began. (이 도시에서 과학과 산업이 만났고, 비로소 현대세계가 시작됐다.)' 세계 최초의 기관차가 철도 시대의 도래를 세상에 알리며 첫 운행을 개시했던 기차역도 그대로 보존되고 있다. 리버풀까지 승객과 면직물들을 실어 나르던 바로 그 역이다. 세계에서 가장 오래된 리버풀로드 역과 인근 창고 건물을 개조하여, 당시의 시설들을 실물 그대로 옮겨 전시하고 있다.

제임스 와트의 흔적들은 이 박물관의 핵심 중 핵심이다. 그가 발명

📍 트레킹 루트 (4km)

딘스게이트(Deansgate) 역 - 과학 산업 박물관(Science and Industry Museum) - 캐슬필드 도시공원(Castlefield Urban Heritage Park) - 퀘이 거리(Quay Street) - 에비뉴 길(The Avenue) - 피플즈 히스토리 뮤지엄(People's History Museum) - 딘스게이트(Deansgate) - 맨체스터 대성당(Manchester Cathedral) - 안데일 쇼핑센터(Manchester Arndale) - 올드햄 거리(Oldham Street) - 피카디리 가든(Piccadilly Gardens)

다 보니 인건비를 줄여야 했고 이를 위해 설비 기계화가 시급했다. 여러 개의 물레를 돌려 솜에서 실을 뽑는 방적기가 하그리브스에 의해 때맞춰 개발됐다. 몇 년 후에는 아크라이트가 수력 방적기까지 개발해냈다. 실이 대량으로 자동 생산되기 시작한 것이다. 그러나 옷감 짜는 기술은 그에 따르지 못했다. 한동안 실이 남아돌았지만 카트라이트가 옷감 짜는 기계인 방직기를 발명해내면서 만사가 풀렸다. 곧이어 제임스 와트가 석탄을 이용한 증기기관까지 발명하자, 가내 수공업 수준이던 면직물 제조는 공장 대량 생산 체제로 급격히 고도화되었다.

이렇게 늘어난 생산성은 종래의 모직물을 소비하던 국내 시장만으로는 커버가 될 수 없었다. 수출시장으로 연결이 되어야 했다. 이를 위해선 대량의 제품과 대량의 원료가 저렴한 비용으로 '운반'될 수 있어야 했다. 이번에도 역시 필요가 혁신을 불러왔다. 스티븐슨이 증기기관차를 발명하면서 화물 운송에 대한 모든 문제들이 풀렸다.

이 증기기관차로 여객과 화물을 실어 나르는 세계 최초의 철도가, 영국 리버풀과 맨체스터 간 45km 거리에 개통되었다. 1830년의 일이다. 이로서 맨체스터는 세계 면직물 공업의 중심으로 떠올랐고, 산업혁명의 기원이 된 도시이자 인류 현대문명의 메카로 자리 잡았다.

비틀스의 도시 리버풀은 우리 한반도로 치면 인천항이고, 맨체스터는 서울과 비슷한 위치다. 맨체스터 하면 우리에겐 박지성 선수가 먼저 떠오른다. 축구 때문에 이 도시를 여행하는 이들도 많지만 현대인의 삶의 질을 바꿔준 산업혁명의 자취를 먼저 더듬어보는 여행도 유익할 것이다.

맨체스터에는 2개의 운하가 도시를 동서로 관통한다. 로치데일 운

잉글랜드
맨체스터

　수백만 년 인류 역사에 가장 혁신적 사건은 뭐였을까? 2개만 뽑는다면? 아마도 오래전 '불의 발견'과 얼마 전 근대의 '산업혁명'일 것이다. 둘 다 인간의 삶의 질에 대변혁을 가져온 사건이었고, 둘 다 인간의 욕구와 필요가 혁신을 불러온 경우다.
　영국의 산업혁명은 옷감의 재료가 동물의 털에서 목화솜으로 바뀌는 과정에서 일어났다. 한때는 양털 때문에 애꿎은 농지에 울타리를 쳐서 양 키울 목초지로 바꿔버리며 인클로져 운동까지 벌였던 영국이다. 오랜 세월 써온 국내산 양털 모직물보다는 식민지 인도에서 대량 수입되는 솜털 면직물이 저렴하고 실용적이라 인기를 끌면서 사건은 시작됐다.
　수입 면직물 때문에 국내산 모직물이 안 팔리자 자본가들은 맨체스터를 중심으로 면직물 공장을 짓기 시작했다. 수입산과 경쟁하려

이곳 휘트비 수도원도 예외일 수가 없었다. 그때 허물어져 지금까지 500년 세월을 폐허로 남아있다.

  브람 스토커의 소설《드라큘라》속 배경이 바로 여기라는 사실과 소설을 구상하면서 작가가 영감을 받은 곳 또한 여기라는 사실을 알게 되면, 주변 광대한 면적에 펼쳐진 수도사들의 묘지는 더욱더 음산하게 느껴진다. 이름이 지워졌거나 희미하게 남은, 수없이 많은 묘비들이 세월과 풍파의 흔적을 남기며, 각기 저마다의 사연을 간직한 채 고요하게 서 있다.

  고개 들어 북해바다와 에스크 강 아래쪽으로 눈을 돌리면 한기가 들었던 마음엔 다시 포근함이 밀려온다. 겨울의 스산함과 봄날의 따스함이 공존하는, 묘한 매력의 항구도시 휘트비.

비 수도원 못 미쳐 있는 세인트메리 교회까지 올라가는 '199계단'이다. 계단 수가 199개가 맞는지 재미 삼아 세어보는 이들도 있다고 하는데 대부분 실패하는 모양이다. 계단을 올라갈수록 더 장엄해지는 주변 풍광을 뒤돌아보느라 세던 숫자를 까먹기 때문이다. 계단 끝에 올라 잠시 숨 고르고 주변을 둘러보면 휘트비 항구와 북해의 해안선이 꿈속 정경처럼 그윽하게 펼쳐진다.

주변에 세워진 채드몬 비석에도 눈길이 간다. 채드몬은 고대 영어로 시를 쓴 최초의 기독교 시인이자 수도승이었다. 이곳 휘트비 수도원의 마부였던 그는 원래 글을 모르는 무지렁이였으나 꿈속의 천사로부터 영감을 받은 후, 창세기 등 성서를 영어 운문으로 옮겨 노래할 수 있었다고 한다. 수도원 언덕에서 구도심 처치 스트리트 길가의 크리에이션 카페까지 이어진 좁은 내리막길에는 '채드몬스 트로드'라는 길 이름이 부착돼 있다. 1,300년 전에 살았던 한 마부가 말을 끌고 뭔가를 흥얼거리며, 에스크 강가에서 언덕 위 수도원까지 오르막길을 걸었을 모습이 그려진다. 언덕에서 구도심으로 내려갈 때는 채드몬의 이 골목길을 이용한다.

오르막 끝으로 우뚝 솟은 폐허의 수도원이 반대편 해안선과 극명한 대비를 이룬다. 휘트비 어디에서나 보이는, 휘트비의 상징물이다. 저렇게 폐허가 된 것은 16세기 튜더 왕조 헨리 8세 때이다. 왕자를 못 낳는다는 이유로 왕비 캐서린과 이혼하여 궁녀 앤 불린과 결혼하고 싶었던 헨리 8세였다. 이를 허용하지 않는 로마 교황에 반기를 들고 가톨릭과 결별하여 영국 성공회를 설립했다. 이혼 후 새 왕비로 맞은 앤 불린마저 '천일의 앤'으로 참형에 처한 헨리 8세는, 1539년 그에 복종하지 않는 수도원들을 해산시키고 영지를 몰수했다. 거기에

자들은 캡틴 쿡의 위용보다는 주변 정경에 온통 정신이 팔려 있다. 반대편 이스트 클리프의 수도원 모습과 그 아래 구도심의 울긋불긋한 건물들이 만들어내는 아름다운 풍광 때문이다.

    해변에서 항구 쪽으로 내려와 빨간색 스윙브리지를 건너면 구도심 이스트 클리프 지역이다. 다리 하나를 건넜을 뿐인데 분위기는 확 바뀐다. 거리도 골목도 건물도, 심지어 사람들도 복고풍으로 변한 분위기다. 다리 너머 경쾌하고 발랄했던 현대풍 기운이 묵직하고 진중한 중세풍으로 슬며시 바뀌는 것이다. 길 양편으로 기념품 가게와 카페, 레스토랑들이 즐비한 골목은 인근 도시 요크나 미들즈브러를 거쳐 들어온 여행객들로 늘 붐빈다.

    구도심이 끝나는 길목에는 유명한 계단 길이 앞을 막아선다. 휘트

치는 충분한 여행지다. 저렴한 다인실 숙소를 원한다면 언덕 위 수도원 옆 'YHA Whitby'도 있고, 더 편안하게는 휘트비 역 인근 조지 호텔도 있다.

휘트비는 세상에 '캡틴 쿡'으로 알려진 제임스 쿡이 젊은 시절부터 바다에의 꿈을 키우고 항해가로서의 인생을 시작한 곳이다. 태평양이란 바다를 처음으로 속속들이 유럽 세계에 알린 그의 모습은 휘트비 웨스트 클리프의 해변에서 동상으로 만날 수 있다. 머리 위에 앉아 배설물을 쏟아내는 괘씸한 갈매기 한 마리에게는 관대한 모습을 보이며, 휘트비 항구와 북해를 바라보고 서 있는 모습이다. 바르셀로나 람브라스 거리에서 지중해를 가리키며 서 있는 크리스토퍼 콜럼버스처럼 위용이 넘치는 자태다. 그러나 정작 이 주변에 모여든 여행

394

스카버러와 닮았다. 휘트비는 인구 만 오천의 조그마한 항구도시다. 휘트비 역에 도착하면 가장 먼저 눈길이 가는 곳이 있다. 역 맞은편 에스크 강 너머 보이는 길고 높다란 언덕이다. 폭격을 맞은 듯 우뚝 솟은 건물 잔해가 묘한 신비감을 준다. 폐허가 된 중세의 고성 같은 느낌이다. 바로 이 도시를 상징하는 랜드마크인 휘트비 수도원이다.

휘트비는 에스크 강을 건너는 스윙브리지를 기점으로 서쪽 웨스트 클리프(West Cliff)와 동쪽 이스트 클리프(East Cliff)로 나뉜다. 비치가 있는 서쪽은 기차역과 신흥 상가 및 주거지가 여유롭게 들어선 신시가이고, 동쪽으론 오래된 휘트비 수도원 터와 세인트메리 교회 언덕 아래로 구시가 상가들이 촘촘하게 밀집해 있다. 구시가 도심이 보여주는 중세 골목의 운치, 수도원 언덕에 올랐을 때의 북해바다 정경, 그리고 반대편 웨스트 클리프 비치에서 올려다보는 수도원 언덕의 정경, 이 3가지가 휘트비 여행의 뷰 포인트들이다.

휘트비를 여행하기 위해선 2개 루트를 따르는 게 효율적이다. 휘트비 역 광장에서 출발해 에스크 강 강변을 따라 북해 해변의 캡틴 쿡 동상까지 갔다가 돌아오고, 이어서 스윙브리지를 통해 에스크 강을 건너 휘트비 수도원 언덕까지 올라갔다가 내려오는 동선이다. 전자가 서쪽 코스요, 후자가 동쪽 코스다.

이동 거리는 서쪽이 비치까지 왕복 1.5km, 동쪽이 수도원 다녀오는 순환길 2km다. 워낙 아담한 소도시라 두 코스 합쳐봐야 총 3.5km인 것이다. 그럼에도 둘러보는 시간은 최소 한나절이 필요하다. 느긋이 1박 2일 여정이라면 휴양도시라는 이름에 걸맞게 심신을 훨씬 더 편안히 쉬게 하면서 여행을 즐길 수 있다. 인근 현지인들이 이곳 피시 앤 칩스를 맛보기 위해 일부러 오기도 하는 만큼, 시간을 들일 가

📍 트레킹 루트 1. 비치 왕복 West 코스 (1.5km)

휘트비 역(Whitby Station) - 워 메모리얼(War Memoria.) - 뉴퀘이 로드(New Quay Rd) - 강변길 피어 로드(Pier Rd) - 휘트비 밴드 스탠드(Whitby Bandstand) - 캡틴쿡 메모리얼(Captain Cook Memorial) - 고래뼈 아치(Whalebone Arch) - 휘트비 역

📍 트레킹 루트 2. 수도원 순환 East 코스 (2km)

휘트비 역 - 스윙브리지(Whitby Bridge) - 처치 스트리트(Church Street) - 199 계단 (199 Steps) - 캐드몬 메모리얼(Caedmon Memorial) - 후트비 수도원(Whitby Abbey) - 캐드몬스 트로드(Caedmon's Trod) - 카페 크리에이션(Creations) - 캡틴 쿡 박물관 (Captain Cook Memorial Museum) - 스윙 브리지(Whitby Bridge) - 휘트비 역

온 바이킹의 후예들, 온갖 사람들이 모여들었나 보다. 자신들이 가져온 물품들을 좌판에 깔고 저마다 노래하고 소리치며 물품 살 사람을 끌어 모으던 축제 같은 저잣거리였을 게다. 오늘날의 스카버러는 유럽인들이 선호하는 해변 휴양지로 변모해 있다.

스카버러에서 차를 몰고 북쪽으로 20분을 올라가면 역시 조그만 해안도시 휘트비(Whitby)가 나온다. 지금부터 소개하려는 곳이다. 서두에 마땅히 떠올리게 할 만한 소재가 없다 보니 인접한 유명도시를 조연으로 끌어들였다. 아무리 봐도 우리에게 휘트비란 이름은 낯설다. 소설 《드라큘라》를 탄생시킨 곳, 또는 대항해 시대의 영웅 캡틴 쿡을 성장시킨 곳이라고 하면 조금은 친숙한 느낌이 들어질까?

중세풍의 해안도시라는 것, 노스요크 무어스 국립공원에 속한다는 것, 그리고 잉글랜드 북부에선 유명한 휴양지로 통한다는 점들이

잉글랜드
휘트비

'Are you going to Scarborough Fair?

Parsley, sage, rosemary and thyme.'

　　사이먼 앤 가펑클의 '스카버러 페어(Scarborough Fair)'가 귀에 익다면 언젠가 한번쯤 궁금했던 적도 있었을 것이다. 노래 속 그곳은 이 세상 어디쯤일까?
　섬나라 영국의 허리 부분인 잉글랜드 북부, 그 안에서도 노스요크셔 주의 동쪽 끝에 스카버러가 있다. 노래처럼 '스카버러 시장'이 열리던 그곳, 북해 바다에 면한 오래된 해안도시다. 노래의 오리지널 민요가 생겨난 수백 년 전 이곳엔 시끌벅적한 장터가 있었던 모양이다. 잉글랜드 현지인들과 스코틀랜드 인들 그리고 북해바다를 건너로 접어들기 전에 재래시장인 바라스 마켓이나 글래스고 그린 공원 내 피플스 팰리스를 들러보는 것도 좋다.

    도심 서북쪽으로 조금만 이동하면 글래스고의 또 다른 명소들을 마저 만날 수 있다. 윌로우 티 룸스나 스쿨 오브 아트 건물은 매킨토시 건축 작품으로 많은 여행자들이 일부러 찾아가보는 명소다. 캘빈그로브 미술관&박물관은 고대부터 현대에 이르기까지 다양한 작품들로 채워져 볼거리가 풍성하기로 유명하다. 인접한 글래스고 대학교는 현대 경제의 아버지 애덤 스미스를 배출한 명문이다.

    글래스고 여행에서 특히 돋보이는 건 거리 곳곳에 산재한 벽화들이다. 추상화나 이미지 위주의 그림들보다는 사진처럼 실사에 가까운 작품들이 많아 특히 더 눈길을 끈다. 미첼 스트리트의 'The World's Most Economical Taxi'와 'Honey, I Shrunk the Kids', 고든 스트리트의 'Glasgow Panda', 클라이드 강변 북단의 'The Swimmer'와 'Glasgow's Tiger', 조지 스트리트의 'Strathclyde University' 같은 그림들이 대체로 많이 알려져 있다.

    조지 스트리트가 끝나는 지점에서 만나는 'St. Enoch & Child'는 글래스고 수호성인 뭉고(St. Mungo)가 아기일 때 어머니 에녹(St. Enoch)의 품에 안긴 모습을 담고 있다. 특히, 성인이 된 뭉고와 한 마리 새의 이야기를 담은 'St. Mungo'는 이 도시 벽화 전체를 통틀어 가장 사랑 받는 작품이다. 하이 스트리트에서 글래스고 성당으로 가는 길목 건물에 있다. '도심 벽화 트레일(www.citycentremuraltrail.co.uk)' 사이트에 들어가면 이 도시의 벽화들만 따라서 트레킹 할 수 있는 코스를 안내받을 수도 있다.

는 글래스고 시민들의 신앙 중심지이다. 성인의 이름을 딴 세인트 뭉고 종교 예술 박물관도 붙어 있어 세계 종교와 관련된 다양한 전시물들을 접할 수 있다.

박물관 바로 뒤로는 '망자의 도시'라 불리는 글래스고 네크로폴리스다. 우리나라의 현충원처럼 이 도시를 빛낸 인물들이 모두 이곳 드넓은 공원묘지에 묻혀 있다. 입구 가까이에 민족 영웅 윌리엄 월리스의 기념비와도 만날 수 있고, 라이트하우스 옥상처럼 도시 전체를 조망하는 전망대 역할도 겸하는 위치다. 도심 센트럴 역으로 돌아오는 건 강변길을 이용한다. 공원묘지에서 하이 스트리트를 따라 남쪽으로 내려오면 글래스고의 한강인 클라이드 강을 만날 수 있다. 강변길

를 나누고 잔디밭에선 유모차를 끄는 부부가 정겹게 데이트 중이거나, 수많은 비둘기들이 경계심 없이 사람들 주변을 오가며 먹이를 쪼는 등 여느 대도시의 중심 광장과 같은 정경이다. 광장 주변에 역사 인물들 동상이 여기저기 둘러서 있는 모습도 비슷하다. 에든버러에도 있던 월터 스콧 동상이 보이고 대영제국을 상징하는 빅토리아 여왕의 기마상도 보인다. 세계 최초로 증기기관을 발명한 제임스 와트도 앉은 자세로 광장 사람들을 내려다보고 있다.

조지 광장에서 조지 스트리트와 하이 스트리트를 따라 15분 걸어가면 글래스고 대성당이다. 글래스고의 수호성인인 세인트 뭉고(St. Mungo)가 6세기 때 수도원을 지었던 자리로, 800년 역사를 자랑하

라이트하우스의 하이라이트는 역시 7층 전망대와 거기로 올라가는 계단이다. 가파른 나선형의 계단을 오르는 사람들은 열에 열 모두 계단 아래쪽을 향해 핸드폰 카메라 셔터를 누른다. 숨차게 딛고 올라온 아래층 계단들이 달팽이처럼 독특한 형상으로 인상에 남기 때문이다. 숨을 몰아쉬며 옥상 전망대에 오르면 글래스고 시내가 한눈에 내려다보인다. 전통과 현대를 아우르는 글래스고만의 도시 특징을 골고루 보여주는 파노라마다. 멀리 보이는 건물 벽에 대형 캠페인 문자가 인상 깊다. 'People make Glasgow', 글래스고 시민들의 상상력과 창의력을 북돋는 문구로 보이고 이곳 라이트하우스의 콘셉트와도 일치하는 듯하다.

미첼 스트리트를 나와 동쪽으로 한 블록이면 글래스고 또 하나의 명소인 현대미술관이다. 영문 이니셜인 GOMA로 불린다. 무료입장이지만 유료에 준하는 미술 작품들로 가득하다. 쉽게 이해되는 작품들과 난해한 작품들이 적당히 섞여 있다. 에든버러에서처럼 이곳에도 웰링턴 장군의 동상이 유명하다. 장군의 역사적 업적보다는 다른 이유로 더 유명하다. 미술관 정문 앞에 있는 장군의 동상 머리는 비둘기들이 앉아서 갈겨 놓은 오물들로 언제나 보기 민망했던 모양이다. 누군가 장군 머리에 멋진 고깔을 씌워 놓으면서 비둘기들이 앉아 보려는 시도조차 할 수 없게 되었다. 오물로 범벅이 된 장군의 머리가 민망해서 취해진 임시방편이 그대로 고착이 되면서, 이 코믹한 형상이 글래스고의 명물(?)로 변신했다.

글래스고의 중심은 조지 광장이라 할 수 있다. 에든버러 웨이벌리 역에서 출발한 기차가 멈추는 퀸 스트리트 역 앞이라 관광 안내소와 투어버스들이 즐비하다. 광장 벤치에 앉은 사람들이 오손도손 얘기

범했던 남자에서 한 민족의 지도자로 떠오르며 한동안 독립 투쟁을 선도하지만 결국은 글래스고에서 붙잡혀 런던으로 끌려가 처형된다. 동포 귀족의 배신으로 영웅을 죽게 한 땅 글래스고는, 지난 역사를 참회라도 하듯 오늘날 스코틀랜드 최대 도시로 잘 성장해 있다.

글래스고는 제주도 면적의 10분의 1 땅에 60만 명이 밀집해 사는 도시다. 클라이드 강이 도시의 남과 북을 균등하게 가르지만 외지인들의 여행은 주로 강북 지역의 올드타운을 중심으로 이뤄진다. 하루 일정이라면 센트럴 역과 조지 광장 일대의 구도심을 시작으로 동쪽의 대성당과 공원묘지를 둘러보고, 남쪽으로 클라이드 강변을 돌아오는 6km 코스가 최적이다. 하루 일정이 더 있다면 도심 서쪽으로 걸어서 글래스고 대학교까지 갔다가 클라이드 강변을 돌아오는 8km 코스를 추가하면 좋다.

스페인에 가우디가 있다면 스코틀랜드엔 매킨토시가 있다고 글래스고 사람들은 말한다. 찰스 매킨토시는 글래스고 출신이다. 19세기 중반에 태어난 안토니 가우디와 동시대 인물이다. 건축가로서 디자이너로서 미술가로서, 가우디와 비슷한 인생을 살았다. 센트럴 역에서 한 블록 떨어진 좁고 긴 골목길 미첼 스트리트에는, 매킨토시의 디자인과 건축 개념이 집약된 빌딩 하나가 서 있다. '라이트하우스'란 애칭으로 불리고, 정식 명칭은 '스코틀랜드 디자인&건축 센터'이다.

푸른빛이 신비로워 보이는 에스컬레이터를 타고 2층에 오르면 복합 문화공간이 이어진다. 매킨토시 작품들은 물론 일반 예술가들의 다양한 디자인 작품들이 상설 전시되거나 일정 기간 이벤트로 전시된다. 건축물 모형이나 사진들뿐만 아니라 실내 인테리어 작품들이 곳곳에서 눈길을 끈다.

📍 트레킹 루트 (14km)

센트럴 역 - 라이트하우스(The Lighthouse) - 현대미술관(The Gallery of Modern Art) - 조지 광장(George Square) - 조지 스트리트(George Street) - 하이 스트리트(High Street) - 글래스고 대성당(Glasgow Cathedral) - 세인트 뭉고 종교 예술 박물관(St. Mungo Museum of Religious Life and Art) - 글래스고 네크로폴리스(Glasgow Necropolis) - 윌리엄 월리스 기념비(Wlliam Wallace Memorial) - 하이 스트리트(High Street) - 바라스 마켓(Barras Market) - 피플스 팰리스(Glasgow People's Palace) / 윌로우 티 룸스(The Willow Tea Rooms) - 스쿨 오브 아트(Glasgow School of Art) - 캘빈 그로브 미술관 & 박물관(Kelvingrove Art Gallery and Museum)

 켈트족이 브리튼 섬 북부지역에 스코틀랜드 왕국을 세운 건 9세기 중반이다. 섬 남쪽 잉글랜드로부터의 첫 침공은 11세기 후반, 노르만의 정복왕 윌리엄 때였다. 이후 13세기 말, 스콧트 귀족들의 왕권 경쟁으로 혼란한 틈을 이용해, 잉글랜드의 에드워드 1세가 본격 침공해 오면서 지배가 시작됐다. 침략자 잉글랜드 인들의 착취와 억압이 심해지면서 이에 대항한 스코틀랜드 인들의 독립 투쟁도 불같이 타올랐다.

 1297년의 스털링 전투는 압도적으로 우세한 잉글랜드군에 맞서, 소수의 스코틀랜드 인들이 압승을 거둔 최초의 전투였다. 이 전투를 승리로 이끈 주인공이 바로 스코틀랜드 독립 영웅이자 영화 《브레이브 하트》의 주인공인 윌리엄 월레스다.

 역사 속 영웅의 종말은 대개가 비극이듯 그 역시 마찬가지였다. 평

스코틀랜드
글래스고

　　오래전 영화《브레이브 하트》는 당시 대단한 반향을 불러일으켰다. 액션 배우로만 유명했던 멜 깁슨이 역사물 주인공에 감독까지 맡았다. 게다가 아카데미 최우수작품상과 감독상 등 5개 부문까지 휩쓸었다. 잉글랜드에 대항한 스코틀랜드 인들의 투쟁이 워낙 박진감 넘치게 감동적으로 그려졌다. 역사에 묻혀 있던 윌리엄 월리스라는 켈트족 인물이 멜 깁슨을 통해 비로소 세상에 알려지는 계기도 되었다.

　　영웅의 이야기에 어울리는 여러 요소들이 스코틀랜드의 웅장한 산악 지형에 합쳐져 서정적이고 서사적인 영상을 만들어냈다. 스코틀랜드 하면 단순히 영국의 북부를 일컫는 지역 이름으로만 인식되기 쉬웠지만, 나름의 아픈 역사를 가진 전혀 다른 민족임을 영화 한 편이 새삼 일깨워줬다.

장엄하게 버텨 서 있고, 북쪽으로는 리스 항에 정박 중인 배들까지 한눈에 들어온다. 남쪽으로는 아더왕 의자 절벽과 홀리루드 궁전 건물들이 모두 우아하면서 육중한 자태를 뽐내고 있다.

언덕 가장 높은 곳에 있는 32m 넬슨 기념탑에 오르면 이런 정경들이 더 다이내믹하게 한눈에 들어온다. 시내 전체의 파노라마를 조망하는 것도 좋지만, 칼튼 힐을 더 깊이 인상 지우는 건 폐허의 잔재처럼 보이는 거대한 신전 기둥들이다. 아테네 파르테논 신전 네 개의 면 중에 한쪽 면 기둥들만을 옮겨다 놓은 형상과 똑같다. '내셔널 모뉴먼트', 나폴레옹 전쟁에서 희생된 병사들을 추모하기 위해 짓다가 예산 문제로 중단됐다고 한다. 완공이 안 된 채 120년 세월을 버텨온 폐허의 모습 그대로도 더할 나위 없이 장엄하다.

칼튼 힐을 내려오면 에든버러 교통의 중심지인 웨이벌리 역이다. 역 바로 옆에는 '아이반호'로 유명한 시인이자 소설가 월터 스콧의 기념탑이 웅장하게 솟아 있다. 대영제국의 영웅 넬슨 제독과 웰링턴 장군의 기념탑이나 동상보다 문인 한 명을 위한 기념탑 규모가 대단한 데에 놀랄 수도 있다. 두 전쟁 영웅은 잉글랜드와 아일랜드 출신이고 월터 스콧은 에든버러를 대표하는 문인이기 때문이다. 300여 개의 좁은 계단을 걸어, 61m 높이의 탑을 오르면, 칼튼 힐과는 또 다른 도심 정경이 드러난다. 탑을 내려와 서쪽으로 프린세스 스트리트 공원을 따라 길게 걸어보면 오른쪽으로는 에든버러 신시가의 활기를, 왼쪽으로는 구시가의 정취를 동시에 만끽할 수 있다.

고, 성 바로 아래가 구시가 일대다. 내려다보는 것만으로도 성이 얼마나 난공불락일지 실감된다.

캐슬 내 로열팰리스에는 비운의 여왕 메리 스튜어트의 자취가 보존돼 있다. 잉글랜드와의 최초 통합 군주가 된 아들 제임스 6세를 낳은 방과, 불행했던 여왕의 행복했던 어린 시절 조형물도 만날 수 있다. 그 외에도 스코트 켈트족이 겪은 수백 년 전쟁과 평화의 흔적들이 성 전체를 촘촘하게 메우고 있다.

성을 내려오면 동쪽으로 곧게 구시가가 펼쳐진다. 길 양편으로 즐비한 카페와 레스토랑 들과 함께, 옛 왕국 시절의 고풍스러운 건축물들이 대형 상가나 박물관 등의 명소로 탈바꿈하여 올드타운 도심을 구성한다. 시장 경제는 '보이지 않는 손'에 의해 움직인다고 했던 애덤 스미스의 동상도 거리 한복판을 지키고 있다. 우리 서울의 인사동과 명동을 합쳐 놓은 듯한, 옛날과 오늘이 공존하는 그런 분위기다.

성 아래에서 홀리루드 궁전까지의 이 길은 옛날엔 귀족들만 걸을 수 있었기에 '로열 마일'이란 이름으로 불린다. 총 거리 1.6km다. 영국식 계량 단위 '마일'의 기원이 되는 곳이기도 하다. 로열 마일의 끝 지점인 홀리루드 궁전은 중세 이래 스코틀랜드 왕족들이 살던 곳이다. 지금은 영국 왕실의 스코틀랜드 거처로 쓰인다. 지금의 엘리자베스 여왕이 여름마다 와서 쉬었다 가는 휴양지이기도 하다.

에든버러 캐슬에서 스코틀랜드 역사와 만난다면 칼튼 힐은 시내 전체를 조망하기에 가장 좋은 곳이다. 로열 마일 끝에서 칼튼 로드를 따라가면 신시가로 발을 들이게 되는데, 칼튼 힐은 신시가 동쪽 끝에 있는 높이 110m의 드넓은 잔디 언덕이다. 서쪽으로 에든버러 성이

글랜드 왕으로 추대된 것이다. 이 왕위 계승 100년 후 두 민족이 하나의 왕국 그레이트 브리튼으로 합쳐지는 발판이 되었다. 스코틀랜드 여왕 메리 1세의 불운이 후세 대영제국의 밑거름이 된 것이다. 잉글랜드의 엘리자베스 여왕과는 정반대의 삶을 살았던 스코틀랜드 여왕 메리 1세의 이야기는, 《골든 에이지》란 영화에서 흥미롭게 그려지는 등, 역사의 라이벌 소재로 많은 예술 작품들에서 다뤄지기도 했다.

에든버러는 불행한 여인 메리 1세의 왕국 스코틀랜드의 유서 깊은 수도였다. 도시 한가운데에는 '캐슬 록'이라 불리는 단단한 바위산이 자리하고, 그 위에 에든버러 캐슬이 우람하게 버텨서 있다. 시내 어디서 보건 그 자태가 워낙 고압적이라 외부의 어떤 힘으로도 허물 수 없을 듯한 견고함을 드러낸다. 역사가 있는 중세의 여느 도시가 그렇듯 에든버러도 신시가와 구시가로 나뉜다.

한나절 시간으로 구시가 전체와 신시가 일부를 천천히 둘러보는 도심 트레킹이 에든버러 여행에선 만족도가 높다. 에든버러 캐슬을 시작으로 올드타운 도심과 홀리루드 궁전, 칼튼 힐, 프린세스 스트리트 공원으로 이어지는 순환 코스다. 직선거리는 7km에 불과하지만, 캐슬과 공원 안 이곳저곳을 둘러봐야 하기에 실제 걷는 거리는 10km에 가깝다.

에든버러 캐슬에선 제일 먼저 켈트족 영웅 윌리엄 월리스(William Wallace)의 동상과 만난다. 입구 들어서기 전 오른쪽에 서 있다. 영화 《브레이브 하트》에서 보았던 주인공의 모습과는 좀 달라 보인다. 캐슬에 오르면 대포들이 도열한 포대 아래로 에든버러 시내 전체가 한눈에 들어온다. 멀리 북해 바다 쪽으로 넓게 펼쳐진 지역이 신시가이

📍 트레킹 루트 (10km)

에든버러 캐슬(Edinburgh Castle) - 로열 마일(The Royal Mile) - 홀리루드 궁전(Palace of Holyroodhouse) - 칼튼 로드(Calton Road) - 칼튼 힐(Calton Hill) - 넬슨 기념탑(Nelson Monument) - 내셔널 모뉴먼트(National Monument of Scotland) - 웨이벌리 역(Edinburgh Waverley) - 월터 스콧 기념탑(Scott Monument) - 프린세스 스트리트 공원(Princes Street Gardens)

　9개월 아기 때, 요절한 아버지의 뒤를 이어 스코틀랜드의 여왕에 즉위한 메리는, 평생 불운이 그치지 않는 삶을 살다가 결국은 런던 타워에서 참수됐다. 권력 투쟁에 밀려 스코틀랜드에서 잉글랜드로 망명해온 지 20년 만이었고, 망명 생활 중 엘리자베스 여왕 살해 음모에 가담했다는 죄목이었다. 엘리자베스 여왕의 조카뻘이었기에 조금만 더 신중하게 처신했더라면 얼마든지 평온한 삶이 될 수도 있었다. 경박하고 사려 깊지 못한 처신이 여왕의 분노와 미움을 샀고 결국은 비참한 종말을 맞게 된 것이다.
　불행한 여인의 아들은 그러나 16년 뒤 잉글랜드와 스코틀랜드의 최초 통합 군주가 되는 영광을 누렸다. 자식 없이 죽은 엘리자베스 여왕의 뒤를 이어, 메리의 친아들인 스코틀랜드 왕 제임스 6세가 잉

스코틀랜드
에든버러

　영국 최초의 여왕은 공식적으로 메리 1세다. 워낙 사람을 많이 죽여 '피의 메리(Bloody Mary)'로 불린다. 첫 번째 피의 희생자 제인 그레이는 처형 장면 그림으로도 유명하여, 후세의 많은 이들의 심금을 울렸다. 도마에 목을 걸치면 망나니가 도끼를 내려치는 처형 방식으로, 사형 직전에 눈가리개를 씌우자 그녀는 머리를 올려놓을 도마를 찾지 못해 손을 더듬거리며 물었다고 한다. "어떻게 해야 하죠? 도마는 어디에 있나요?" 10대 소녀 신분으로 얼떨결에 영국 최초의 여왕에 추대됐지만 곧바로 메리 1세에게 왕위를 빼앗기며 런던 타워에서 참수됐다. 9일 만에 폐위되었기에 여왕의 칭호도 받지 못했다.
　33년 후 같은 장소에서 같은 방식으로 또 한 명의 여왕이 참수된다. 그녀의 이름도 메리 1세, 스코틀랜드 여왕 메리 스튜어트다. 생후

　　호숫가 뷰 포인트에서 네스호임을 알리던 입간판 글자는 'Loch Ness'였다. 전 세계에서 몰려오는 관광객들을 위한 안내문이 영어 'lake'가 아닌, 자신들의 켈트어 'loch'를 썼다. 이 호수는 영국이기 이전에 켈트족의 땅이라는 민족적 자부심이 읽힌다. 빅토리아 여왕은 스코틀랜드를 특별히 사랑했다고 한다. 통치하는 잉글랜드와 지배당하는 스코틀랜드 사이에, 통합과 갈등의 천 년 역사가 있었다. 그 과정에서의 아픔과 희생들이 이 자그마한 호수마을 어딘가에도 오랜 시간과 함께 여기저기 묻혀 있을 것이다.

이 즐비하다. 화창한 하늘과 호반마을의 한낮을 즐기는 여행객들이 여기저기 다른 모습들로 즐거움을 표현하고 있다. 커낼사이드 길가 울타리 한가운데에는 검은색 조형물에 금빛 여왕의 얼굴이 눈길을 끈다. 'Victoria Jubilee 1837~1897년'. 결혼 30, 50, 60주년을 진주, 금, 다이아몬드로 기념하는 것처럼, 빅토리아 여왕의 재위 60년을 기념하는, 다이아몬드 주빌리 조형물이다. 지금의 엘리자베스 여왕도 이미 재위 60주년을 훌쩍 넘겼지만, 이전의 영국 역사에서 다이아몬드 주빌리를 넘긴 왕은 빅토리아 여왕이 유일하다. '군림하되 통치하지 않는다(reign but not rule).' 입헌 군주로서의 모습을 뚜렷이 한 군주였다.

는 사람들은, 가장 짧은 여정이라도 최소한 이곳, 포트 오거스터스까지는 다녀간다. 스코틀랜드나 글래스고에서 당일치기 여행으로 와도 두세 시간 정도는 머물다 갈 수 있다.

여유 있는 일정이라면 이곳에서 북서쪽으로 A87 도로를 따라 대서양 스카이(Skye) 섬까지 올라가거나, 또는 북동쪽으로 A82 도로를 타면 북해의 인버네스까지 단숨에 도달하는 것이다. 포트 오거스터스는 또한 북대서양과 북해를 하나의 물길로 연결시키는 칼레도니아 운하의 복판이기도 하다. 운하의 남쪽은 북대서양의 포트 윌리엄까지 이어지고, 북쪽은 네스호를 통해 북해의 인버네스와 연결되는 것이다.

A82도로에서 강둑을 따라 400m쯤 들어가면 길고 푸르른 호수가 눈앞에 나타난다. 'Loch Ness', 파란색의 큼직한 입간판 하나가 이 평범해 보이는 호수를 특별하게 만들고 있다. '네스호'에 살고 있다는 전설의 괴물 '네시(Nessie)'라는 이름은 과거 한 시절 뉴스에 회자되면서 세계적으로 유명해지기도 했다. 누군가 바로 이 호수에서 그 괴물을 봤다는 뉴스가 전 세계 매스컴을 탔던 적이 있었던 것이다.

히말라야 설산의 거인 '예티', 남미 아마존 밀림의 '마핑과리', 북미 대륙의 거대 유인원 '빅 풋' 또는 백두산 천지의 이름 없는 괴물…. 실제로 그들이 거기에 존재하는지 아닌지는 중요하지 않을 수도 있다. 인간의 상상만으로도 즐거운 것이다. 호수 한가운데 어딘가에 '네시'라 불리는 괴물이 집 지어 살고 있다는 믿음만으로 족하다. 목이 기다란 초식 공룡 네 식구가 물속 깊은 곳에서 해초를 뜯어먹으며 행복한 일상을 살아가고 있다는 상상이 우리를 즐겁게 해 준다.

호수를 나오면 운하를 따라 잔디밭이 이어지고 카페와 레스토랑

아름다운 정경이다. 산과 산이 이어지는 계곡으로 맑은 물이 흐르고, 무너진 탑이 있는 산중턱에 영화 《하이랜더》 속 주인공 부부가 사랑을 나누던 오두막과 뒷산 폭포, 그리고 거대한 해안 절벽들…. 글렌코를 여행하는 이들은 영화 속 이런 장면들을 여전히 마주할 수 있다.

에든버러나 글래스고는 차량보다는 도보 여행이 훨씬 편하고 유익하지만 하이랜드의 경우는 좀 다르다. 워낙 광대하기 때문이다. 자가운전이나 당일치기 버스 투어 또는 1~3일짜리 패키지 투어를 이용하면서, 중간중간 명소들에 멈춰 1~2시간씩 트레킹 하는 방법이 효율적이다.

스코틀랜드는 잉글랜드의 60% 면적이면서 인구는 10분의 1밖에 되지 않는다. 황량하고 거친 환경임을 알 수 있지만, 하이랜드 같은 광활한 대지가 거의 오염되지 않고 자연 그대로 남아 있음을 암시한다.

하이랜드의 중심 도로는 에든버러와 인버네스를 잇는 A9번 도로지만, 여행자들이 가장 많이 이용하는 도로는 A82번이다. 글래스고에서 글렌코, 포트 윌리엄, 포트 오거스터스, 인버네스를 잇는 도로다. 그중에서도 글래스고 북쪽 로몬드 호수에서 글렌코 협곡까지의 100km 구간은 스코틀랜드에서 가장 아름다운 드라이브 코스로 정평이 나 있다.

글렌코와 포트 윌리엄을 거치며 A82번 도로를 달리다 보면 아름다운 호수 마을 포트 오거스터스에 도착한다. 지리적으로 하이랜드의 정중앙에 위치한 마을이다. 규모 면에선 하이랜드 제일의 도시 인버네스와 비할 바가 아니지만, 하이랜드 여행에선 가장 중요한 거점이나 다름없다. 에든버러나 글래스고를 출발해 하이랜드로 여행하도 로우랜드가 끝나고 하이랜드가 막 시작되는 글렌코 지역이 영화의 주 무대다.

글렌코는 특히 2012년 개봉된 영화 《007 스카이폴》 때문에도 더 유명해졌다. 제임스 본드가 자신의 고향인 글렌코 협곡을 찾아 M과 함께 대자연을 바라보는 장면이 있었는데, 그 현장에서 영화 모습을 흉내 내는 여행자들도 많아졌다.

에든버러에서 하이랜드로 올라가기 위해선 서부나 중부 또는 동부 해안을 통하는, 세 갈래 도로가 있다. 이들 중 서부 쪽 도로를 따라 올라가다가 하이랜드 초입에서 만나는 곳이 글렌코다. 북대서양과 이어진 이 호숫가 산악지대는 하이랜드 여행자들이 반드시 거쳐 가야 하는 필수코스나 다름없다.

스코틀랜드는 영국연방에 통합되기 전에도 오랜 세월, 잉글랜드로부터의 침략에 시달려 왔었다. 지금으로부터 330년 전 어느 겨울날, 글렌코의 맥도널드 씨족이 잉글랜드 군인들에게 대거 학살되는 사건이 있었다. 새로 등극한 잉글랜드 왕 윌리엄 3세에게 불충했다는 이유 때문이었다. 남녀노소 40여 명이 새벽 잠결에 방 안에서 몰살되었다. 겨우 도망쳐 산속으로 숨어든 이들도 하이랜드의 혹독한 추위 속에서 모두 얼어 죽었다. '글렌코 학살'로 불리는 이 사건은, 역사적으로 스코틀랜드인들의 잉글랜드에 대한 적개심을 증폭시킨 계기가 되었다.

지금의 글렌코에는 그 옛날 영화 속 불사신이나 무고하게 학살된 이들의 자취 따위는 남아 있지 않지만 자연의 모습만은 영화 속 웅장했던 그대로이다. 낮은 구릉이 이어지고 헤더 꽃 만발한 황야가 펼쳐진다. 높고 낮은 계곡들 사이로 하얀 구름들이 산허리를 감싸 도는

시켰다. 우리 강산과는 완전히 다른 지세와 풍경은, 해외여행을 쉽게 할 수 없던 당시의 많은 이들에게 간절한 로망 하나를 심어놨을 것이다. '언젠가 꼭 한번 여행하고 싶은 곳, 스코틀랜드 하이랜드.'

영국 브리튼 섬의 북부 지방인 스코틀랜드는 다시 북부의 험한 고지대 하이랜드(Highland)와 남부의 저지대 로우랜드(Lowland)로 나뉜다. 에든버러와 글래스고처럼 인구가 밀집된 도시들은 대부분 로우랜드에 속한다. 스코틀랜드의 대자연을 야기할 때는 대개 하이랜드가 거론된다. 영화 《하이랜더》의 배경지도 하이랜드다. 그중에서

스코틀랜드
하이랜드

'난 영원히 죽지 않는 불사신. 내 이름은 코너 맥클라우드, 500년 전 스코틀랜드에서 태어났다.'

35년 전에 개봉됐던 영화《하이랜더(Highlander)》의 오프닝 자막이다. 늙지도 죽지도 않고 영원을 사는 불사신의 이야기, 진부할 것 같지만 당시로선 신선한 소재였다. 스코틀랜드 북부 산악지대에서 불노불사(不老不死)의 존재로 태어난 한 남자의 생존을 위한 삶과 투쟁을 그리고 있다. 개봉 후 15년 동안 시리즈 4편까지 이어졌으니 그냥 범상한 작품만은 아니었던 게다.

이 영화를 기억하는 이들은 숀 코네리의 중후한 연기와 영화 전반을 수놓던 그룹 퀸(Queen)의 서정적인 음악 10여 곡, 거기에다 웅장하고 수려한 영상에 담긴 대자연의 풍광 등을 잊지 못한다. 특히 중세를 배경으로 한 스코틀랜드 산악지대의 아름다움이 관객들을 매료

다. 강 맞은편 리베이라 거리와 마주 보는 강변 길을 따라 카페와 레스토랑들이 즐비하다. 특히 이곳에선 와인 제조 과정을 견학하며 포르투 와인 시음도 할 수 있는 와이너리 투어가 여행자들에게 큰 인기를 끈다.

세하 두 필라르 전망대 바로 앞은 모루 공원이다. 강변으로 내려올 때 탄 곤돌라를 도로 타고 올라가면 된다. 포르투 시내 여러 전망대를 거쳐왔지만, 이곳은 일몰과 야경을 즐기기 위한 전망대로 특히 유명하다. 그동안 지나온 구도심 역사 지구 면면들이 도우루 강과 동 루이스 다리와 함께 멋진 풍경을 선사한다. '포르투 역사 지구 하루에 둘러보기'의 마무리 장소로 모루 공원 또는 모루 언덕은 최고다.

를 찾은 여행자들의 목적도 대개는 이 다리에 오르거나 또는 가까이 서 다리를 바라보기 위함이다. 다리 1층은 자동차 도로, 2층은 도시 철로지만 두 개 층 모두 보행자용 인도가 있다. '루이 1세 다리'로 불리기도 한다. 포르투 관광의 하이라이트이다.

　세하 두 필라르 전망대는 루이스 다리를 건너 왼편 언덕의 수도원 건물에 있는 전망대를 일컫는다. 강북 구도심에선 클레리구스 성당 종탑에서 바라보는 전망이 가장 좋고, 강남 쪽에선 이곳 전망대가 제일이다. 빌라 노바 데 가이아는 도우루 강 북쪽의 구도심 역사 지구와 마주 보는 강 남쪽 일대를 일컫는 지명이다. 세계적인 포르투 와인의 산지와 저장 창고로 유명한 지역이다. 세하 두 필라르 전망대 앞 케이블카 승강장에서 곤돌라를 타면 한순간에 강변으로 내려온

　궁전을 모델로 한 여러 방 등, 화려했던 옛 시절의 영화를 잘 간직하고 있다. 볼사 궁전 맞은편 넓은 잔디밭은 엔히크 왕자 광장으로 불린다. 대항해시대를 열면서 포르투갈에 영광과 번영을 불러온 엔히크 왕자를 위한 잔디 광장이다. 광장 중앙에 왕자의 동상이 웅장하게 서 있다. 왕자의 죽음 500주년을 맞이하여 1960년에 건립된 동상이다.

　잔디 광장에서 강변으로 내려오면 리베이라 광장을 시작으로 리베이라 거리가 이어진다. 도우루 강을 따라 분위기 있는 카페와 레스토랑이 즐비하다. 포르투에서 가장 낭만적이면서 여행자들이 가장 선호하는 장소다. 리베리아 거리가 끝나는 지점에서 강북과 강남을 연결해주는 아치형 2개 층 다리가 동 루이스 다리다. 리베이라 거리

한다. 역이면서 관광 명소다.

　포르투 대성당은 구도심 역사 지구의 중심이다. 높은 언덕에 위치하여 전망대 역할도 한다. 광장 한가운데에선 중세 시대에 노예나 죄인들을 묶어 뒀다는 '수치심의 기둥(Pelourinho do Porto)'이란 이름의 탑이 유명하다. 포르투 대성당에서 서쪽으로 400m 이동하면 비토리아 전망대와 만난다. 자그마한 비토리아 성당 뒤쪽 언덕으로 올라서면 나무 한 그루 있는 공터에 전망대란 이름을 붙여 놨다. 도우루 강의 동 루이스 1세 다리와 포르투 대성당 쪽 정경이 근사하게 보인다.

　전망대에서 강변 쪽으로 조금만 내려오면 상 프란시스코 교회 옆에 수도원으로 지어졌던 건물이 볼사 궁전이다. 200여 년 전 내전으로 불에 타는 등 역사의 굴곡을 많이 겪어왔지만, 스페인의 알함브라

조앤 롤랭이 서점 내 1~2층을 잇는 아름다운 계단에서 영감을 얻어 영화 《해리 포터》 장면에 활용한 것으로 특히 유명하다. 서점인데도 5유로 입장권을 사서 들어가야 한다. 하지만 실내 구조와 분위기로 보아 아깝게 느껴지진 않는다. 서점이라기보단 관광 명소에 가깝다.

클레리구스 성당은 포르투 시내 어디서나 보이는 높이 76m의 종탑으로 유명하다. 포르투 구시가를 전망하기에 가장 좋은 위치지만, 6층 전망대까지 좁은 계단 240개를 오르는 데에 힘이 꽤 들어간다. 포르투에서 가장 중요한 광장이라면 리베르다드 광장이다. 서울로 치면 광화문 광장에 해당된다. 이순신 장군 동상 자리에 식민지 브라질 제국의 초대 황제를 지낸 동 페드로 4세의 기마상이 있다. 알리아두스 거리와 이어져 시청 앞 광장까지 연결된다.

클레리구스 성당에서 리베르다드 광장을 건너면 유명한 맥도널드 가게에 이른다. 맥도널드 임페리얼점이다. 샹들리에와 스테인드 글라스 등 실내 인테리어가 궁전이나 대성당 못지않게 화려하다. 패스트푸드 먹기에는 과할 정도의 분위기다. 메뉴와 맛이야 일반 맥도널드 점과 별 차이가 없지만 이곳 또한 '세상에서 가장 아름다운 맥도널드 가게'라는 입소문 때문에 포르투 구도심에선 또 하나의 명소로 꼽힌다.

포르투에서의 교통 중심은 시청 뒤쪽 트린다데 역이다. 우리의 서울역과 역할이 비슷하다. 상 벤투 역은 교통 중심은 아니지만 구도심의 여러 곳을 연결하는 중요 메트로 역이다. 역사 지구 여행자들은 대부분 이 역을 이용한다. 특히 역내 '아줄레주' 타일 그림을 보려고 일부러 찾아오는 여행자들도 많다. 엔히크 왕자 등 포르투갈을 빛낸 인물들의 이야기를 담은 푸른빛 벽화들이 역 구내를 아름답게 장식

반나절도 좋고 하루 종일도 좋고 며칠도 좋다. 여유 부리기 나름이다. '포르투 역사지구 하루에 둘러보기' 정도의 콘셉트로, 아침부터 해질녘까지 둘러보기에 적합한 동선을 따라가 보자. 시청 앞 광장에서 아침에 출발하여 남쪽으로 도우루 강 건너 모루 언덕에서 일몰을 바라보며 하루 여행을 끝내는 여정이다. 이동 거리는 7km에 불과하지만, 구도심 명소와 유적들 중에서 가장 중요한 20군데를 경유하게 된다.

지하철 트린단데 역 인근의 포르투 시청 앞 광장에서 출발한다. 의미 측면에서도 위치 면에서도 포르투 하루 여행을 시작하기엔 최적인 장소다. 웅장한 외양은 여타 시청 건물과 비슷하나, 70m 대형 시계탑과 유명 문인 알메이다 가헤트의 청사 앞 동상이 특징이다.

성당이야 유럽 여느 도시에나 많지만 알마스 성당은 특히 '아줄레주(azulejo)'로 불리는 포르투갈 타일 장식으로 유명하다. 상대적으로 작은 성당이지만 벽 전체가 연한 코발트블루 빛 도자기 타일로 뒤덮여 독특한 아름다움을 보인다. 알마스 성당 맞은편에 있는 볼량 시장은 포르투 구도심의 대표적 전통시장이다. 2019년엔 건물 리모델링 중이라 알마스 성당 바로 옆 건물로 옮겨 임시 볼량 시장으로 운영하고 있다.

마제스틱 카페는 '세상에서 가장 아름다운 카페'로 불린다. 다소 과장된 면도 없지는 않다. 밖에서 보기엔 여타 유럽 카페처럼 평범해 보이나 내부는 특별히 화려하고 럭셔리하다.《해리 포터》를 출간하기 5년 전 포르투에서 영어 교사로 일했던 작가 조앤 롤랭이 이 카페에 자주 들러 작품을 구상했다는 것 때문에 많이 유명해졌다.

렐루 서점 역시 '세상에서 가장 아름다운 서점' 중 하나로 불린다.

📍 트레킹 루트 (7km)

포르투 시청(Câmara Municipal do Porto) 앞 광장 - 알마스 성당(Capela das Almas) - 볼량 시장(Mercado do Bolhão) - 마제스틱 카페(Majestic Café) - 렐루 서점(Livraria Lello) - 클레리구스 성당(Igreja dos Clérigos) - 리베르다드 광장(Praça da Liberdade) - 맥도널드 임페리얼점(McDonald's) - 상 벤투 역(São Bento) - 포르투 대성당(Sé do Porto) - 비토리아 전망대(Mirador da Vitória) - 볼사 궁전(Palácio da Bolsa) - 엔히크 왕자 광장(Praça da Infante Dom Henrique) - 리베이라 거리(Cais da Ribeira) - 동 루이스 다리(Ponte D. Luís) - 세하 두 필라르 전망대(Miradouro da Serra do Pilar) - 빌라 노바 데 가이아(Vila Nova de Gaia) - 모루 공원(Jardim do Morro)

많은 식민 영토와 경제적 부가 집중된 것이다.

그럼에도 대항해시대의 첫 문을 과감하게 열고 바다라는 신세계로 뛰쳐나간 나라는 포르투갈이었다. 그래서 한 시절, 세계 여러 대륙의 식민지 땅들을 스페인과 함께 양분했던 해양 강국의 시대도 있었다. 유럽의 변두리이자 유라시아 대륙의 땅 끝, 오랜 세계사의 변방에서 벗어나 보려는 발버둥이 한때나마 그런 영광을 누리게 해줬다.

포르투갈이란 국명은 이베리아 반도의 해상 무역 거점이었던 항구 도시 포르투(Porto)에서 비롯됐다. 포르투라는 지명은 이미 2,000년 전에 고대 로마인들이 '항구(portus)'라는 뜻으로 붙인 이름이다.

포르투갈 제2의 도시 포르투라는 지명에는 나라의 이름을 낳았다는 자부심과 함께 그 옛날 대항해 시대를 선도했다는 은근한 자부심까지도 깃들어 있다. 다만 대항해 시대가 끝나며 영광도 희미해졌고 개발도 멈춘 탓에 현대 도시의 면모는 찾아볼 수 없다. 그 옛날 찬란했던 시대의 화려했을 모습이 엿보일 뿐이다. 오랜 세월의 풍파에 색은 비록 바랬을지언정 외양은 고스란히 남아 있다. 그런 옛 도시의 이미지가 오히려 포르투의 가치를 높이면서 오늘날 세계의 여행자들을 끌어 모으고 있다.

포르투는 직경 8km의 원 면적에 해당되는 넓이지만, 외지 여행자들은 이 면적의 10분의 1 정도인 구도심 지역에 특히 관심을 가진다. 1996년 세계문화유산으로 지정된 포르투 역사지구(Historic Centre of Oporto)다. 앞만 보고 걷기만 하면 한두 시간 안에 지나칠 수 있는 구역인데, 여행자의 발길을 붙들어매는 너무나 많은 것들이 밀집돼 있다.

포르투갈
포르투

　　16세기 전후 300년을 세계사에선 대항해시대라 부른다. 1492년 콜럼버스의 신대륙 발견, 1520년 마젤란의 세계 일주, 1642년 아벨 타스만의 뉴질랜드 발견, 1778년 제임스 쿡의 하와이 발견 등으로 이어진 대발견의 시대다. 물론 유럽의 시각이고 시대의 수혜자도 유럽, 그중에서도 특히 두 나라다. 무적함대로 성장한 스페인이 먼저고, 그 뒤를 이어 해상 패권을 거머쥔 영국은 해가 지지 않은 제국의 시대를 열었다.
　　세월이 흐른 후 결산을 해보니 가장 아쉬운 나라가 포르투갈이었다. 콜럼버스가 신대륙에 닿기 70년 전부터 일찌감치 바다로 눈을 돌려 북대서양과 아프리카로 진출했지만 포르투갈은 해양 선점자의 지위는 누리지 못했다. 발 빠른 의사결정과 과감한 추진력으로 콜럼버스와 마젤란 그리고 코르테즈와 피사로를 후원한 스페인에게로 더

　이들 중 리스본을 여행하면서 가장 많이 듣거나 실감하는 건 5)번 대지진에 관해서다. 시야에 들어오는 많은 전경들이 대지진 이후 새로 건설된 것들임을 알게 되기 때문이다. 영화《리스본행 야간열차》는 6)번 민주화 혁명에 참여했던 과거 젊은이들의 삶과 죽음을 현재의 중년 남자의 시각으로 보여준다. 영화 속에서 주인공 남자의 동선을 따라 펼쳐지는 아름다운 리스본 풍경들은 바이샤 지구와 알파마 지구 그리고 테주 강 주변들이다.

　리스본 1박 2일 여행이라면 이상의 것들을 고려하여 리베르다드 거리-바이샤 지구-알파마 지구 순으로 움직이는 동선이 가장 효율적이겠다. 총 거리는 6km로 짧아 보이지만 알파마 지구 경우는 비탈진 언덕이 많아 걷기에 쉽지만은 않다. 대중교통이 잘 되어 있는 편이다. 특히 트램 28번 노선을 잘 이용하면 걷는 구간을 줄이고 편하게 다닐 수도 있다.

📍 **트레킹 루트 1. 신시가 (3km)**
에드워드 7세 공원(Parque Eduardo VII) - 폼발 후작 광장(Praca Marques de Pombal) - 리베르다드 거리(Avenida da Liberdade) - 레스타우라도레스 광장(Praça dos Restauradores)

📍 **트레킹 루트 2. 바이샤 지구 (1km)**
레스타우라도레스 광장 - 로시우 광장(Praça do Rossio) - 페드로 4세 광장(Praça Dom Pedro IV) - 산타 후스타 엘리베이터(Elevador de Santa Justa) - 아우구스타 거리(Rue Augusta) - 아우구스타 개선문(Arco da Rua Augusta) - 코메르시우 광장(Praca do Conercio) - 두 개의 기둥(Cais das Colunas) - 리스본 문화센터(Lisboa Story Centre)

📍 **트레킹 루트 3. 알파마 지구 (2km)**
리스본 문화센터 - 리스본 대성당(Catedral de Lisboa) - 산타루치아 전망대(Miradouro de Santa Luzia) - 포르타스 두 솔 전망대(Miradouro das Portas do Sol) - 상 조르제 성(Castelo de S. Jorge) - 캐슬 전망대(Miradouro do Castelo de São Jorge)

면서 상대적으로 젊은이들이 많이 찾고 더 활기차다는 특징이 있다.
 리스본이라는 도시는 고대 이래 대략 여섯 번 정도의 역사적 터닝포인트가 있었다.
1) BC 200년 로마제국에 편입
2) AD 714년 이슬람 지배
3) AD 1255년 이슬람에서 해방과 함께 포르투갈 왕국의 수도로 지정
4) AD 1415년 북부 아프리카 세우타 점령하며 대항해시대 개막
5) AD 1755년 대지진으로 리스본 시가지 대부분이 파괴
6) AD 1974년 4월 25일 카네이션 혁명

반나절 정도만의 시간이라면 바이샤 지구가 옛 순위다. 가장 번화가 이면서 역사 지리적으로도 가장 의미 있는 지역이기 때문이다. 두 번째는 구시가를 대표하는 알파마 지구다. 리스본이라는 도시가 시작된 초기 지역이고 구도심의 정취가 여전히 많이 남아 있다. 세 번째는 리스본의 샹젤리제로 비유되는 리베르다드 거리다. 여기까지 3개 지역이면 리스본의 과거와 현재를 대략 훑어보는 셈이 된다. 벨렘 지구는 발견 기념탑과 벨렘탑 그리고 제로니모 수도원으로 유명하다. 시 외곽인 만큼 시간 여건이 되면 대중교통으로 다녀와 볼 만하다. 마지막으로 바이루 알투와 치아도 지구는 위 순위 지역들과 분위기가 겹치가 1974년에 지병으로 죽었다.

이렇듯《리스본행 야간열차》는 아마데우라는 청년의 잊혔던 과거를 거슬러 찾아가는 중년 남자의 여행 이야기다. 특히 대서양에 면한 리스본이라는 도시의 아름다움을 수려한 영상 속에 제대로 담아내고 있다. 주인공 그레고리우스의 리스본 여정은 숙소가 있는 바이샤 지구를 중심으로 주변을 오가며 이루어진다.

로시우 광장과 코메르시우 광장을 잇는 바이샤 거리, 누군가를 찾아 양로원으로 오가며 건너는 테주 강, 그 강을 가로지르는 멋진 현수교 4월25일 다리(Ponte 25 de Abril), 울퉁불퉁 비탈진 옛 도심 알파마 지구의 언덕길, 굴곡진 도로를 따라 한가로이 오가는 노란 전차 트램, 언덕에서 내려다보이는 도시와 강변의 야경, 그 야경을 배경으로 가로등 불빛 아래 벤치에 앉아 책을 읽는 주인공의 모습….

한 권의 수필집을 읽으며 유럽의 오래된 도시를 걷고 싶게 만드는 영화다. 서정적인 영화 한 편이 유럽대륙의 서쪽 끝 이베리아 반도의 옛 도시 하나를 그리워하게 만든다.

리스본은 스페인 내륙에서 발원한 테주 강이 1,000km를 달려온 후 북대서양과 만나는 하류에 자리 잡고 있다. 7개의 높고 낮은 언덕으로 이뤄진, 기복이 심한 강변 도시다. 리스본 여행자들은 주로 6개 지역에 관심을 갖는다. 도시의 중심인 바이샤(Baixa) 지구를 사이에 두고, 동쪽의 알파마(Alfama) 지구, 서쪽의 바이루 알투(Bairro Alto)와 치아도(Chiado) 지구, 그리고 북서쪽으로 곧게 뻗은 리베르다 거리(Avenida da Liberdade) 일대와 좀 멀리 떨어진 서남단의 벨렘(Belem) 지구다.

리스본 여행의 우선순위를 지극히 주관적인 관점에서 매겨본다.

줄 한 줄 강렬한 흡인력으로 빠져들고, 리스본에 도착하고부터는 책 속 인물들의 자취를 더듬어 찾아다니는 여정이 이어진다. 격동의 삶을 살았던 과거 속 젊은이들의 운명이 어지러이 교차하던 어느 순간, 흩어져 있던 퍼즐 조각들이 촘촘하게 짜 맞춰지는 결말에 이른다. 리스본 여행 동안 그들을 향했던 주인공 그레고리우스의 시선은 비로소 자신을 향하게 된다.

'그들 인생엔 활력과 강렬함이 가득했어. 내 인생은 뭐였지?'

영화 《리스본행 야간열차》의 '아마데우'는 포르투갈 독재정권에 맞서 싸운 레지스탕스였다. 안락한 의사의 삶을 거부하고 친구와 연인의 신념을 쫓아 혁명 대열에 참여했다. 비밀경찰에 쫓겨 사랑하는 여인과 함께 스페인으로 탈출했으나, 사랑을 잃고 외로운 삶을 살다

포르투갈
리스본

    2013년에 개봉한 영화 《리스본행 야간열차》는 이상과 신념을 쫓아 살다가 국가권력에 희생된 사람들, 우연한 기회에 그런 이들의 족적을 따라나서게 된 주인공이 결국은 그들과 비교되는 자신의 삶을 돌아보며 회한에 젖는다는 내용이다.
    영화 속 주인공 그레고리우스는 스위스 베른의 한 고등학교 문학 교사다. 백발이 성성한 초로의 모습이다. 5년 전 아내와 이혼한 뒤 집과 학교만 오가며 홀로 무료한 일상을 살고 있다. 어느 날 아침 출근길에서, 막 자살하려던 여성을 구하게 된 우연한 사건을 계기로 조그만 책 한 권을 손에 넣는다. 오래전에 죽은 한 남자가 남긴 책이었다. 거부할 수 없는 묘한 마력에 이끌려, 책 속 젊은이가 살았던 도시 리스본으로 무작정 떠나게 된다.
    베른에서 리스본으로 향하는 야간열차 속에서 책장을 넘기며 한행자들의 입과 눈을 즐겁게 해 준다. 고딕지구와 붙어 있기에 바르셀로나 여행에서 람블라스 거리는 방문 영순위 지역이다.

람블라스 거리의 리세우 역 인근에 레이알 광장이 있다. 야자수 나무와 분수대가 잘 어울리는 이 조그마한 광장 한 켠에는 특이한 가로등이 눈길을 끈다. 멋진 투구를 씌운 기둥에 가로등 6개가 달려 있다. 레이알 광장 가로등이라는 이름의 가우디 데뷔 작품이다. 학교 졸업 후 바르셀로나 시가 주최한 디자인 공모전에서 당선된 작품이나, 비용 문제 때문에 실제 거리 현장에는 적용되지 않았다고 한다.

레이알 광장에서 람블라스 거리 맞은편 골목으로 5분 정도 들어가면 왼편에 웅장한 대형 건물이 버티고 서 있다. 가우디의 또 다른 작품인 구엘 저택이다. 가우디의 예술적 감각을 현실세계의 건축에 제대로 반영할 수 있도록 40년 동안 후원해 준 에우세비 구엘의 저택이다. 본관과 연결되는 별관으로 지었지만 구엘은 이 건물이 더 마음에 들어 본관으로 사용했다고 한다. 가우디가 건축가로서의 입지를 굳히는 계기가 된 작품이다.

람블라스 거리가 끝나면 지중해가 성큼 눈앞인 포르탈데라파우 광장에 들어선다. 광장 한가운데 서 있는 거대한 콜럼버스 탑(Mirador de Colom)이 주변을 압도한다. 스페인 사람들에게 그가 얼마나 위대한 존재인지를 웅장한 60m 탑이 시각적으로 말해준다. 이 콜럼버스 탑에서부터 바다 쪽으로 더 나아가 대형 쇼핑몰 마레마그넘까지 가는 벨항(Port Vell) 길도 람블라스 거리와는 또 다른 정취를 안겨준다.

　네 살 때 바르셀로나에 이사와 살았던 피카소의 유년 시절 자료들을 모아 놓은 피카소 미술관(Museu Picasso)도 근처다.
　메트로 카탈루냐 역에서 해안 쪽으로 리세우 역, 드라상스 역을 지나 콜럼버스 기념탑 광장까지 1.5km는 넓은 거리 대부분이 보행자 전용이다. 차도는 2차선이다. 바르셀로나에서 가장 번화한 구시가 중심인 람블라스 거리다. 도로 전체가 가로수로 디어져 도심의 혼잡과 여유를 함께 느낄 수 있는 산책로이기도 하다. 초상화를 그려주거나 기타로 흥을 돋우는 거리 예술가들, 거리 중간쯤엔 온갖 먹거리들을 맛보고 구경할 수 있는 보케리아 시장(Mercat de la Boqueria)이 여

이다. 구시가 중에서도 람블라스 거리부터 북동쪽으로 500m에 걸친 1km² 구역은 구시가의 도심인 고딕 지구다. 바르셀로나 역사 문화 중심지면서 과거에는 성벽으로 둘러싸였던 구역이다. 수백 년 전 건물들이 그대로인 좁은 골목길을 걷노라면 중세시대에 와 있는 착각을 불러일으키기도 한다. 지하철 옐로우 라인의 하우메(Jaume) 역에 내리면 고딕지구 전체를 돌아다니기에 안성맞춤이다.

구도심 대표 명소들이 하우메 역 200m 안에 밀집되어 있어서, 효율적으로 둘러볼 수 있다. 이를테면 바르셀로나 대성당과 신대륙을 발견한 콜럼버스가 왕녀 이사벨을 알현했던 역사적 장소인 왕의 광장(Plaça del Rei), 로마시대 흔적들이 고스란히 보존된 바르셀로나 역사박물관(Museu d'Historia de Barcelona-MUHBA), 그리고 산 하우메 광장(Plaça de Sant Jaume)과 바르셀로나 시청 건물 등이다. 열

다양한 색조의 타일들에서 반사한 빛들이 그라시아 거리의 화려함과 잘 맞아떨어진다. 가우디 작품들 중 카사 밀라와 함께 가장 번화가에 위치한다.

 카사 칼베트는 그라시아 거리가 끝나는 즈음에서 왼쪽으로 세 번째 블록에 서 있다. 카사 바트요에선 1km 떨어진 위치다. 외형도 장식도 단순하고 단정해 보인다. 앞서 본 작품들에 비해 곡선 감도 덜하고 평이해서 그런지 주변엔 관광객도 별로 없다. 그럼에도 1900년 제1회 바르셀로나 건축상을 수상한 작품이다. 카사 바트요나 카사 밀라에 비해 특징이 없어 보이지만 이들이 세상에 나오기 6~10년 전에 지어진 작품임을 감안하면 쉽게 수긍이 된다.

 카탈루냐 광장을 기준으로 드넓은 북쪽 전체가 바르셀로나 신시가이고, 광장에서 남쪽으로 지중해 해안선까지 1km 일대가 구시가

카탈루냐 광장을 사이에 두고 직선으로 연결된다. 메트로 그린 라인 5개 역이 두 거리 구간에 열 지어 있다. 북쪽의 그라시아 거리는 메트로 디아고날 역에서 카탈루냐 광장 앞까지 1.3km에 걸쳐 있다. 신시가 에이샴플레 지구의 중심으로, 서울의 강남대로와 닮은꼴이다. 최고급 매장과 명품 샵들이 즐비한 쇼핑 거리이자 패션 1번가이다.

그라시아 거리 초입인 디아고날 역을 나와 한 블록 내려오면 맞은편 대로변에 괴상한 동굴모양의 건축물이 서 있다. 늘 인파가 몰려 있어서, 금세 가우디 명품임을 알아볼 수 있다. 건물이라면 사각형과 직선과 대칭이라는 정형화된 구조에 익숙한 일반인들에겐 매우 낯설고 신기한 모습이다. 100년 전에 사업가 페드로 밀라가 가우디에게 의뢰해 지은 임대 주택이다. 주인의 이름을 따서 건물 이름도 '밀라(Mila)의 집(Casa)', 카사 밀라다. 주택이라기보다는 거대한 암석을 깎고 다듬어 만든 동굴이나 조각처럼 보인다. 매 층마다 리드미컬하게 물결 짓는 곡선들이 파도를 만들어 발코니가 되고, 그 위에 바다 내음 풀풀 나는 해초 덩어리들을 옮겨 놓은 형상이다.

카사 밀라에서 그라시아 거리를 따라 남쪽으로 세 블록 내려오면 맞은편 대로에 카사 바트요 건물이 서 있다. 베란다 모습이 마치 눈이 휑한 해골을 닮았다. 그 베란다를 받치는 기둥들은 인체나 동물의 뼈를 연상시키듯 괴기스럽다. 섬유사업으로 성공한 바트요가 자신의 부를 과시할 목적으로 뭔가 특이하고 극적인 느낌의 건물을 원했다. 당시 최고 건축가 반열은 아니었지만 특이한 디자인을 시도하는 것으로 알려진 가우디에게 건축을 맡겼고 결국은 만족했다고 한다. 이 건물에 반한 밀라가 가우디에게 의뢰하면서 인근에 카사 밀라도 지어졌다. 단조로운 무채색의 카사 밀라에 비해 곡선 감은 덜하지만,

유네스코 세계문화유산에 등재된 작품들이다. 해박한 식견의 가이드를 기대하지 말고 평범한 여행자의 시각으로 함께 둘러보자.

　메트로 그린 라인 폰타나 역에서 5분 거리의 주택가 골목에 카사 비센스가 자리한다. 부드러운 곡선감을 가우디 건축의 특징으로 알고 갔다면 전혀 그렇지 않음에 다소 의아해진다. 가우디의 첫 건축 작품이면서 건물 형태는 평범한 직선과 직각으로 이뤄졌다. 그러나 다양한 색감의 외벽이 워낙 화려해서 얼른 눈길을 끈다. 건물주가 타일공장 사장이라 그런지 형형색색의 타일들로 건물 전체를 치장하고 있다.

　사그라다 파밀리아 대성당 입구에선 항상 줄을 서야 한다. 기다랗게 열 지어 선 관람객들을 따라 입구로 들어가면 바로 '수난의 문'을 지난다. 예수의 고통과 죽음에 관한 조각들로 가득하다. 입구 정면엔 밧줄로 기둥에 묶인 슬픈 예수의 모습도 입장객들의 시선을 잡아끈다. 실내를 통과해 반대편 실외로 나가는 '탄생의 문'을 지나면 예수 탄생의 과정과 유년 생활 모습들을 조각 작품으로 만난다. 성모 마리아의 대관식 장면 아래로 천사 가브리엘이 마리아에게 수태를 알리는 장면, 좌우 옆으로 아기 예수를 축하하는 동방박사 3인, 음악을 연주하는 천사들의 조각, 요셉과 마리아의 정혼 장면 등이 조각되어 있다.

　출입구 바로 위쪽에는 금방 태어난 아기 예수와 마리아 그리고 성 요셉, 3인의 가족 모습도 보인다. 사그라다(Sagrada, sacred) 파밀리아(Familia, Family)는 어원 그대로 '성스러운 세 가족'을 말함이다. 카사 비센스 인근 폰타나 역에서 메트로 그린 라인을 타면 사그라다 파밀리아 역으로 수월하게 이동 가능하고 도보로는 3km 거리다.

　신시가와 구시가를 상징하는 그라시아 거리와 람블라스 거리는

📍 트레킹 루트 (10km)

카사 비센스(Casa Vicens) - 사그라다 파밀리아 대성당(Templo de la Sagrada Familia) - 그라시아 거리(Passeig de Gracia) - 카사 밀라(Casa Milla) - 카사 바트요(Casa Batllo) - 카사 칼베트(Casa Calvet) - 고딕 지구(Barrio Gotic) - 람블라스 거리(Las Ramblas) - 레이알 광장 가로등(Fanals de la Placa Reial) - 구엘 저택(Palau Guell) - 포르탈데라파우 광장(Placa Portal de la Pau) - 마레마그넘(Maremagnum)

공사다. 바르셀로나 여행에서 딱 한 군데만 선택해야 한다면, 그곳은 바로 사그라다 파밀리아 아니겠는가?

우리의 서울시가 25개 자치구로 구성된 것처럼 바르셀로나는 10개 지구로 이뤄졌다. 서울에 온 관광객들이 중구나 강남구 등 몇 개 지역에 많이 몰리는 것처럼, 바르셀로나 여행자들은 주로 2개 또는 4개 지구에 관심을 쏟는다. 단기 여행이라면 올드타운 중심인 고딕 지구를 포함하는 시우타트 베야(Ciutat Vella) 지구와 에이샴플레(Eixample) 지구에서 주로 시간을 보내다 떠난다. 시간 여유가 좀 더 있다면 북부의 그라시아(Gràcia) 지구와 서남부의 산스 몬주익(Sants-Montjuic) 지구까지 둘러본다.

어떤 경우든 바르셀로나 여행에서 가우디 건축 탐방을 빼놓을 순 없다. 건축엔 문외한이라도 상관없고, 건축 디자인에 대한 기본 지식을 미리 갖출 필요도 없다. 현장에 가서 명장의 건축 작품들을 눈으로 그저 바라보는 것만으로도 여행의 의미와 즐거움을 동시에 얻을 수 있다.

도처에 흩어져 있는 그의 건축 작품들을 다 보면 좋겠지만 바르셀로나에는 가우디 건축만 있는 게 아니다. 피카소 미술관도 있고 다른 명소들도 많다. 여행이란 어차피 한정된 시간을 얼마나 잘 쪼개어 쓰느냐가 핵심이다. 선별과 선택이 중요한 것이다. 가우디 핵심 작품들을 제대로 둘러보면서, 다른 명소들까지도 빠트리지 않는 동선을 따른다면 짜임새 있는 바르셀로나 여행이 될 것이다.

산스 몬주익 지구는 제외하고 그라시아 지구-에이샴플라 지구-시우타트 베야 지구 순으로 움직이면서 바르셀로나 일반 명소는 물론 가우디 작품 7개를 포함하는 동선을 소개한다. 이들 중 5개 건축물은

스페인
바르셀로나

　누군가의 여행 사진에 언제나 대형 크레인 2~3개가 함께 등장하는 관광 명소가 있다. 20년 전에도 그랬고 10년 전에도 그랬듯 지금도 변함없이 공사 중이다. 그러나 늘 붐빈다. 만만찮은 금액의 입장료를 내야 함에도 전 세계 관광객들로 항상 바글바글이다. 크리스천이 아니어도 그 안에 들어서면 하염없이 경건해진다. 바르셀로나 여행을 다녀왔거나 꿈꾸는 이라면 사그라다 파밀리아 대성당을 잊지 않는다.
　40대 초반에 건설 책임을 맡아 35년간 이 건축에 헌신하다 죽은 안토니 가우디의 유해가 대성당 지하 예배당에 안치되어 있다. 1세기 가까운 세월이 흐른 지금까지도 그는 원래의 설계와 지침으로 지하에서 계속 건설 현장을 지휘해왔다. 1882년 착공했고 가우디 사후 100주년에 맞춰 2026년에 완공될 예정이라 하니, 145년 동안의 대

　산티아고로 떠나기 위해선 자신이 한 달 이상을 걸을 수 있는 체력이 되는지에 대한 어느 정도의 확신이 있어야 한다. 일단 현지에 도착하고부터는 먹고 자고 쉬는 일 외에는 오로지 걷기만 하기 때문이다. 하루 이틀도 아니고 한 달 이상을 내내 그렇게 반복하다 보면 머릿속에 큰 변화가 일어날 수밖에 없다. 몸과 마음과 뇌가 대청소되는 것이다. 종주한 사람들은 흔히, 말로 표현할 수 없는 묘한 정신적 영적 경험을 했다고들 말한다. 일상 속에선 쉽게 접할 수 없는 자기 성찰의 일종일 것이다.

음식을 조리해 먹는 경우도 많다.

　이베리아 반도의 스페인은 대영제국 이전엔 세계의 중심무대였다. 대항해 시대, 에르난 코르테스가 아즈텍 제국을 허물고 프란시스코 피사로가 잉카 제국을 정복하면서 중남미 대륙을 취한 덕택이다. 스페인 내륙을 걷는다는 건 유럽의 역사와 문화 그 속살을 한 꺼풀 더 벗겨볼 수 있는 기회이다.

📍 3단계 사리아까지 (195km)

레온 - 14km - 산 미구엘 델 카미노(San Miguel del Camino. 898m) - 10km - 산 마르틴 델 카미노(San Martin del Camino, 880m) - 7km - 오스피탈 데 오르비고(Hospital del Orbigo, 820m) - 15km - 아스토르가(Astorga, 860m) - 12km - 엘간소(El Ganso, 1060m) - 15km - 철십자가 크루스 데 페로(Cruz de Ferro, 1495m) - 9km - 엘 아세보(El Acebo, 1147m) - 17km - 폰페라다(Ponferrada, 541m) - 16km - 카카벨로스(Cacabelos, 483m) - 8km - 비야프랑카 델 비에르소(Villafranca del Bierzo, 504m) - 16km - 베가 데 발카르세(Vega de Valcarce, 630m) - 13km - 오세브레이로(O'Cebreiro, 1310m) - 9km - 포이요 고개(Alto do Poio, 1330m) - 13km - 트리아카스테야(Triacastela, 665m) - 11km - 푸렐라(Furela, 700m) - 10km - 사리아(Saria, 453m)

📍 4단계 산티아고까지 (114km)

사리아 - 13km - 페레이로스(Ferreiros, 710m) - 9km - 포르토마린(Portomarín, 387m) - 12km - 벤타스 데나론(Ventas de naron, 730m) - 12km - 팔라스 데 레이(Palas de Rei, 574m) - 18km - 멜리데(Melide, 455m) - 14km - 아르수아(Arzua, 390m) - 15km - 산타이레나(Santa Irene, 405m) - 16km - 몬테 데 고소(Monte de Gozo, 370m) - 5km - 산티아고 데 콤포스텔라(Santiago de Compostela, 258m)

10~20km마다 시골 마을이나 소도시들이 이어지기 때문에 숙소를 사전예약 하지 않고도 별 문제 없고 식음료 조달도 용이하다. 성당이나 수도원 등 과거 종교목적의 건물들을 개조했거나 대규모 다인실 숙소가 많아 숙박비는 제주올레의 게스트하우스들보다도 저렴한 편이다. 적게는 5유로에서 많게는 15유로로 하룻밤 묵을 수 있다. 숙소를 일컫는 알베르게(albergue) 안에서 자신들이 사온 식재료로

이들은 사리아에서 출발하는 4단계 100km 구간만 걸어 산티아고에 입성하기도 한다.

📍 1단계 부르고스까지 (289km)

생장 피드포르(St.Jean Pied de Port, 146m) - 21km - 레푀데르 고개(Col de Lepoeder, 1429m) - 6km - 론세스바예스(Roncesvalles, 952m) - 20km - 수비리(Zubiri, 528m) - 7km - 라라소냐(Larrasoana, 545m) - 15km - 팜플로냐(Pamplona, 446m) - 13km - 페르돈 고개(Alto del Perdon, 735m) - 12km - 푸엔테 라레이나(Puente la Reina, 346m) - 22km - 에스테야(Estella, 426m) - 21km - 로스 아르코스(Los Arcos, 447m) - 30km - 로그로뇨(Logrono, 384m) - 27km - 나헤라(Najera, 485m) - 21km - 산토 도밍고 데 라 칼사다(Santo Domingo de la Calzada, 639m) - 6km - 그라뇽(Granon, 724m) - 17km - 벨로라도(Belorado, 772m) - 12km - 비야프랑카 몬테스 데오카(Villafranca Montes de Oca, 960m) - 16km - 아헤스(Ages, 971m) - 6km - 크루세이로(Cruceiro, 1080m) - 17km - 부르고스(Burgos, 860m)

📍 2단계 레온까지 (184km)

부르고스 - 20km - 오르니요스 델 카미노(Hornillos del Camino, 825m) - 11km - 온타나스(Hontanas, 867m) - 10km - 카스트로 헤리스(Castrojeriz, 808m) - 19km - 보아디야 델 카미노(Boadilla del Camino, 790m) - 6km - 프로미스타(Fromista, 783m) - 16km - 비야카사르 데 시르가(Villalcazar de Sirga, 809m) - 5km - 카리용 데 로스콘데스(Carrion de los Condes, 839m) - 17km - 칼사디야 데 라 쿠에사(Calzadilla de la Cueza, 858m) - 13km - 모라티노스(Moratinos, 860m) - 10km - 사아군(Sahagun, 816m) - 11km - 베르시아노스 델 레알카미노(Bercianos del real Camino, 850m) - 18km - 렐리에고스(Reliegos, 836m) - 13km - 푸엔테 데 비야렌테(Puente de Villarente, 804m) - 15km - 레온(Leon, 838m)

위에 우뚝 서 있는 철십자가(Cruz de Hierro)를 만나고, 대도시 레온에서는 건축가 가우디와 나란히 한 벤치에 앉아보기도 한다. 마지막 길목인 포르토마린과 곤자르까지, 산티아고 순례길은 국내에 익히 알려진 그대로 세계 최고의 장거리 트레일임에 틀림이 없다.

프랑스길은 중간에 경유하는 3개 대도시를 기점으로 크게 4단계로 나뉜다. 부르고스까지의 1단계는 역동적 산악지대가 많다. 대도시 레온까지의 2단계는 메세타 고원으로 악명이 높다. 해발 700m에 사방이 광활한 밀밭만 펼쳐진 황량한 고원지역이다. 레온에서 사리아까지 3단계는 산악과 평원이 혼재한다. 시간과 체력 여건이 안 맞는

고 데 콤포스텔라(Santiago de Compostella)' 또는 약칭 '산티아고'라는 지명으로 오늘날까지 천 년간 종교적 성지가 되어왔다.

산티아고는 '성인 야고보'의 스페인식 이름이다. 성인(saint)을 뜻하는 '산(san)'에, 스페인 남자 이름 '티아고(Tiago)'가 합쳐진 것이다. 성인의 이름이면서 동시에 성당의 이름과 도시의 이름이기도 하다. 야고보 성인의 유해가 보관된 곳이 산티아그 대성당이고, 이 성당이 속한 도시가 산티아고인 것이다.

'산티아고 순례길(Camino de Santiago)'이란 유럽 각지에서 이곳 산티아고 대성당으로 가는 여러 갈래의 길들을 총칭해 부르는 용어다. '북쪽길(Camino del Norte)'이나 '은의길(Via de la Plata)' 등 여러 루트가 있으나, 우리가 흔히 산티아고 순례길이라고 하면 대개는 《순례자》의 작가 파울로 코엘료와 제주올레 서명숙 이사장이 걸었던 '프랑스길(Camino Frances)'을 일컫는다.

프랑스길은 프랑스 국경 마을 생장 피드포르를 출발하여 첫날 피레네 산맥을 넘으며 스페인으로 들어간다. 이후 한 달 이상을 스페인 북부의 나바라, 라 리오하, 카스티야 이 레온 및 갈리시아, 4개 지방을 동에서 서쪽으로 관통하는 것이다. 총 거리가 782km이니 하루 평균 25km 이상을 걸어야 한다. 해발 1,500m 내외의 산악지형을 네 번 정도 넘지만 그다지 험하지는 않다.

스페인 첫 마을 론세스바예스, 소몰이 축제로 유명한 팜플로나, 모두를 용서하고 자신도 용서받는 페르돈 고개를 넘고 스페인 민족 영웅 '엘시드(El Cid)'의 고향 부르고스를 지난다. 광활한 밀밭에서 황량한 아름다움에 젖어드는 메세타(Meseta) 고원에서는 3~4일 이상을 하루 종일 사방 지평선만 바라보며 걷기도 한다. 해발 1,500m 산

산티아고
순례길

　레오나르도 다 빈치의 그림 '최후의 만찬'은 예수가 수난을 당하기 전날 저녁의 풍경을 담고 있다. 열두 제자와의 마지막 식사 자리다. 예수 오른쪽에 사도 요한이 약간 떨어져 있고 왼쪽 가까이엔 열두 제자 중 첫 번째 순교자인 야고보가 앉아 있다. 야고보는 예수 승천 후 에스파냐 땅으로 건너가 7년간 복음을 전파했지만 별 성과 없이 예루살렘으로 돌아왔다. 이후 유다 왕 헤롯에게 참수되면서 예수 열두 제자 중 최초의 순교자가 되었다. 신봉자들이 야고보의 유해를 수습하여 에스파냐로 건너가 어딘가에 묻었고 세간에는 잊혀졌다.
　700여 년 세월이 흐른 후 누군가의 꿈속 계시가 있어 어느 벌판에서 야고보 성인의 무덤이 발굴되었다. 무덤 자리는 성지가 되어 대성당이 지어졌고 주변은 도시가 되었다. 스페인 북서쪽 갈리시아 지방에 '별(스텔라 stella)'이 반짝이던 그 '벌판(캄포 campo)'은, '산티아

은 스페인 광장이다. 영화 《로마의 휴일》에서 그레고리 팩이 젤라토를 먹는 오드리 햅번과 재회하는 장면 덕에 광장 앞 스페인 계단은 로마 최고의 명소가 됐다. 계단 아래 '낡은 배의 분수'에서 흘러나오는 분수물을 한 모금 받아 마시고 콘도티 거리르 들어선다. 이탈리아 패션 1번가인 만큼 명품 브랜드 매장들이 즐비하다.

  로마 여행의 피날레는 트레비 분수에서 장식한다. 분수에 한 번 또는 두세 번 동전을 던져보며 앞날의 소망을 기원하는 것이다. 이곳은 로마 7언덕 중 맨 북쪽인 퀴리날레 언덕의 언저리이다. 로마를 건국한 로물루스가 후세를 위해 수많은 여인들을 강탈해간 사비니족이 이 언덕에 살았다. 퀴리날레 언덕은 후세 로마인들의 어머니의 땅인 것이다.

전 영화 《쿼바디스》에서처럼 네로 황제의 박해를 받고 로마에서 순교했다. 2000년 전의 일이다. 그가 바티칸 언덕에 묻히고 300년 지난 후, 무덤 자리에 최초의 성당이 세워졌고, 중세 16세기에 이르러 지금의 모습으로 재건축됐다. 세계에서 가장 작지만 영향력은 최고인 나라 바티칸 시국(市國)의 중심이 바로 이곳 성 베드로 대성당이다. 재건축을 주도한 미켈란젤로의 '피에타'를 대면할 수 있고, 바로 옆 바티칸 미술관에서는 '천지창조'와 '최후의 심판' 등 숱한 명품들을 만나볼 수 있다.

바티칸을 벗어나 동쪽으로 다시 테베레 강을 건너면 곧바로 포폴로 광장으로 이어진다. 고대 로마로 들어오는 관문이었던 포폴로 문을 통해 광장을 벗어나 보르게세 공원을 거닐다 나온다. 공원 남쪽

이 되면 여유롭게 돌아볼 만하다. 대전차 경기장 터가 끝나는 북단에 이르면, 영화 《로마의 휴일》로 워낙 유명해진 '진실의 입'을 만날 수 있다. 테베레 강변에 면한 산타 마리아 인 코스메딘 성당에서다. 영화 속 주인공처럼 그 괴상한 입으로 손을 넣어보려면 기다란 줄을 서야 한다.

로마가 태어난 요람이자 초기 로마시대의 정치 경제의 중심이었던 팔라티노는 언덕 전체가 유적지이다. 포로 로마노는 로마인의 광장 또는 공회장이란 의미다. 제국을 이룬 로마시민들이 공공생활을 영위하던 중심 공간이었다. 카피톨리노 언덕에 있는 캄피돌리오 광장은 미켈란젤로의 설계에 의해 탄생되었다. '명상록'으로도 유명한 마르쿠스 아우렐리우스 황제의 멋진 기마상 등 광장 전체가 하나의 예술품으로 평가받는다.

바로 이어지는 베네치아 광장을 둘러보고 나오면 잠시 후 판테온에 이른다. 이름 그대로 로마의 '모든(pan) 신(theon)'들에게 봉헌된 신전이다. 다빈치, 미켈란젤로와 함께 르네상스 3대 천재 화가로 꼽히는 라파엘로가 신전 안에 묻혀 있다. 판테온의 아름다움을 몹시도 사랑했던 그가 생전에 원했던 바 그대로다.

거리 예술가들이 정겹고 여러 분수들이 뿜어내는 물줄기가 아름다운 나보나 광장을 가로질러 고대의 다리를 건너면 곧바로 산탄젤로 성과 연결된다. 꼭대기에 우뚝 솟은 성 미카엘의 대리석상이 있어 이곳이 대천사(Sant'Angelo)의 성임을 말해준다. 5현제에 속하는 하드리아누스 황제 등이 묻힌 묘지 자리였다. 바티칸 바로 옆이라 로마 교황청을 호위하는 성곽 요새나 다름없다.

로마의 첫 교황인 사도 베드로는 '주여 어디로 가시나이까?'의 고에 걸맞게 귀족들의 호화 주택들로 즐비했다. 그러나 이 언덕을 가장 돋보이게 하는 건 4세기에 세워진 산타마리아 마조레 대성당 또는 성모 대성당이다. 유럽에서 성모 마리아에게 봉헌된 최초의 성당으로, 한여름에 눈이 내린 기적의 땅에 세워졌다는 눈의 전설로 유명하다. 로마 대중교통의 중심인 테르미니 역에 가장 가까이 인접한 명소라 여행자들에겐 접근성도 좋다. 에스퀼리노 언덕에 있는 또 하나의 명소는 성 베드로 성당이다. '피에타', '다비드상'과 함께 미켈란젤로의 3대 조각인 '모세상'을 만날 수 있고, 사도 베드로가 감옥에 있을 때 묶였던 쇠사슬도 전시된다.

원형 경기장인 콜로세움을 둘러보는 데는 적지 않은 시간과 에너지가 필요하지만, 3~4층에 올라 내려다보면 검투사들의 피 튀기는 싸움에 환호하는 수만 관중의 함성이 들리는 듯 실감이 난다. 무엇보다도, 이런 거대한 구조물이 2천 년 가까이 지금의 상태로 유지되었다는 게 신기해지기도 한다.

고전 영화에서 보듯 로마 황제들이 승전 축하 퍼레이드를 벌이던 구간은 '비아 트리움팔리스(Via Triumphalis)', 즉 승리의 길로 불린다. 콜로세움 앞에 세워진 콘스탄티누스 개선문도 바로 그 승리의 길 구간 일부이다. 개선문을 십 분쯤 지나오면 영화 《벤허》의 그 유명한 전차 경주 장면의 배경지인 키르쿠스 막시무스가 나온다. 영화 속 그 웅장했던 모습과는 달리 지금은 폭 100m, 길이 600m 정도의 볼 것 없는 공터일 뿐이다.

공터 뒤로는 로마 일곱 언덕 중 가장 남쪽 지대인 아벤티노 언덕이다. 오랜 세월 빈민들의 거주지였고 유태인 묘지까지 있었던 언덕 일대에 지금은 넓은 장미 공원, 로마 로즈 가든이 조성되어 있다. 시간

　지금의 로마는 세계 수백 개 국가들 중 하나인 이탈리아의 수도에 불과하다. 과거의 영광에 비해선 초라한 위상이다. 그러나 로마를 여행하는 건 일개의 도시 여행이 아니라 세계사를 빛냈던 제국을 둘러보는 여정이 된다. 면적은 서울시 2배만큼 넓지만 로마 여행은 직경 3km 범위의 일곱 언덕 일대 구시가지가 핵심이다. 그다음에 테베레 강 건너 **바티칸 시국(市國)**만 추가하면 일반적인 로마여행으론 충분하다.

　로마 시내 교통 중심인 테르미니 역을 출발하여 구시가 일대 명소들과 바티칸 시국을 시계방향으로 둘러보는 동선을 따라 로마제국의 영광을 더듬어 가보자.

　고대 로마시대의 에스퀼리노 언덕은 일곱 언덕 중 가장 높은 위치

그마한 동네 언덕이었다. 테베레 강 하류 동쪽 연안에 7개 언덕이 오밀조밀 들어선 직경 3km 범위가 초기 로마의 전부였다. 엄밀하게는 일곱 언덕 중 하나인 팔라티노 언덕에서 로마가 창건됐다. 늑대 젖을 먹고 자란 로물루스 형제와 일단의 청년들이 주축이었다.

　그들은 인근 퀴리날레 언덕의 사비니 족 처녀들을 납치해옴으로써 후대를 이어갈 수 있었고, 일곱 언덕 전체까지 지배하며 하나의 도시국가 틀을 갖춰나갔다. 그리고 지혜로운 후손들이 대를 이어갔다. 500년 후 로마는 이탈리아 반도를 통일하기에 이르렀고, 다시 200년이 지나자 카이사르라는 걸출한 후손이 나와 정권을 잡으며 제국으로 가는 길을 열었다.

📍 트레킹 루트 (18km)

테르미니 역(Roma Termini) - 산타마리아 마조레 성당(Basilica di Santa Maria Maggiore) - 쇠사슬의 성 베드로 성당(Basilica di San Pietro in Vincoli) - 콜로세움(Colosseum) - 콘스탄티누스 개선문(Arco di Constantino) - 대전차 경기장(Circo Massimo) - 로마 로즈 가든(Roseto di Roma Capitale) - 진실의 입(La Bocca della Verità) - 팔라티노 언덕(Palatino) - 포로 로마노(Foro Romano) - 캄피돌리오 광장(Piazza del Campidoglio) - 베네치아 광장(Plazzo di Venezia) - 판테온(Pantheon) - 나보나 광장(Piazza Navona) - 산탄젤로 다리(Ponte Sant'Angelo) - 산탄젤로 성(Castel Sant'Angelo) - 성 베드로 대성당(Basilica di San Pietro) - 바티칸 미술관(Musei Vaticani) - 포폴로 광장(Piazza del Popolo) - 보르게세 공원(Villa Borghese) - 보르게세 미술관(Museo e Galleria Borghese) - 스페인 계단(Scalinata di Trinità dei Monti) - 스페인 광장(Piazza di Spagna) - 콘도티 거리(Via dei Condotti) - 트레비 분수(Fontana de Trevi)

이탈리아
로마

　로마 제국의 전성기 때 지도를 펼쳐 놓고 보자. 이베리아 반도와 잉글랜드를 아우르는 서유럽과 동유럽 거의 전역, 이어서 흑해와 터키를 넘어 이스라엘과 시리아와 이라크까지, 거기에 지중해 남쪽 아프리카 대륙의 북부까지를 망라하고 있다. 그 드넓은 면적에 새삼 놀라게 된다. 다른 한편으론 3가지 점이 돋보인다.
　첫째, 고대 인류 문명을 선도한 발상지들이 두루 포함돼 있다. 메소포타미아 문명, 이집트 문명, 그리스 문명을 말함이다. 둘째, 현대 인류 문명에 지대한 영향을 끼치는 서방 세계 대부분과 중동 주요 지역들이 당시에는 로마 제국에 속했다. 셋째, 드넓은 바다인 지중해를 로마는 자신의 집 '안마당 호수'쯤인 '내해(內海)'로 만들어버렸다는 것이다.
　직선거리 6,000km가 넘는 이 광대한 제국의 영토도 그 시작은 조

📍 **다섯 번째 마을 몬테로소(Monterosso al Mare)**

  마지막 마을까지 가는 길은 가장 난코스다. 가파르고 좁은 숲길과 돌계단을 1시간 반 정도 오르고 내리다 보면 절벽 중턱 포장도로 아래로 몬테로소 해변과 마을 정경이 장엄하게 펼쳐진다. 해변의 길이도 베르나차에 비하여 훨씬 길고 마을의 규모도 다섯 마을 중 으뜸이면서 가장 번화하다. 미로 같은 골목길 양쪽으로 고급스런 레스토랑이나 야외 카페가 즐비하다. 풍성한 해산물에 와인을 즐기는 풍경들이, 지나온 4개의 마을과 큰 차이를 보인다.

  친퀘테레 주변 도시로는 피렌체가 가장 가깝다. 피렌체 중앙역에서 기차를 타면 피사 역에서 한 번 갈아타고, 라스페치아 중앙역에서 친퀘테레 행 기차로 한 번 더 갈아탄다. 피렌체에서 2시간 걸린다.

을 중 외부에 가장 많이 알려졌다. 친퀘테레를 알리는 엽서나 사진에 가장 많이 등장하기 때문이다. 리오마조레와 마나롤라를 잇는 구간은 '사랑의 길(Via Dell'Amore)'로 불린다. 연인들의 자물쇠더미 등 아기자기한 조형물들로 꾸며져 낭만적인 길 풍경을 연출한다. 절벽 중턱을 가로지르는 완만한 오르막길이라 시원한 바람과 주변 풍광이 더더욱 정겹게 다가온다. 해변으로 내려서면 '센티에로 아주로(Sentiero Azzuro)'라는 이름의 편안한 하늘색 산책로도 기다린다.

◉ 세 번째 마을 코르닐리아(Corniglia)

바닷가와 인접한 다른 네 개 마을들과 달리 천혜의 요새 같은 고지대 산속 마을이다. 와인으로 유명한 마을이라 계단식 경작지와 포도밭이 마을 주위를 둘러싸고 있다. 잠시 트레킹을 멈추고 카페에 들러 와인 한 잔 마시는 건 이곳에 대한 예의다. 옛날 여기 정착해 포도를 재배하며 살았던 지주의 어머니 이름 '코르넬리아'에서 마을 이름이 유래됐다. 지중해 바닷가에서 트레킹하며 와이너리 여행까지 겸하는 호사를 누릴 수 있는 코스다.

◉ 네 번째 마을 베르나차(Vernazza)

지나온 세 곳 마을이 소박한 시골 또는 한적한 어촌 분위기라면 베르나차는 상대적으로 규모가 크고 북적인다. 건물들이 들어선 위치도 가장 낮다. 외지의 여타 항구에 비하면 조그맣지만 친퀘테레에서는 그래도 규모가 가장 큰 항구 구실을 하고 있다. 아담한 방파제로 막아 놓은 항구 앞에는 자그마한 크루즈 선이 부지런히 승객들을 실어 나르고, 항구 백사장에는 일광욕과 해수욕을 즐기는 여행객들로 붐빈다. 마을 중심지인 마르코니 광장에는 여느 유럽 도시처럼 거리 예술가들이 주변 모두의 눈과 귀를 즐겁게 해 준다.

여행지가 되었다. 울긋불긋 형형색색의 집들이 거대 절벽 위에 촘촘히 밀집된 모습은 사진 속의 그리스 산토리니 섬 정경과 많이 닮았다. 흡사 '육지 속의 섬'이다. 깎아지른 암벽 해안을 따라 도로도 없고 철길만 있다. 기차 외의 대중교통은 이용할 수가 없다. 마을과 마을을 잇는 해변길과 절벽길 그리고 산길을 따라 걸으며 다섯 마을을 모두 거치는 여정이 친퀘테레 트레킹이다.

총 거리 18km밖에 안 되기에 빨리 걸으면 하루에도 마칠 수는 있다. 그러나 5개의 지중해 마을을 천천히 둘러보며 음미하는 게 핵심이다. 최소한 1박 2일 여정은 되는 게 좋다. 다섯 마을을 관통하는 기차가 시간당 두어 차례씩 꾸준히 이어진다. 걷다가 힘이 들면 마을 역에서 기차로 갈아탈 수도 있어 여유롭고 느긋한 트레킹 여정이 된다.

첫 번째 마을 리오마조레(Riomaggiore)

역에 내리면 마을 복판과 이어지는 터널로 들어선다. 잠시 후 터널이 끝나고 리오마조레 마을이 나타나는 순간 바다 내음과 함께 벅찬 감흥이 몰아친다. 다섯 마을 중 외부와 가장 가까운 위치라서 상대적으로 더 현대적인 분위기다. 흰색 포말들이 출렁이는 에메랄드 빛 바다야 지중해 해변에서 흔히 볼 수 있는 모습이지만, 그 거친 바다를 막아선 해안 절벽들이 수직으로 성채를 이뤄 장엄하다. 그 성채 위로 빼곡빼곡 박혀 있는 조그만 집들은 도화지 위에 형형색색 수채화를 그려 놓은 듯 이국적이다.

두 번째 마을 마나롤라(Manarola)

남해의 가천 다랭이밭 같은 계단식 마을이다. 가파른 절벽 위에까지 촘촘히 올라앉은 가옥들이 위태로워 보이는 정경이다. 다섯 마

지났건만 교통과 접근성 면에서 더 나아진 건 없다. 천혜의 자연 상태를 계속 유지시켜 올 수 있었던 비결이다. 그 옛날 터키 등 외부인들의 침입에 대비하여 험한 절벽 위에 일부러 위태롭게 집들을 지었다. 멀리 고기잡이 나가 돌아올 때 자기 집을 잘 알아보기 위하여 각기 자기만의 다른 색깔로 집들을 칠했다고도 한다. 술에 취한 어부들이 밤늦게 자기 집을 잘 찾아오도록 각기 고유의 색깔로 구분했다는 우스개도 있다.

생존과 삶의 방편으로 지어진 그 옛날 가옥들 덕에, 오늘날에는 유명 크루즈선들의 정박지가 되거나 수많은 방문객들이 몰리는 유명

　가장 남쪽 마을 리오마조레를 시작으로 마나롤라, 코르닐리아, 베르나차를 거쳐 가장 북쪽의 몬테로소까지이다. 친퀘테레는 여성부츠 모양을 닮은 이탈리아 반도의 북서쪽에서 지중해에 면해 있다. 부츠 맨 위쪽에 콜럼버스의 고향 제노바가 위치하고, 그 조금 아래가 사탑의 도시 피사이다. 친퀘테레는 제노바와 피사의 중간쯤이다. 험하고 가파른 산길을 지나거나 바닷길로 배를 이용해야만 이 마을로 들어올 수 있었기에, 오랜 세월 접근성 떨어지는 산간 오지로 남을 수 있었다.

　세계문화유산으로 등재되고 국립공원으로 지정된 지 20여 년이

이탈리아
친퀘테레

　　이탈리아 지도를 놓고 보면, 북쪽 끝에 밀라노가 보이고 동쪽으로 베네치아, 조금 내려오면 피렌체가 있다. 반도의 한가운데쯤이 로마, 남쪽으로 나폴리가 보인다. 이 도시들 정도만 돌아보면 이탈리아 여행은 충분하다고 생각할 수도 있다. 이탈리아를 처음 간다면 모를까 두 번째 여행인데도 '친퀘테레'가 제외됐다면 후회할 일이다.

　몇 년 전 대한항공이 선정한 「한 달쯤 살고 싶은 유럽 Best 10」에서 1위를 차지했던 곳이다. 라틴어로 '친퀘(cinque)'는 '다섯(5)', '테레(terre)'는 마을이나 지역을 뜻한다. '5개의 마을'이란 2개 단어가 오랜 세월이 흐르면서 고유명사로 굳어졌다. 지중해 해안선을 따라 거대 암벽 위와 아래로 크고 작은 어촌 마을 5개가 그림처럼 나란히 열 지은 것이다.

　이 언덕을 돋보이게 하는 건 이름 그대로 광장 한켠에 우뚝 솟아 있는 미켈란젤로의 '다비드상'이다. 시뇨리아 광장의 '다비드상'과 함께 둘 다 복제품이고 진품은 아카데미아 미술관에 전시되어 있지만 그래도 이 언덕의 복제품이 가장 위용이 넘친다. 거인 골리앗과 일전을 벌이기 직전 투석기를 어깨에 걸친 다윗의 결연한 모습은, 유럽 강국들과 로마 교황의 틈바구니 속에서, 작지만 강한 도시국가로서의 피렌체의 위상을 은연중 과시하고 있다.

광장 이름이 왜 '권력'을 뜻하는 'Signoria'인지 이해가 된다.

'성스러운(santa) 십자가(croce)'란 의미를 품는 산타크로체 성당은 오래된 영국 영화《전망 좋은 방》에서 여주인공 루시가 처음 방문하는 피렌체 명소로 길게 등장하기도 한다. 단테와 갈릴레오 등 명사들의 묘와 지오토의 벽화 등을 만날 수 있는 곳이다. 아르노 강변에 면한 우피치 미술관은 세계 3대 미술관으로 언급되기도 할 만큼 그 위상이 높다. 보티첼리의 '비너스의 탄생'과 '봄의 향연' 및 르네상스의 3대 거장인 미켈란젤로, 다빈치, 라파엘로의 명화들을 한 공간에서 만날 수 있는 곳이다.

우피치를 나서면 베키오 다리가 바로 코앞이다. 다리 위에 기다란 1층 건물을 올려놓은 형상이다. 옛날엔 푸줏간 거리였고 지금은 보석상들로 즐비한 이 오래된 다리엔 700년 이상 전해오는 단테와 베아트리체의 애틋한 사랑 이야기가 깃들어 있어 세계의 여행객들을 끌어 모은다.

베키오 다리를 건너 아르노 강의 남쪽으로 들어서면 한결 여유롭다. 강 북쪽의 북적였던 구도심과는 분위기가 달라진다. 메디치 가문의 저택과 정원이었던 피티 궁전과 보볼리 정원은 워낙 방대한 넓이라 생략해도 좋고, 시간이 허락되면 좀 여유를 부리며 거닐어보는 것도 좋다. 보볼리 바로 옆인 아름다운 바르디니 정원까지 가로질러 나오면 미켈란젤로 광장으로 올라가는 언덕길이다. 피렌체 여행을 마무리하려는 여행자들 또는 하루를 마감하려는 현지인들이 매일 해질 녘만 되면 이곳으로 몰려든다. 붉은 지붕의 두오모를 중심으로 한 피렌체의 파노라마가 그윽하게 펼쳐진다. 아르노 강 너머로는 하루 수명을 다한 태양이 서서히 지면서 서쪽 하늘을 붉게 물들인다.

앙역에서 출발하여, 베키오 다리를 건너 강남의 미켈란젤로 언덕에서 석양을 바라보며 여정을 마무리하는 동선이 좋을 것이다. 피렌체 하면 누구나 꼽는 명소 16개를 경유할 수 있고 이동거리는 8km 정도다. 느긋이 즐기는 여행이라면 2~3일도 좋지만, 시간에 쫓긴다면 하루만으로도 가능하다.

피렌체의 교통 중심인 중앙역에서 출발하면 5분 거리에 역과 이름이 같은 산타마리아 노벨라(SMN) 성당이 있다. 마사치오의 프레스코 벽화 '성 삼위일체(The Trinity)'로 유명한 성당이다. 피렌체 대표 재래시장인 중앙시장은 토스카나 주의 온갖 식자재들이 유통된다. 2층 식당가에서 유명한 곱창버거 등 다양한 음식을 맛볼 수 있다.

메디치 가문의 전용 성당이었던 산 로렌초 성당과 미켈란젤로의 '다비드상'을 만날 수 있는 아카데미아 미술관을 둘러보고 나오면 피렌체의 상징 두오모에 이른다. 정식 이름은 '꽃의 성모 마리아(Santa Maria del Fiore)'를 뜻하는 산타마리아 델 피오레 대성당이다. 두오모는 이탈리아 여러 도시마다 있는 대표 성당을 뜻한다. 고유명사가 아닌 일반명사인 것이다.

463개나 되는 좁은 계단을 통해 두오모 쿠폴라에 오르면 영화《냉정과 열정 사이》에서 두 연인의 만남 장면으로 워낙 유명해진 현장에 서게 된다. 쿠폴라가 아니면 바로 앞 지오토의 종탑에 올라도 좋다. 두오모의 멋진 8각형 돔 지붕과 함께 피렌체 전체를 조망할 수 있다.

단테의 집은 단테 생가를 복원하여 '신곡' 등 단테 관련 자료들을 전시해 둔 박물관이다. 회전목마가 돌아가고 카페와 레스토랑들이 즐비한 리퍼블릭 광장을 둘러보고 나면 시뇨리아 광장에 들어선다. 옛 공화국 청사였던 베키오 궁전과 현 시청 건물이 나란히 서 있다.

주(Regione)가 있다. 지금의 피렌체는 이들 중 하나인 토스카나 주의 주도(州都)이다. 북쪽 밀라노와 남쪽 로마 사이 중간쯤 위치한다. '꽃'이라는 의미가 담긴 영어 이름 '플로렌스(Florence)'보다는 현지어 피렌체(Firenze)가 우리에겐 더 친숙하고 멋스럽다. 인구 40만이 안 되고 면적도 100km²에 불과하니 세계적 지명도에 비해선 도시 규모가 작은 편이다.

    피렌체 여행은 르네상스 여행이다. 도시 전체가 박물관이나 다름없다. 아담한 도시인 만큼 걸어서 둘러보기에도 적격이다. 직선거리로 가로 세로 각 2km에 해당하는 도심 구간만 샅샅이 뒤진다면 피렌체의 명소는 어느 정도 섭렵할 수 있다. 아르노 강 북쪽의 피렌체 중

📍 트레킹 루트 (8km)

피렌체 중앙역(Firenze SMN) - 산타마리아 노벨라성당(Basilica di Santa Maria Novella) - 중앙시장(Mercato Centrale) - 산 로렌초 성당(Basilica di San Lorenzo) - 아카데미아 미술관(Galleria dell'Accademia) - 산타마리아 델 피오레 대성당(Cattedrale di Santa Maria del Fiore) - 지오토의 종탑(Campanile di Giotto) - 두오모 쿠폴라(Cupola del Brunelleschi) - 단테의 집(Museo Casa di Dante) - 리퍼블릭 광장(Piazza della Repubblica) - 시뇨리아 광장(Piazza della Signoria) - 베키오 궁전(Palazzo Vecchio) - 산타 크로체 성당(Basilica of Santa Croce) - 우피치 미술관(Gallerie Degli Uffizi) - 베키오 다리(Ponte Vecchio) - 피티 궁전(Palazzo Pitti) - 보볼리 정원(Giardino di Boboli) - 바르디니 정원(Giardino Bardini) - 미켈란젤로 광장(Piazzale Michelangelo)

거치며 점차 황폐해졌다. 그러나 이슬람과 서유럽 간 교역로로써의 지리적 이점 덕에 결국엔 물질적 풍요와 부를 누리게 되었다. 그 전성기를 맞은 곳이 15세기 중반의 피렌체 공화국이다. 경쟁 도시국가인 인근 베네치아와 밀라노를 누르고 상공업과 금융의 중심지로 우뚝 서게 된 것이다. 로마 멸망 후 이어진 중세 천 년 암흑시대를 막 벗어나는 시점이었다.

피렌체는 이탈리아 반도와 유럽을 넘어 세계의 도시로 현대 교과서에도 한 페이지를 장식한다. 문화 예술의 부흥을 통해서 중세 야만의 시대를 종식시키는 데에 큰 기여를 했기 때문이다. 유럽의 르네상스를 통해서 비로소 인간성이 존중되고 합리성이 중시되는 근대가 열렸고, 그 중심엔 메디치 가문이 이끄는 피렌체 공화국이 있었다.

우리나라의 9개 도와 미국의 50개 주처럼 이탈리아에도 20개의

이탈리아
피렌체

　세계지도를 펼쳐보자. 인류 역사에 가장 큰 영향을 끼친 지역이라면 어디를 꼽을 수 있을까? 아시아, 아프리카, 오세아니아와 아메리카 대륙을 훑어보다가 역시 유럽 쪽으로 눈이 간다. 지중해에 면한 이탈리아가 답이라면, 얼른 수긍이 될까?

　로마제국을 통해 서방 세계를 지배했으니 고대사를 좌지우지했다. 거기에, 르네상스를 일으켜 인류에게 중세 터널의 끝에서 근대로 가는 문을 활짝 열어주기까지 했다. 이탈리아가 충분한 답이 될 만한 것이다.

　5세기 서로마 제국이 멸망하면서 이탈리아 반도는 주인 없는 땅이 되었다. 세계사에서 고대가 끝나고 중세로 들어서는 시점이다. 이후 천 년간 유럽세계는 인간성이 철저히 무시된 문화 예술의 암흑기였다. 주인 없는 이탈리아 반도는 타민족의 지배와 십자군 전쟁 등을 지금으로부터 대략 1만여 년 전 메소포타미아에서 발원한 인류 문명은 그리스와 로마로 건너와 꽃을 피웠다. 긴 중세 암흑 터널을 지나곤 이탈리아 르네상스라는 출구를 통해 스페인 포르투갈의 대항해시대를 열었고, 이어서 대영제국의 시대를 거쳤다. 현대로 넘어와선 아메리카 합중국이 위세를 부리면서 태평양 너머 일본도 함께 반짝하는가 싶더니 잠시였고, 이젠 중국 대륙으로 힘의 추가 넘어가는 모양새다. 아직까진 토인비가 말한 '서쪽 방향으로의 문명 이동'이 잘 들어맞는 듯하다. 이후 언젠간 인도 대륙이, 그다음 종착지는 인류의 고향인 아프리카가 된다면 '문명의 서천설(West-line Theory)'은 한 번의 사이클이 완성되는 셈이 된다.

유럽 대륙은 오랜 세월 인류사의 중심 무대였다. 배낭 메고 두 발로 유럽을 누빈다는 건, 오늘날 우리가 향유하는 문명의 기원을 더듬어보는 여정이나 다름없다. 세상을 바라보는 시야가 여행 전보다 조금은 더 깊고 넓어졌음을 실감할 수 있을 것이다.

chapter 3

유럽

Europe

📍 트레킹 루트 3. 박물관 투어 (2.5km)

아르마스 광장 - 잉카 박물관(Museo Inka) - 에비뉴 엘 솔(Ave. El Sol) - 코리칸차 (Qurikancha) - 파차쿠티 유판키 동상(Monumento Inca Pachacutec)

　아르마스 광장에서 남동쪽으로 뻗어 내려간 대로(大路) 중 1.2km 구간은 '에비뉴 엘 솔', 일명 '태양의 거리'다. 잉카의 중심 도로였던 이 거리 주변 여러 박물관들을 방문하는 것도 쿠스코 여행에선 큰 묘미를 준다. 먼저 아르마스 광장 옆 잉카 박물관이 영순위다. 이름에서 풍기는 느낌보다 실제 박물관 현장은 소박한 규모다.

　태양의 거리를 절반쯤 내려오면 왼쪽으로 드넓은 코리칸차 앞마당과 건물들을 만난다. 잉카시대엔 황금으로 도배된 태양 신전이었던 곳이다. 스페인 정복자들이 황금을 약탈하고 신전 일부를 허물어 산토 도밍고 교회를 세웠기에 현재는 한 공간에 잉카 유적과 스페인 유적들이 공존한다. 우리 돈 5천 원 정도의 입장료로 두세 시간 동안 잉카 유적의 위대성을 실감할 수 있다. 쿠스코 관광 지도상에는 1번으로 표기되어 있는 만큼 그 의미가 남다른 명소다.

　쿠스코 시내에선 2개의 동상이 유독 인상에 남는다. 아르마스 광장에 하나가 있고, 태양의 거리에서 1km 더 내려간 로터리에 또 하나의 동상이 서 있다. 2개 다 잉카 황제 파차쿠티 유판키의 것이다.

　로터리 복판의 동상은 그 규모가 아르마스 광장 것보다 압도적으로 더 크다. 잉카의 가장 위대한 황제답게 하늘을 향해 두 팔을 벌린 장엄한 모습이다. 동상을 밑받침하는 탑 건물 내부는 잉카의 여러 자료들을 모아 전시하는 유료 박물관이다. 위대한 황제 파차쿠티가 죽고 나서 60년 만에 잉카는 몰락했다.

어진 길이었는데 일정 거리마다 지금의 고속도로 휴게소 같은 쉼터가 있었다. '성스러운 샘물'이란 뜻의 땀보마차이는 당시 잉카 로드의 여러 쉼터들 중 하나였다. 지금도 샘솟고 있는 두 군데 샘물이 있었기에 쉼터로써 적합했던 것이다.

바로 인접한 푸카푸카라는 쿠스코의 북쪽을 지키던 경비대의 주둔지였다. 사방을 조망하기 좋게 시야가 탁 트인 위치다. 삭사이와만부터 마지막 푸카푸카라까지는 쿠스코 시내에서 여행사를 통해 패키지 투어를 신청하는 게 효율적이다. 가이드의 설명이 잉카 유적 이해에 큰 도움이 되기 때문이다.

으로 길게 쌓여 있다. 중후장대하고 섬세한 잉카 인들의 석조 기술에 놀라움을 금치 못하게 되는 현장이다. 쿠스코 도심은 퓨마의 형태를 띠고 있는데 아르마스 광장이 심장에 해당하고 이곳 삭사이와만이 머리 부분에 해당된다.

이어서 4km 거리에 있는 겐코는 잉카시대 때 제례를 지냈던 곳이다. 원래 그 자리에 있던 어마어마한 바위를 깎고 다듬어 미로와 동굴을 만들고 그 안에 재단을 뒀었다. 겐코에서 28G 도로를 따라 북쪽으로 5km를 더 가면 땀보마차이다. 잉카 로드는 콜롬비아에서 시작되어 에콰도르를 지나 이곳 페루를 거쳐 칠레까지 수만 킬로미터 이

앉던 궁전 터였다. 어쨌든 지금의 아르마스 광장은 사시사철 밤과 낮 외부 여행자들로 붐빈다.

아르마스 광장에서 서쪽으로 10여 분, 산 프란시스 광장과 산타 클라라 교회를 지나면 재래시장인 산 페드로 시장이다. 여행객들이 많이 찾는, 쿠스코의 또 하나의 명소다. 시장 동남쪽의 파세오 데 로스 헤로스 거리는 도심 정원처럼 꾸며진 산책길이다. 잔디와 꽃밭이 어우러진 사이사이로 페루의 역사 인물 동상들이 여럿 서 있다.

시계 반대 방향으로 거의 한 바퀴 돌 즈음 그 유명한 12각 돌을 만난다. 석벽 구조에 들어맞게 돌을 다듬어 12개 각을 만들었다. 석벽을 이루는 바위들 사이로 종이 한 장 들어갈 틈도 없이 촘촘하다. 잉카인들의 석조 기술이 얼마나 정교했는지를 단적으로 보여준다.

📍 트레킹 루트 2. 북부 외곽 (12km)

아르마스 광장 - 산 크리스토발 교회 전망대(Mirador de Plaza Sán Cristobal) - 삭사이와만(Saqsaywaman) - 겐코(Complejo Arqueológico Q'enco) - 땀보마차이(Tambomachay) - 푸카푸카라(Centro Arqueológico Puka Pukara)

도심을 누볐다면 이젠 시 외곽을 걸어볼 차례다. 아르마스 광장에서 북쪽으로 천천히 30여 분 올라가면 산 크리스토발 교회 전망대이다. 가파르게 올라온 언덕이라 시내 전체가 한눈에 내려다보인다. 쿠스코 홍보 사진에서 익히 봐왔던 풍경을 실제로 확인할 수 있는 지점이다.

다시 30여 분 북서쪽으로 올라가면 옛 잉카의 요새였던 삭사이와만이다. 수백 톤에 이를 거대한 바위들이 섬세하게 다듬어진 채 3층

젠코 Compleio Arqueológico Q'enco
삭사이와만 (3,575m) Saqsaywaman
땀보마차이 Tambomachay
푸카푸카라 (3,770m) Centro Arqueológico Puka Pukara
산크리스토발 교회 전망대 (3,465m) Mirador de Plaza Sán Cristobal
잉카박물관
아르마스 광장 Plaza de Armas
12각돌 Piedra de los 12 ánqulos
산 프란시스 광장 plaza San Francisco
쿠스코 시청 (3,350m)
산 페드로 중앙시장 Central de san Pedro
Mercado
코리칸차 박물관 museo de Sitio Qorikancha
파세오 데로스 헤로스 Paseo de los Héroes
파차쿠티 유판키 동상 (3,345m) Monumento pachacuteq

― 쿠스코 구도심 순환
― 쿠스코 북부 외곽 유적
― 박물관 투어 (태양의 거리)

총 거 리	19.5km
소요 시간	3~4일
최고 해발	3,770m

📍 트레킹 루트 1. 구도심 순환 (5km)

아르마스 광장(Plaza de Armas) - 산 프란시스 광장(Plaza San Francisco) - 산 페드로 중앙시장(Mercado Central de San Pedro) - 파세오 데 로스 헤로스 (Paseo de los Héroes) - 12각돌(Piedra de los 12 ángulos) - 쿠스코 대성당 (Catedral del Cuzco) - 아르마스 광장

아르마스 광장은 제국 시절이나 지금이나 쿠스코의 중심이다. 잉카의 가장 위대한 황제 파차쿠티의 동상이 광장 전체를 압도하지만 잉카 역사의 비운이 서려 있다. 잉카를 정복한 스페인군이 이 광장 주변에서 잉카의 흔적들을 허물고 중세 유럽풍의 건축들로 채워 넣은 것이다. 광장 인근의 쿠스코 대성당은 잉카 신전 자리였고, 라콤파니아 데 헤수스 교회와 산타 카타리나 수도원은 잉카 황제들이 살

페루
쿠스코

　　중남미 일대의 패자(覇者) 잉카제국을 견인했던 고도의 문명 흔적들은 잉카의 옛 수도 쿠스코 일대에 고스란히 녹아 있다. 찬란했던 제국의 흔적들을 더듬으려 세계의 여행자들이 해발 3,400m의 이곳 안데스 분지로 모여든다. 패키지 여행으로 왔다면 모두가 흔히 가는 몇몇 명소들만 골라 점을 찍고 가기 십상이지만, 개인 자유여행으로 왔다면 예습 같은 약간의 사전 준비를 통해 좀 더 알찬 쿠스코 여행을 즐길 수 있다.

　　그렇게 되려면 우선 효율적인 동선을 짜는 게 중요하다. 도심을 시계방향으로 한 바퀴 돌며 명소들을 둘러보는 순환 트레킹과 삭사이와만 등 시 외곽 유적을 만나는 북부 언덕 트레킹, 그리고 잉카 역사가 서린 '태양의 길'을 걸으며 여러 박물관들을 둘러보는 3가지 트레킹 루트를 소개한다.

로부터 엄격하게 관리되는 구역이라 여권 지참이 필수이고 개별 자유 여행은 불가하다. 반드시 가이드를 동반한 15~20명 단위의 여행사 패키지로만 트레킹이 가능하다. 패키지 비용은 우리 돈 70만 원 내외이다. 3박 4일 동안 가이드 한 명과 인디오 포터 여러 명이 따라붙어 텐트와 음식을 제공해준다. 침낭은 물론 개인이 지참한다. 체질에 따라 고산병 알약이 필요할 수 있다. 시간과 체력이 여의치 않은 이들에겐 아구아스 칼리엔테스에서 버스를 타고 마추픽추로 오르는 당일치기 관광도 인기 있는 패키지 상품이다.

　100년 전 미국의 고고학자 하이람 빙엄(Hiram Binghum)이 발견할 때까지 400년 동안 꽁꽁 숨겨져 있던 산상 도시이다. 위에서 내려다볼 때는 그 장쾌함에 압도되고, 30분 후 현장에 내려서고부터는 섬세함과 정교함에 놀란다. 아직 철(iron)이란 걸 몰랐던 잉카 인들이었다. 청동기구나 암석만 가지고 철재 도구 하나 없이 어떻게 이런 산상 도시를 건축해낼 수 있었는지, 잉카 인들에 대한 경외감이 저절로 솟아나게 된다.

　마추픽추를 서너 시간 둘러본 후 아구아스 칼리엔테스(Aguas Calientes)로 내려와 기차를 이용해 쿠스코로 돌아온다. 페루 당국으

곳이 마추픽추이지만, 인구 수천만 명의 인디오들이 소수의 스페인 군에게 얼마나 허망하게 몰살되고 지배되었는지를 알려주는 여정이 곧 잉카 트레일이기도 하다.

일반 여행객들에게는 통상 3박4일 트레킹이 정형화되어 있다. 최고 해발 4,200m를 넘는 이틀째 날이 가장 힘들고, 이후 이틀 동안은 고도 차 600m를 오르는 한 번 외에는 마추픽추 2,400m까지 거의 완만한 내리막이다.

트레킹 시작점은 쿠스코에서 철로를 따라 82km 떨어진 곳임을 뜻하는 'K82' 지점이다. 공항 입국 심사를 거치듯 긴 줄을 서서 기다리다가 여권 심사를 통과한 후에야 트레일로 들어설 수 있다. 첫날은 잉카 유적지 약타파타 등을 지나 와일라밤바 등지에서 야영한다. 둘째 날은 일명 '죽은 여인의 고개(Dead Woman's Pass)'로 알려진 와르미 와누스카를 넘는다. 잉카 트레일 중 가장 높은 고도이다. 셋째 날은 완만한 내리막길을 거치며 푸유빠따마르카 등 잉카의 여러 유적지들을 하루 동안 만나게 된다.

꼬박 사흘 동안 잉카 트레일을 걸으면 나흘째 되는 날 아침, 극적으로 마추픽추와 조우한다. 일출 시간에 맞추기 위해선 새벽 4시쯤 일어나 준비하고 출발해야 한다. 가파른 계단길에 마지막 땀방울을 쏟아부은 후 '태양의 문' 인티푸쿠를 통과하는 순간, 발아래 장관이 펼쳐지는 것이다. 마추픽추를 꿈에 그리던 이들이라면 누구든 사진으로 익히 봐 왔던 장면이지만, 현실의 눈앞에 펼쳐진 현장감이란 너무나 낯설고 비현실적이다.

📍 3일 차 (16km)

파카이마요 캠핑장 - 3km - 룬쿠라카이 패스(Runkurakay Pass, 3,975m) - 3km - 사야크마르카(Sayaq Marka, 3,600m) - 1.5km - 콘차마르카(Concha Marka, 3,550m) - 4.5km - 푸유빠따마르카(Phuyupata Marka, 3,650m) - 3.5km - 인티파타(Intipata, 2,758m) - 0.5km - 위나이와이나(Winaywayna, 2,650m)

📍 4일 차 (5km)

위나이와이나 - 3.5km - 인티푼쿠(Intipunku, 2,745m) - 1.5km - 마추픽추(Machu Picchu, 2,430m)

📍 1일 차 (11km)

K82 피스카쿠초(Piscacucho K82, 2,680m) - 5km - 윌카라까이(Willcaraqay, 2,750m) - 2km - 따라요(Tarayoc, 2,800km) - 4km - 와일라밤바(Wayllabamba, 2,950m)

📍 2일 차 (13km)

와일라밤바 - 2km - 체크포스트(3,250m) - 2km - 율루차빰빠(Llullucha Pampa, 3,840m) - 3km - 와르미 와누스카(Warmi Wanuska, 4,215m) - 6km - 파카이마요 캠핑장(Pacaymayo, 3,550m)

쳤다. 비록 허망하게 멸망했지만 잉카는 지금의 에콰도르 수도인 키토에서 페루, 볼리비아, 아르헨티나 일부를 포함하며 칠레 수도 산티아고까지 방대한 영토를 가진 제국이었다. 콜럼버스가 발을 들여놓기 전까진 아메리카 대륙을 통틀어 가장 넓고 강력한 대제국이었던 것이다.

드넓은 잉카제국의 거점들은 수만 킬로미터에 걸친 잉카로드(Inca Road)을 통하여 하나의 길로 이어졌고, '사라진 공중 도시' 마추픽추로 가는 잉카 트레일은 그중의 일부 구간이었다. 제국의 시대엔 온갖 물자와 정보가 유통했던 평화와 번영의 길이었지만 제국이 멸망한 후의 잉카 트레일은 탐욕스런 유럽인들을 피해야 했던 인디오들이 숨어 다니기에 좋은 산악 은둔길 역할을 해줬다.

잉카 인들의 문명이 얼마나 위대했는지를 눈으로 확인할 수 있는

285

페루
잉카 트레일

콜럼버스에 의해 아메리카 대륙이 발견되고 40년이 지나 잉카제국은 멸망했다. 중남미를 통틀어 수천만 명에 이르던 잉카 인들은 무자비한 유럽인들에게 짐승처럼 살육되고, 오랜 세월 찬란했던 잉카 문명은 급속도로 소멸되어갔다. 프란시스코 피사로(Francisco Pizarro)가 이끈 168명의 스페인군이 하루 한날에 잉카군 7천 명을 몰살하면서 잉카 황제를 체포한 결과였다. 잉카제국의 마지막 황제는 아타우알파다. 300년 찬란했던 잉카 역사가 그로 인해 일거에 멈췄다.

외부 세계에 대한 잉카의 무지와 무신경이 불러온 참사였다. 황제 자신은 생포될 때만 해도 자신이 1년도 못 넘겨 처형될 거라곤 상상을 못 했을 것이다. 감금된 방을 가득 채울 만큼의 황금을 동원하여 스페인군을 회유했지만 황제는 결국 서른한 살 젊은 나이로 생을 마

덩그러니 서 있다. 이곳이 번영을 누리던 100년 전, 독일에서 수입해와 세웠다고 한다. 찬란했던 옛 시절을 향한 그리움을 담은 듯 짠한 여운이 묻어난다.

　15km 도시 트레킹의 종점은 코스타네라다. 낡고 쓸모없어진 나무다리가 바다 멀리까지 나아간 모습이 극적이면서 아련하다. 아주 오래전 배에 오르고 내리는 수많은 이들이 들락거렸을 법하지만 지금은 흉물의 모습으로 옛 영화를 반추하는 듯하다. 출발점인 아르마스 광장은 이 도시 메인 도로인 크리스토발 콜론 애비뉴를 따라 5분 거리다.

어선 후 4km 가까이를 내려오면 맥주 양조장이 있다. 파타고니아 로컬 맥주인 아우스트랄 양조 공장이다. 미리 신청하면 정해진 시간에 공장 견학과 맥주 시음을 해볼 수 있다.

    아르마스 광장 인근의 십자가 언덕은 도심 전체를 360도 조망할 수 있는 전망대이다. 푼타아레나스 여행자들이 반드시 들르는 영순위 명소다. 세계 각지까지의 거리를 알려주는 여러 이정표들 중에서 '대한민국 평창까지 12,515km'라는 표기에 특히 눈길이 가게 된다.

    전망대에서 내려오면 마지막으로 마젤란 해협 해안을 따라 걸을 차례다. 싱싱한 해산물이 넘쳐나는 메르카도 시장을 둘러본 후 해안선을 따라 도심 쪽으로 향한다. 부둣가 한편에 녹색의 시계탑 하나가

푼타아레나스 도심에서 가볼 만한 박물관은 두 군데다. 아르마스 광장에 인접한 마젤란 박물관, 그리고 조금 떨어진 살레시아노 박물관이다. 전자에선 마젤란 관련 자료들과 마젤란 해협이 발견된 이후의 이 지역 변화상을 보여주고, 후자는 이 지역 원주민들의 생활상과 자연환경에 관한 전시물들이 많다.

거리가 1km 떨어진 두 박물관 사이에는 한국인이 운영하는 조그만 식당이 한 군데 있다. '코코멘'이라는 상호보다는 '신라면 집'으로 많이 알려진 이곳은 푼타아레나스를 여행하는 한국인들에겐 특히 인기가 많다. 좁은 식당의 사방 벽에는 한국인 여행객들이 남긴 메모 글들로 빼곡하다. 지구에서 가장 남쪽에 위치한 한국인 식당에서 얼큰한 라면 국물을 맛보는 것은 우리 인생에 그리 흔치 않을 추억이 된다.

푼타아레나스 공원묘지는 남미에서 가장 아름다운 공원묘지로 회자된다. 특이한 모양의 거대한 조경수들이 잘 다듬어진 채 즐비하게 늘어서 있다. 묘지라기보단 아름다운 정원 속을 거니는 느낌이다. 넓은 묘지 땅의 기증자인 사업가 사라 브라운의 이름을 공원묘지 이름에 넣었다.

공원묘지에서 쇼핑몰 조나 프랑카까지 3km는 도심을 벗어난 한적한 도로다. 역사 인물들의 동상이나 원주민들의 옛 시절을 보여주는 조형물들이 심심치 않게 배치되어 있다. 파타고니아의 바람을 정면으로 느끼며 여유롭게 걸을 수 있는 구간이다. 인접한 마젤란 대학도 30여 분 들러 산책하기에 좋은 공간이다.

외곽에서 다시 도심으로 돌아오는 코스는 마젤란 대학 앞 삼거리의 오른쪽 길 에스파냐 애비뉴(Av. España)를 이용한다. 이 길로 들도' 편에서 개그맨 박명수 씨가 출연해 지구 최남단으로 소개하기도 했다.

'남극으로 가는 관문' 또는 '남극 전초기지'라는 수식에서 보듯 푼타아레나스는 일부러 찾아가는 여행지보다는 거쳐가는 경유지의 느낌이 크다. 칠레 파타고니아의 관문으로써 공항이 있는 도시이기 때문이다. 멋진 자연경관이나 요란한 관광 명소를 만날 일은 없지만, 장거리 남미 여행 중 잠깐 들러 몸과 마음을 재충전하기엔 여지없이 좋은 곳이다.

푼타아레나스 전체는 제주도 열 배인 광대한 면적이지만 가로×세로 6×2km 정도의 다운타운 정도만 2~3일 머물며 천천히 둘러보는 것으로도 충분하다. 쉽지 않은 남미여행 도중에 잠시 휴식과 충전의 시간이 된다. 도심 복판인 아르마스 광장을 기준으로 시내 주요 지역들을 둘러보며 이틀 동안 15km 동선을 걷는 것이다. 코스가 직사각형 모양이라 결국은 다시 광장으로 회귀하게 된다.

트레킹 출발점인 아르마스 광장에는 마젤란 동상(Monumento Hernando De Magallanes)이 세워져 있다. 오래전 이 땅에 최초로 발을 들인 유럽인답게 웅장한 자태를 보여준다. 동상 아래 부분엔 큰 몸집의 수하 경호원이 마젤란을 지키고 있다. 남미 원주민으로 보이는 그의 한쪽 발이 유별나게 매끄럽고 반들거리는 게 눈길을 끈다. 광장을 찾은 여행객들이 너도나도 손으로 쓰다듬은 때문이다. 그렇게 하면 원하는 소원이 이뤄지거나 다시 이곳을 찾아오게 된다는 믿음이 있다고 한다.

📍 트레킹 루트 (15km)

아르마스 광장(Plaza de Armas) - 마젤란 박물관(Museo Regional de Magallanes) - 신라면 집(Koko-men) - 살레시아노 박물관(Museo Salesiano / Maggiorino Borgatello) - 공원묘지(Cementerio Municipal Sara Braun) - 마젤란 대학교(Universidad de Magallanes) - 쇼핑몰 조나 프랑카(Zona Franca) - 로칼 맥주 아우스트랄 양조장(Cervecería Austral) - 십자가 언덕 전망대(Cerro de la cruz) - 메르카도 시장(Mercado Municipal) - 시계탑(Reloj Del Estrecho) - 코스타네라(Costanera)

서 남태평양과 남대서양을 연결하는 좁은 해협을 통과함으로써 비로소 오늘날의 둥그런 세계지도가 완성될 수 있었다. 후세 사람들은 그가 통과한 좁은 바닷길을 '마젤란 해협'이라고 불렀다.

 칠레는 남미대륙 서남쪽에 길쭉하게 걸쳐 있는 나라다. 모두 15개의 주(州)로 이뤄졌는데 행정구역을 표기한 칠레 지도를 보면 기다란 오이가 크고 작게 열다섯 동강난 모습을 연상시킨다. 이들 중 남극과 대면하는 맨 아래쪽 주(州)의 이름은, '마젤란'의 스페인식 발음인 '마가야네스(Magallanes)'다. 그가 대서양에서 태평양으로 나아간 500년 전 역사의 일이 이 지역과 좁은 해협에 그의 이름을 남긴 것이다. 마젤란 해협이 관통하는 일대는 마가야네스주의 주도(州都)인 푼타아레나스다. 영어로 '모래언덕(sand point)'이란 의미다. 칠레의 남쪽 땅끝인 이곳은 2015년 여름, 우리나라 MBC '무한도전-배달의 무

칠레
푼타아레나스

　　　　1492년 콜럼버스가 아메리카 대륙을 발견하자 유럽의 탐욕스러운 시선이 신대륙으로 쏠렸다. 30년 후 에르난 코르테스가 중남미 멕시코 일대의 아스텍 제국을 강탈했다. 침략자들이 퍼트린 천연두로, 면역력 없던 원주민 인디오들 수백만이 영문도 모른 채 죽어갔다. 다시 10년이 지난 1532년, 이번엔 프란시스코 피사로가 남미 대륙의 거대 제국 잉카를 무너뜨렸다. 인구 천만이 넘는 대잉카 제국이 이백 명도 **안 되는** 스페인 용병들에게 단숨에 짓밟힌 것이다.

　　40년 시차를 두고 신대륙에 나타난 세 인물이 이후 500년 세계 근현대사의 흐름을 바꿔 놓았다. 세 인물 모두 스페인 사람이거나 스페인 왕조의 지원을 받은 이들이었다. 여기에 한 명이 더 추가돼야 한다. 인류 최초로 세계를 일주한 페르디난드 마젤란이다. 에스파냐 항구를 떠난 지 1년 만인 1520년 11월, 그가 남미대륙 맨 아래 지역에

이 수천 년 생명을 이어왔다는 사실을 떠올리면 혀의 촉감이 더 새로워진다. 짧은 미니 트레킹으론 아쉽다면 4시간짜리 빅 아이스 트레킹 프로그램도 있다. 난이도가 높기 때문에 50세 미만으로 연령을 제한한다. 어느 쪽이건 바호 데 라스 솜브라스(Bajo de las Sombras) 항구에서 크루즈선에 탑승하여 20분 후 모레노 빙하 인근에 내린다.

모레노 빙하는 아르헨티노 호수를 향하여 수천 년 세월 동안 미세하게 이동해왔다. 현재도 진행형, 매년 백여 미터씩 전진 중이다. 호수를 점령해 들어가는 만큼 또한 매일 조금씩 소멸해간다. 하루에도 여러 번 굉음을 내며 빙하 절벽이 무너져 내리고, 유빙으로 호수를 떠돌다가 결국은 호수 물에 녹아들며 수명을 다하는 것이다. 소멸해 가는 만큼 빙하는 계속 더 생성되고 있다. 애초에 이 빙하를 탄생시킨 기원인 안데스 산맥이 자연 그대로 불변인 채 자리를 지키고 있기 때문이다.

그러나 지구 대기는 예전과 달리 점점 더 뜨거워지고 있다. 앞으로의 빙하 운명도 예전과는 같지 않을 것이다. 빙하의 생성보다 소멸 속도가 빨라질 수밖에 없기 때문이다. 모레노 빙하의 수명은 앞으로 반세기라는 전망이 많다. 매일 조금씩 노화되다가 50년 후에는 완전히 사라질 운명인 것이다. 예전의 젊음을 잃어가며 한 줄 한 줄 주름이 늘고 초라해질 빙하의 모습이라면 하루라도 더 일찍 만나보는 게 좋지 않을까.

📍 보트 투어

마젤란 반도의 북쪽 해안에서 보트를 타고 아르헨티노 호수를 따라 빙하에 최대한 다가가는 투어다. 전망대 투어에선 빙하의 전체 모습들을 다양한 각도로 볼 수 있다면, 1시간 소요되는 보트 투어는 70m 높이의 빙하 규모를 바로 가까이에서 느낄 수 있다는 특징이 있다. 빙하 절벽에서 드러나는 다양한 색상들이 섬세하게 차이가 나 보이는 것도 이색적인 볼거리다. 운이 좋으면 빙하 절벽 일부가 천둥소리와 같은 굉음을 내며 부서져 내리는 장관을 만날 수도 있다.

📍 빙하 트레킹

마젤란 반도 선착장에서 아담한 크루즈선에 오르면 20분 후 호수 맞은편 모레노 빙하 인근에 내린다. 짧은 시간이지만 가까워진 빙하 절경에 환호하며 보트 투어의 기분을 한껏 만끽한 뒤다. 절차에 따라 가이드의 빙하 해설이 있고, 빙벽용 아이젠을 착용한 후 십여 명 패키지팀이 함께 빙하 트레킹에 나선다. 1시간 20분 만에 끝나는 미니 트레킹이지만 일반 설산 등반에서는 접할 수 없는 신비로운 세계와 만난다.

일반인들이 사진으로만 봐왔던 크고 작은 크레바스들이 도처에 똬리를 틀고 있다. 영롱한 에메랄드 비취빛을 발하며 유혹하지만 한 번 빠져들면 순식간에 삼켜질 듯 두려움도 크다. 남극이나 그린란드까지 가지 않고도 간편한 방법으로 거대 빙하 위를 트레킹 할 수 있다는 점이 모레노 빙하의 매력이다.

짧은 트레킹이 마무리되는 지점에선 위스키 온 더 락과 초콜릿 한 조각이 기다린다. 독한 위스키를 순화시켜주는 글라스 속 얼음조각

　탐방로는 모두 5개인데 구간 특색에 따라 옐로우(중앙), 블루(해안), 그린(숲길), 레드(저지대), 화이트(휠체어) 코스로 구분한다. 각 코스는 1km 내외로 모두 합친 거리는 총 4km다. 전망대에 머무는 시간을 빼면 트레킹만으로 편도 1시간 거리인 것이다. 전망대 투어의 필수는 옐로우 코스를 통해 중앙 발코니에 다녀오는 것이다. 가장 간단하게 둘러보는 대표적 방법이다.

📍 전망대 투어

　공원 내 마젤란 반도 맞은편에 위치한 모레노 빙하가 오랜 시간에 걸쳐 반도를 향해 밀려와 부딪히면서 아르헨티노 호수(Lago Argentino)가 남북으로 나뉘었다. 전망대 투어는 마젤란 반도를 걸으며 빙하가 호수를 막아 놓은 정경을 감상하는 여정이다. 여러 갈래의 탐방로들이 중앙(Primer) 발코니, 제2(Segundo) 발코니, 저지대(Inferior) 발코니, 북쪽(Norte) 발코니 등을 연결하고 있다. 이들 전망대마다 각기 다른 각도에서 빙하의 여러 모습들을 보여준다.

모레노 빙하를 만나는 방법은 전망대 투어, 보트 투어, 빙하 트레킹, 이렇게 3가지다. 잘 조성된 산책로를 걸으며 다양한 위치의 발코니에서 빙하를 감상하는 전망대 투어는 가장 간편한 방법이라 개인 혼자서도 쉽게 다녀올 수 있다. 보트 투어와 빙하 트레킹은 현지 여행사를 통한 패키지 투어가 효율적이다. 어느 경우든 빙하 국립공원의 관문 도시인 엘 칼라파테에서 투어 신청을 하고 투어사가 제공하는 차량을 타고 아침 일찍 출발한다.

河群)도 안데스에서 비롯됐다. 남태평양의 습한 공기가 안데스 산맥을 넘으며 다량의 비를 내리게 한다. 이 비는 곧 눈으로도 변한다. 내린 눈이 녹을 만하면 그 위에 다시 비와 눈이 내리며 쌓이고 쌓였다. 이런 현상이 수만 년 이어지며 극지방 다음으로 거대한 빙하군이 형성된 것이다.

　남극과 가까운 아르헨티나 쪽 파타고니아 일대는 로스 글라시아레스 국립공원, 이름 자체가 '빙하(Los Glaciares) 국립공원'이다. 안데스 만년설이 녹아내린 2개의 빙하 호수와 47개 빙하들이 공원을 구성한다. 그들 중에서 주인공은 단연 페리토 모레노 빙하(Glaciar Perito Moreno)다. 제주도 면적의 3배에 달하는 이 공원 이름은 낯설어도 모레노 빙하가 생소한 이들은 드물 것이다. 길이 30km에 폭 5km, 높이 60m인 이 거대한 얼음덩어리를 보려고 해마다 수많은 세계인들이 아르헨티나 남단 산타크루스주(Provincia de Santa Cruz)로 몰려든다.

칠레
모레노 빙하

　　우리의 지구 표면은 조금씩 움직이는 10여 개의 판으로 쪼개져 있다. 판끼리 맞물린 경계엔 엄청난 에너지가 집약된다. 태평양판이 유라시아판이나 북아메리카판과 만나는 일본 동부 해안과 미국 서부 해안에 지진이 많은 이유다. 히말라야 산맥은 인도판이 유라시아판과 충돌하면서 솟아나 생겼다. 남미대륙의 등뼈인 안데스 산맥도 마찬가지다. 수천만 년 전 남태평양 해양판이 남아메리카판에 부딪히면서 충돌 경계면이 융기해 생겨났다. '불의 고리'라 일컫는 환태평양 화산대에 속하면서 충돌과 융기는 현재도 진행형이다. 에콰도르, 페루, 칠레 등지에 지진이 잦은 이유다.

　　남미 대륙의 북단 베네수엘라에서 시작하여 남단인 칠레의 마젤란 해협까지 뻗어 내려온 안데스 산맥은 높이로는 히말라야 다음이지만 길이로는 세계 최장이다. 그런 안데스가 남미대륙에 끼친 지질과 지형의 변화는 엄청나다. 대륙 남단 파타고니아 일대의 거대 빙하군(氷

타고 페외 호수(Lago Pehoe)를 건넌다. 호수 위에서 바라보는 쿠에르노스 두 봉오리가 전날에 이어 극적인 모습으로 인상에 남는다. 푸데토(Pudeto) 선착장에 내리면 푸에르토 나탈레스로 돌아가는 버스가 배 시간에 맞춰 대기한다.

　W코스에는 칠레노 산장(Refugio Chileno), 쿠에르노스 산장(Refugio Cuernos), 그레이 산장(Refugio Grey), 파이네 그란데 산장(Refugio Paine Grande) 등 대여섯 개의 숙소가 있고 사전 예약이 필수이다. 숙소 주변에는 별도의 캠핑 시설도 있다. 물론 유료들이다.

　파타고니아 트레킹에는 효율적인 동선이 중요하다. 자주 갈 수 있는 남미가 아니기 때문에 한 번 갈 때 한정된 기간에 효과적인 여행이 되어야 하기 때문이다. 35일간 남미 여행에 나섰던 나와 네 명의 일행은, 일단 아르헨티나 부에노스아이레스에서 비행기로 엘 칼라파테(El Calafate)에 도착했다. 버스로 갈아탄 후 엘 찰텐(El Chalten)으로 이동하여 2박 3일을 머물면서 피츠로이와 세로토레를 각각 하루씩 다녀왔다. 다시 버스로 칠레 땅으로 넘어와 푸에르토 나탈레스(Puerto Natales)에 숙소를 잡았다. 짐 일부는 맡겨두고 배낭 무게를 최소로 줄여 토레스 델 파이네 3박 4일 트레킹을 소화했다. 브라질로 들어온 경우라면 이 동선이 가장 일반적인 정석이라고 여겨지고, 페루 리마나 칠레 산티아고에서 내려오는 반대의 경우는 우리가 택했던 루트와 역순으로 움직이면 된다.

　파타고니아에서는 트레킹 일정 중간에 시간을 쪼개어 모레노 빙하(Perito Moreno Glacier)와 푼타아레나스(Punta Arenas)를 방문하는 여정도 꼭 필요하다.

📍 3일 차 (21km)

도모스 프란세스 - 2.5km - 이탈리아노 캠핑장(Campamento Italiano, 190m) - 2km - 프란세스 빙하 전망대(Mirador Glaciar del Frances, 475m) - 3.5km - 브리타니코 전망대(Mirador Britanico, 750m) - 5.5km - 이탈리아노 캠핑장(Campamento Italiano, 190m) - 5km - 스코츠버그 호수 전망대(Mirador Lago Skottsberg, 150m) - 2.5km - 파이네 그란데 산장(Refugio Paine Grande, 45m)

📍 4일 차 (23km)

파이네 그란데 산장 - 3.5km - 로스파토스 호수(Laguna Los Patos, 210m) - 7km - 그레이 산장(Refugio Grey, 65m) - 1km - 그레이 빙하 전망대(Mirador Glaciar Grey, 40m) - 1km - 그레이 산장 - 10.5km - 파이네 그란데 산장

📍 1일 차 (20km)

라스토레스 산장(Refugio Las Torres, 150m) - 1km - 라스토레스 파타고니아 호텔(Hotel Las Torres Patagonia) - 4.2km - 칠레노 산장(Refugio Chileno, 409m) - 1.2km - 토레스 캠핑장(Campamento Torres, 570m) - 3.6km - 라스토레스 전망대(Mirador Las Torres, 880m) - 10km - 라스토레스 산장

📍 2일 차 (15km)

라스토레스 산장 - 1km - 라스토레스 파타고니아 호텔(Hotel Las Torres Patagonia) - 11km - 쿠에르노스 산장(Refugio Cuernos, 78m) - 3km - 도모스 프란세스(Domos Frances, 90m)

전체 125km를 한 바퀴 도는 서킷(Circuit) 코스는 8~9일 정도 소요된다. 라운드 코스 또는 'O'코스라고도 한다. 주로 매니아들이 많이 걷는다. 일반 트레커들은 주로 W코스를 많이들 걷는데, 공원의 남쪽과 서쪽 일대를 W자 형태로 오르고 내리는 것으로, 서킷 코스의 3분의 2를 점하는 구간이다. W자를 따라가는 거리는 50km지만 세 번의 왕복 구간을 감안하면 실제 걷는 총 거리는 79km로 4~5일 정도 소요된다.

공원 일대 전망 좋은 위치에 있는 라스토레스 전망대, 브리타니코 전망대, 그레이 빙하 등을 매일 하나씩 거친 뒤 마지막 날, W자의 왼쪽 꼭짓점인 파이네 그란데 캠핑장에서 트레킹을 마친다. 그러곤 배를 타고 페외 호수를 건너 푸에르토 나탈레스로 돌아오는 방식이 일반적인 여정이고 역순으로 진행하는 경우도 많다.

파이네 그란데 산장으로 하산한 후에는 하루 세 편 운행하는 배를

칠레
토레스 델 파이네

　　남미 대륙 서해안에 얇은 오이처럼 길게 뻗어 내려온 칠레 땅, 그곳에서 남극에 가까운 맨 아래쪽 지역의 이름은 '울티마 에스파란사'다. 스페인어로 '최후(Ultima)의 희망(Esperanza)'이란 뜻이다. 우리 한반도의 지구 반대편, 남극에 가까운 곳이 품고 있음직한 어떤 극적인 분위기가 지명에서 느껴진다.

　지구상에서 아직까지는 인간의 손때가 덜 묻은 곳으로 알려진 이곳에 세계의 트레커들이 특히 관심을 갖는 곳이 한 군데 있다. 바로 토레스 델 파이네(Torres del Paine) 국립공원인데, 남미 최고의 비경을 품고 있는 곳으로 유명하다. 아르헨티나 남단과 국경을 접하면서 복잡 다양하고 역동적인 자연의 모습을 보여주는 파타고니아 지역에 속한다. 수직으로 솟아오른 화강암 바위산들이 워낙 독특한 분위기라 우주선 타고 다른 혹성에 내린 듯 비현실적이다.

　토레스 델 파이네 국립공원에는 2개의 트레킹 루트가 있다. 공원

　이과수 폭포 일대를 걷고 나서 영화《미션》을 다시 보면 이전엔 놓쳤던 장면들이 더욱 생생하게 다가온다. 살아남은 인디오 아이들 아홉이 조그만 보트를 타고 새로운 땅으로 노 저어 가는, 영화 속 엔딩 자막도 여운을 더한다.

　'The light shines in the darkness and the darkness has not overcome it. (어둠 속에 한줄기 빛이 있다. 어둠은 빛을 이겨본 적이 없다, 요한복음 1장 5절)'

　거대한 블랙홀이 세상의 모든 걸 어둠 속으로 빨아들이지만 한 줄기 빛은 여전히 남는다. '악마의 목구멍'이 이과수의 모든 물을 빨아들이지만 그 아래에선 새로운 흐름이 다시 시작되는 것처럼.

보면 2단계인 로워 코스(Circuito Inferior)가 끝난다. 이어지는 보트 투어는 롤러코스터처럼 스릴이 넘친다. 거친 파도를 헤치며 폭포 바로 밑에까지 다가가선 물 폭탄을 흠뻑 맞는다. 배에 탄 이들의 엄살 섞인 비명들이 폭포수의 굉음을 압도한다.

3단계 보트 투어를 끝내면 4단계로 이어진다. 데크를 따라 위쪽으로 길게 올라가는 어퍼 코스(Circuito Superior)다. 산 정상을 향한 막바지 오르막이나 마찬가지다. 숨이 차고 다리에 힘이 빠질 때쯤 되면 마지막 하이라이트 단계로 들어선다. '악마의 목구멍(Garganta del Diablo)'이라는 이름도 기괴한 마지막 5단계다. 세상 모두를 빨아들여 집어삼키는 거대한 괴물 아가리의 형상이다. 사진이나 그래픽으로만 봐온 블랙홀이나 태풍의 눈 형상이 바르 눈앞에서 펼쳐진다. 1시간에 수백만 톤씩 쏟아져 내리는 이과수 폭포 수량의 절반이 바로 이 악마의 목구멍을 통한다고 한다.

이과수를 보고 나면 폭포에 관한 한 다시는 감탄할 일이 없어진다. 이과수(Iguazu)라는 이름은 이 지역 과라니 족들의 감탄사 한 마디에서 비롯되었다고 한다. 멀고 먼 옛날, 그들의 조상 중 누군가가 이 폭포를 처음 대면하곤 무심코 "우와! 대단한 물이네!"쯤으로 소리를 질렀는가 보다. 이구(Igu)는 '물', 아수(Azu)는 놀랄 때 쓰는 감탄사 '아!'가 어원이란다.

루스벨트 미국 대통령 부부가 이곳을 방문했을 때 영부인 엘리노어 여사가 감탄하며 내뱉었다는 한 마디도 비슷하다. "Oh, poor Niagara!(어쩌나, 가련한 나이아가라!)" 이과수를 처음 본 영부인은 예전에 만났던 나이아가라 폭포가 꽤나 초라하고 안쓰럽게 느껴졌던 것이다.

라 사이엔 식민지 영역 다툼이 많았다. 국경을 조정하는 새로운 조약이 두 나라 사이에 맺어지면서, 여태껏 에스파냐 소유였던 과라니 족 땅이 포르투갈 쪽으로 넘어가게 된다. 영화 속 신부와 과라니 족 원주민들은 자신들이 일궈 놓은 터전에서 떠나야만 한다. 신부와 멘도사는 각자 다른 방법으로 원주민들을 이끌고 포르투갈 무장 군인들에게 맞선다. 그러나 결말은 정해졌다. 모두가 포르투갈 점령군에게 사살되고, 원주민 아이들 일부만 살아남는 비극으로 영화는 끝이 난다. 피날레 장면을 장식하는 가브리엘 오보에의 슬픈 멜로디가 영상과 함께 오랜 기억 속에 남는 영화다.

    아르헨티나 쪽 이과수를 돌아보는 데는 다섯 단계를 거친다. 녹색의 산책로인 1단계, 그린 트레일(Sendero Verde)을 지나면 폭포에 가까이 이른다. 저지대까지 한 바퀴 돌아 폭포의 다양한 정경과 만나다

하는 악랄한 에스파냐인 멘도사, 그는 자기 애인과 친동생이 은밀한 불륜 관계라는 사실을 우연히 알게 된다. 충격을 받아 격분한 끝에 우발적으로 동생을 죽이게 된다. 살인죄로 복역하며 절망의 나날을 보내던 그에게 참회의 기회가 주어졌다. 이과수 폭포 위 밀림 지역에서 국가 차원으로 진행되는 원주민 선교 활동을 돕는 것.

그곳엔 과라니 족을 크리스천으로 만들기 위해 가브리엘 신부가 악조건 밑에서 선교 활동을 하고 있었다. 조건부로 석방된 주인공 멘도사가 폭포 위로 올라가 합류하고, 노예 사냥꾼이자 살인범으로서의 자신의 죄를 참회하며, 원주민들과 어울려 낙원에서와 같은 삶을 살아가는 장면들이 영화의 전반부다. 그러곤 비극으로 이어지는 후반부와 결말.

유럽인들의 남미 개척 초기였던 당시, 에스파냐와 포르투갈 두 나

　16세기 중반 에스파냐 탐험가에 의해 이 폭포가 처음 발견되었다지만, 남미 인디오들에겐 조상 대대로 삶의 터전이었다. 유럽인들이 그곳을 처음 방문했을 뿐이다. 현재의 파라과이 수도 아순시온은 그 당시 에스파냐와 포르투갈 지역인 이베리아 반도 사람들이 이주해 와서 터를 잡아 살고 있었다. 이들은 원주민들을 잡아다 노예로 부리고 있었는데, 그들에게 원주민 노예는 부를 축적하는 가축과 같은 수단이었다.

　여기까지는 역사적 사실이고, 이어지는 아래 이야기는 영화 《미션》의 줄거리다. 원주민 인디오들을 사냥(?)하여 노예로 팔아 돈벌이

면에서 하얀 포말의 폭포수들이 여러 갈래로 밀림을 뚫고 나와 절벽 아래로 내리꽂히고 있다. 뭉게뭉게 피어난 뽀얀 물안개가 폭포 주변을 신비롭게 감싸 돌고, 편안한 데크 길을 따라 폭포 아래 근처까지 온통 인파로 북적인다.

다음 날 아르헨티나 쪽을 둘러보면 전날 보았던 브라질 쪽 정경은 싱겁게 느껴질 수밖에 없다. 워낙 더 장엄하고 역동적이기 때문이다. 트레킹보다는 관광 분위기이긴 하지만 어쨌든 첫날 브라질 쪽에서 5시간, 둘째 날 아르헨티나 쪽에선 8시간 정도 걸을 준비를 단단히 하고 가는 게 좋다.

름답게 한 건 역시 영화의 배경이자 촬영지였던 남미의 이과수 폭포 때문이다.

　세계 최대의 폭포 이과수를 만나러 가는 방법은 2가지다. 브라질과 아르헨티나, 두 나라의 국경을 공유하기에 브라질 쪽 관문인 '포즈 드 이과수(Foz du Iguazu)' 마을을 통하든지, 아니면 아르헨티나 쪽 관문인 '푸에르토 이과수(Puerto Iguazu)' 마을을 통하든지 해야 한다. 경관은 아르헨티나 쪽이 브라질 쪽보다 월등하게 좋다. 양쪽을 다 본다면 브라질 쪽을 먼저 보는 게 순서다.

　브라질 쪽 폭포 매표소로 입장하면 2층 버스에 오른 뒤 잠시 후 내린다. 1차 전망대서부터 거대 폭포들이 멀리서 그 위용을 드러낸다. 이과수와의 첫 대면인데도 충분히 압도적이다. 푸르른 밀림 한가운데에 칼로 무를 벤 듯 절벽들이 수직으로 잘린 형상이다. 베어진 단

아르헨티나
이과수 폭포

　　이태리어로 '넬라 판타지아(Nella Fantasia)'는 '환상 속에서'라는 의미다. 사라 브라이트만이 리메이크해 불러서 유명해진 노래의 제목이다. 국내에선 가수 박기영 씨가 불러 더 많은 사랑을 받기도 했지만, 오리지널 연주곡 '가브리엘 오보에'를 더 좋아하는 이들도 많다. 영화 속 가브리엘 신부가 폭포 위 원주민들과 처음 만날 때 오보에로 연주하던 그 청아한 멜로디.

　　30년도 더 넘은 옛 영화 《미션(The Mission)》은 '선교'라는 제목부터 종교적 색채를 풍기지만, 종교와 무관하게 많은 이들을 감동시킨 명작이다. 《킬링 필드》로도 유명했던 롤랑 조페 감독이 인생을 통틀어 가장 아름다운 영상을 만들어냈다. 영화음악의 거장 엔니오 모리꼬네도 자신이 음악을 맡은 수십 편의 영화 중 가장 아름다운 멜로디를 만들어냈다. 영상과 음악의 완벽한 조화였지만 영화를 특히 아관저이다. 건물 외양 색감 때문에 '장밋빛(rosada) 집(casa)'이란 애칭으로 불린다. 관저 동쪽으로는 다르세나 수르 강(Rio Darsena Sur) 위에 심플하면서 멋진 다리 하나가 놓여 있다. '여인의 다리'란 이름의 보행자 전용 다리이다. 탱고 춤을 추는 여인의 다리를 형상화했다고 한다. 바다가 가까워진 강 하류 지역인 만큼 시원한 공기가 코끝을 간질인다.

도심 남쪽 산 텔모 지구는 스페인 정복자들이 이 도시를 공략할 때 전초기지로 삼았던 곳이다. 한때 부유층들의 거주지였던 일대가 세월과 함께 쇠락한 모습으로 변했다. 그런 앤티크한 분위기가 오히려 여행자들에겐 매력 포인트인 듯하다. 5월 광장에서 남쪽으로 1.5km 곧게 뻗은 데펜사 거리는 산 텔모 지구의 중심이다. 옛 정취를 즐기려는 여행자들이 많이 찾는다.

에스파냐 식민시대의 가옥들이 유물처럼 즐비한 이 거리의 도레고 광장은 특히 벼룩시장으로 유명하다. 일요일만 되면 광장과 거리 일대는 온갖 골동품과 기념품들을 구비한 노점상들과 거리 예술인 그리고 여행자들로 가득 채워진다. 데펜사 거리 남단에 자리 잡은 현대미술관(MACBA)은 산 텔모 시장에 인접해 있어 이왕이면 잠시 들러보는 것도 좋다.

산 텔모 지구에서 강 건너 동쪽은 코스타네라 수르 생태보호구역이라는 이름의 습지 공원이다. 시간이 된다면 도심을 떠나 여유롭게 한두 시간 정도 거닐 만하다. 시간이 여의치 않으면 라 보카 지구 카미니토 거리까지 2.5km는 택시를 이용하여 다녀오는 것도 효율적이다.

플로리다 거리 남단 주변 또한 여행자의 관심을 끌 만한 명소들이 서로 인접해 있다. 유럽과 남미 대부분 도시에 하나씩 있게 마련인 대성당이 먼저 눈에 띈다. 아르헨티나의 독립 영웅인 산 마르틴 장군이 안장되어 있는 곳이다. 대성당 남쪽에 펼쳐진 5월 광장은 도시의 중심 광장이다. 1810년 에스파냐로부터 독립을 쟁취한 5월 혁명이 바로 이 광장에서 시작되었다. 서울의 광화문 광장처럼 지금도 대중들이 정치적 의사 표시를 하는 집회 공간이기도 하다.

5월 광장 동쪽에 자리한 카사 로사다는 정부 종합청사이자 대통령

단하는 폭 14m의 중심 도로다. 아르헨티나 독립기념일을 도로 이름에 넣었다. 오벨리스크(Obelisk)는 고대 이집트에서 태양 숭배를 위해 세웠던 거대한 돌기둥을 말한다. 7월9일 대로 복판에 67m의 거대한 오벨리스코(Obelisco)가 우뚝 솟아 있어 여행자들의 시선을 끌어들이다. 도시 건설 400주년을 기념하여 1946년에 세워진 도시 상징 기념탑이다.

　대로 서쪽으로는 의회광장을 사이에 두고 연방의회 건물과 바롤로 궁이 적당히 떨어져 있다. 특히 바롤로 궁은 이 일대에서 가장 시선을 끄는 건축물이다. 가이드 투어를 신청하면 22층 전망대에서 시내 전체의 파노라마를 조망할 수 있다. 쇼핑 일번가인 플로리다 거리는 서울의 명동거리와 닮았다. 길지 않은 800m 구간에 온갖 패션 상품 매장이 즐비하고 거리 예술인들의 공연이 펼쳐진다.

만한 동선을 따라가는 것이다. 대통령궁과 공공건물들이 몰려 있는 도심 주변은 물론 남쪽 산 텔모 지구와 라 보카 지구까지 포괄하는 동선이다.

엘 아테네오는 오래된 오페라 극장을 리모델링해 만든 특이한 책방이다. 포르투갈 포르투의 렐루서점처럼 '세상에서 가장 아름다운 서점'으로 꼽힌다. 오페라 무대였던 곳은 분위기 있는 카페가 되었고, 독서 공간과 함께 십수만 권의 도서들이 구비된 복합 문화 공간이다.

지하철 트리부날레스 역 주변으로는 대법원 건물과 라바예 광장 그리고 세계 3대 극장에 포함된다는 콜론극장 등이 인접해 있어 여유롭게 주변을 거니는 이들이 많다.

콜론 극장 앞으로 뻗어난 7월9일 대로는 도심 복판을 남북으로 종에서 홀로 사는 남자들이 향수를 달래는 소소한 일상의 모습이다. 쉬는 날이면 일터에서 쓰다 남은 페인트를 얻어와 자기 집과 주변에 색칠을 하고 그림을 그려봤다. 그런 이들이 하나둘 늘어나면서 항구 마을 외벽들이 점점 울긋불긋 멋진 그림들로 채워져 갔다.

세월이 흘러 베니토 킨켈라 마르틴이라는 이 지역 미술가가 오랜 시간을 들여 거리를 다시 꾸미고 정비했다. 라 보카 지구가 오늘날 여행 명소로 만들어진 건 그의 정성과 노력 덕분이다. 라플라타 강 앞 큰길에는 왼손을 주머니에 넣고 마을 쪽을 지그시 바라보는 그의 동상이 서 있다.

아르헨티나 여행에선 탱고 공연 관람 또한 빼놓을 수 없다. 하루 여행 일정을 마친 저녁에는 5월 광장과 7월9일 대로 사이에 있는 오래된 카페 토르토니를 찾아가면 좋을 것이다. 1층에서 저녁식사를 마치면 지하로 이동하여 8시 반에 시작하는 탱고 공연을 즐길 수 있다. 물론 예약이 필수다. 장국영, 양조위 주연의 왕가위 영화 《해피 투게더》에 나왔던 산 텔모 지역의 탱고 카페 '바 수르(Bar Sur)' 또한 유명하다. 2020년 봄에 10부작으로 방영됐던 JTBC 여행 프로그램 '트래블러-아르헨티나 편'에서도 이 탱고 카페가 등장한다. 비프 스테이크로 저녁식사를 마친 3인의 배우들이 영화 속 현장을 찾아가 넋을 잃고 탱고를 관람하는 장면이다. 등장인물들이 바뀌었고, 영화에선 흑백 영상이었지만 TV로는 칼라 영상이라는 차이만 있었지 카페의 모습과 분위기는 영화 속 25년 전 그대로였다.

이런 여정들을 포함하여 이 도시의 주요 명소들을 골고루, 짜임새 있게 둘러보는 효율적인 루트를 소개한다. 물론 두 발로 걸어서 다닐

📍 트레킹 루트 (10km)

엘 아테네오 서점(El Ateneo Grand Splendid) - 대법원(Corte Suprema de Justicia) - 라바예 광장(Plaza Lavalle) - 콜론극장(Teatro Colón) - 7월9일 대로(Av. 9 de Julio) - 오벨리스코(Obelisco) - 연방의회(Congreso de la Nación Argentina) - 의회 광장(Plaza del Congreso) - 바롤로 궁(Palacio Barolo) - 카페 토르토니(Café Tortoni) - 플로리다 거리(Av. Florida) - 대성당(Catedral Metropolitana) - 5월 광장(Plaza de Mayo) - 카사 로사다 대통령궁(Casa Rosada) - 여인의 다리(Puente de La Mujer) - 데펜사 거리(Calle Defenza) - 산 텔모 벼룩시장(Feria de San Telmo, 도레고 광장) - 현대미술관(MACBA, Museo de Arte Contemporáneo) - 코스타네라 수르 생태 보호구역(Reserva Ecologica Costanera Sur) - 라 보카(La Boca) 지구 까미니토(Caminito) 거리 - 베니토 킨켈라 마르틴 조각상(Escultura Benito Quinquela Martín)

요, 다른 한 면은 대중을 향해 미소 짓는 모습이다. 부에노스아이레스 여행은 에바 페론을 만나면서 시작되는 것이다.

여행 측면에서만 보면 이 도시를 대표하는 명소는 남쪽 라 보카 지구의 항구 마을에 있는 카미니토 거리일 것이다. 150m도 안 되는 이 짧은 거리와 주변 일대는 형형색색 화려한 색감의 미술작품들로 들어찼다. 대부분 낡고 오래된 벽돌집과 양철집들이지만 외벽과 주변의 그림과 조각품들은 미술 문외한이 보아도 한결같이 아름답고 세련된 작품들이다.

이 지역은 19세기 말부터 이탈리아 등 유럽에서 이민 온 부두 노동자와 선원들이 모여 살던 빈민촌이었다. 그들은 낮엔 기름옷을 입은 채 땀에 절어 노동을 하고, 밤이 되면 말끔한 양복으로 갈아입곤 길거리 여인네와 술잔을 들이키며 탱고 춤을 추곤 했다. 머나먼 타향

아르헨티나
부에노스아이레스

　　영화 《모터싸이클 다이어리》와 《에비타》의 주인공은 체 게바라와 에바 페론이다. 둘 다 30대에 세상을 떠났고, 가난하고 약한 자들의 편에서 살았다는 공통점이 있다. 둘 다 아르헨티나 사람이라는 것 또한 닮은 점이다. 아르헨티나 중산층 가정에서 태어나 부에노스아이레스 의과대학생이던 24세의 체 게바라는 8개월간의 중남미 무전여행을 통해서 자신의 인생 목표를 수정했다. 그러곤 고향을 떠나 쿠바 혁명에 참여한 후 39세 때 볼리비아에서 교전 중 사망했다.

　　비참한 어린 시절을 보낸 에바 페론은 천신만고 끝에 연예인으로 성공하여 후안 페론 대통령의 영부인으로 살다가 33세에 암으로 세상을 떠났다. 부에노스아이레스 도심인 7월9일 대로를 걸어본 여행자들은 누구나 10층 건물 외벽에 그려진 2개의 에바 페론 초상화에 깊은 인상을 받는다. 한 면은 그녀가 마이크 앞에서 연설하는 모습이

습이다.

　북미 대륙을 떠들썩하게 했던 남녀 3인조 은행 강도범들은 수배를 피해 미국을 탈출했고 이곳 남미 파타고니아로 숨어들었다. 몇 년을 숨어 살다 보니 그들이 도피해 살기엔 그야말로 지상낙원인 곳이었다. 마지막 한탕을 위해 볼리비아로 올라갔다가 군인들에게 사살되기 직전까지도 둘의 머릿속은 파타고니아에서의 멋진 제2인생으로 가득했을 것이다. 피츠로이 세로토레 트레킹은 100년 전 두 갱스터가 그렇게도 눌러살기를 원했던 지역을 대신 밟아보는 여정이다.

치이기도 하다. 빙하 호수 앞에서 수직으로 솟은 고봉과 마주하는 첫 순간이 피츠로이 트레킹의 절정이라면, 세로토레 트레킹에선 호수에 도착 후 거대 빙하에 최대한 가까이 다가가는 1시간 여정이 하이라이트이다. 호수 맞은편의 그란데 빙하는 금방이라도 얼음절벽을 허물며 호수를 덮을 듯 거대하다. 호수 뒤에 펼쳐진 세로토레와 형제봉들이 빙하와 어우러져 장관을 연출한다. 빙하 바로 앞 마에스트리 전망대까지 올라가는 구간은 매력적이고 역동적이긴 하지만 거친 바람에 맞서는 가파른 너덜길이라 추락 위험도 상존한다.

오래된 영화 《내일을 향해 쏴라》를 기억하는 이들은 특히 엔딩 장면이 눈에 선할 것이다. 최후를 직감한 두 남자가 포위한 군인들을 향해 쌍권총을 쏘아대며 뛰쳐나오는 모습이 화면 가득 클로즈업된다. 이윽고 화면이 정지되며 '탕! 탕! 탕!' 세 발의 총성과 함께 영화는 끝난다. 인상 깊은 엔딩 장면이다. 엘 칼라파테에서 엘 찰텐으로 가는 버스의 중간 휴게소에 들르면 이 영화를 떠올리게 된다.

휴게소 안을 서성이다가 벽에 붙은 지명 수배 전단지 한 장에 눈길이 꽂힌다. '사살 또는 생포 시 현상금 $4,000'이란 문구에 살벌함 따위는 느껴지지 않는다. 액자에 고이 모셔진 오랜 옛날의 유물인 것이다. 사진 속 범인의 얼굴은 영화에서 폴 뉴먼이 분했던 실제 인물 '부치 캐시디'이다. 영화의 원 제목도 주인공 둘의 이름을 딴 《부치 캐시디와 선댄스 키드》이다.

수십 년 세월을 증명하듯 싯누렇게 바랜 수배 전단지 옆으로, 흐릿한 사진 한 장도 눈길을 끈다. 영화에서 캐서린 로스가 분했던 실제 여성과 함께 부치와 선댄스, 셋이 함께 찍은 사진이다. 자신들의 삶이 비극으로 끝나리라곤 상상도 못 했을 한때의 오붓하고 행복한 모

네가 그 하나이고, 서쪽 절반을 점하는 아르헨티나 땅의 피츠로이(Fitzroy)와 세로토레(Cerro Torre) 트랙이 나머지 둘이다. 접근성이나 난이도 면에서 토레스 델 파이네보다 쉬운 피츠로이 세로토레 트레킹은 단순하기까지 하다. 관문인 엘 찰텐 마을에 2~3일 머물면서 각각 당일치기로 다녀오는 루트다. 두 코스 각각 왕복 10시간 정도씩 소요된다.

피츠로이 트랙의 정상에 오르는 1시간여 하이라이트 구간에선 파타고니아가 왜 '바람의 땅'인지를 온몸으로 실감한다. 정상인 로스트레스 호수 앞은 해발 3,405m 피츠로이 봉을 가장 가까이에서 조우하는 지점이다. 파타고니아 지역의 장관이 한눈에 내려다보이는 위

📍 피츠로이 트랙 (왕복 21km)

엘 찰텐(El Chalten, 400m) - 4.3km - 피츠로이 전망대(Mirador del Fitz Roy, 730m) - 4km - 포인세노트 캠핑장(Campamento Poincenot, 720m) - 0.7km - 리오블랑코 캠핑장(Campamento Rio Blanco, 760m) - 1.5km - 정상 로스트레스 호수(Laguna de los Tres, 1180m) - 1.5km - 리오블랑코 캠핑장 - 0.7km - 포인세노트 캠핑장 - 4.5km - 카프리 호수(Laguna Capri, 760m) - 3.8km - 엘 찰텐

📍 세로토레 트랙 (왕복 24km)

엘 찰텐(El Chalten, 400m) - 3.5km - 세로토레 전망대(Mirador del Cerro Torre, 510m) - 5.5km - 아코스티니 야영장(Campamento de Agostini, 610m) - 0.5km - 토레 호수(Laguna Torre, 630m) - 2.5km - 마에스트리 전망대(Mirador Maestri, 790m) - 12km - 엘 찰텐

아르헨티나
피츠로이 세로토레

　　탱고, 부에노스아이레스, 축구선수 마라도나, 말벡 와인, 에비타 에바 페론, 그리고 '돈 크라이 포 미 아르헨티나'. 이들의 공통점이 뭘까. 머나먼 땅 남미의 어딘가가 금세 떠오를 것이다. 붉은 열정의 나라 아르헨티나, 세계 8위의 면적, 남미 대륙에선 브라질 다음이요, 우리나라보단 200배 넓은 나라. 이 광대한 땅의 남단 파타고니아 지역엔 글레이셔 국립공원이 펼쳐진다. 이곳까지 내려온 안데스 산맥 만년설이 녹아내려 빙하호수를 이뤘고. 거대한 빙원과 빙하 절벽들로 이뤄진 대자연이다. 아직까진 인간의 손때가 덜 묻은 곳으로 정평이 나 있다.
　　공원 내 일반 관광지로는 모레노 빙하가 가장 많이 알려져 있지만, 세계의 도보여행가들에겐 세 군데의 아름다운 트레킹 루트가 유명하다. 파타고니아의 동쪽 절반인 칠레 땅에 속한 토레스 델 파이

📍 3일 차 : 공원 남부

　파운틴 페인트 팟(Fountain Paint Pot)과 미드웨이 간헐천(Midway Geyser Basin)은 온천수가 펄펄 끓는 머드 스팟(mud spot)으로 각각 1시간 정도씩 트레킹하는 구간이다. 옐로우스톤을 대표하는 올드 페이스풀은 사방 180도에 객석의자를 두었다. 단체 관람석이다. 폭발하는 굉음과 함께 뜨거운 온천수를 50m 높이까지, 거의 1시간 주기로 5분씩 분출한다. 마지막 코스인 웨스트 썸 간헐천(West Thumb Geyser Basin)은 1시간 정도의 느긋한 산책길이다.

　옐로우스톤 국립공원까지는 직항 비행기가 없다. 인근 솔트레이크 시티에 내려 소형 비행기로 갈아타야만 옐로우스톤 소공항에 내릴 수 있다. 그러고는 렌트카로 와이오밍주 코디(Cody) 지역으로 이동하면 공원 동문(East Entrance)에 이른다. 공원 입구는 동서남북 총 4개인데 동문부터 시작하는 게 좋다. 매년 5월부터 9월까지만 개방한다. 공원 안에 몇 개의 호텔과 펜션이 있으나 비싸고 예약이 쉽지 않다. 공원 인근에 있는, 자동차 1시간 거리의 숙소 등을 이용하는 것이 경제적이다.

　생명체가 갓 태동하던 시대의 원시 지구 한 켠에서, 트레킹과 드라이브를 동시에 즐길 수 있는 곳이 옐로우스톤 국립공원이다. 공원 바로 남쪽에 이어진 그랜드 티톤 국립공원(Grand Teton National Park)도 이왕이면 거쳐 가는 게 좋다.

트레킹을 즐긴다. 캐니언 빌리지로 옮겨 주차해 두고 휴식과 식사를 마친 후 정해진 숙소로 이동한다.

📍 2일 차 : 공원 북부

하트 오브 칼데라(Heart of Caldera)에 정차하면 주변 광활한 광경 전체가 한눈에 들어온다. 바로 이어서 마운트 와쉬번 트레일(Mount Washburn Trail) 5km를 한두 시간 트레킹 한다. 맘모스 핫 스프링스(Mammoth Hot Springs)는 둘째 날의 하이라이트다. 온천수가 솟아오르며 굳어버린 채 계단식 테라스 형태가 되었다. 독특하고 이질적인 지형의 2시간 트레킹 거리다. 이어서 골든 게이트(Golden Gate)와 노리스 간헐천도 깊은 인상을 남긴다.

로로 잘 연결되어 있다. 총 거리 250km이니 제주도 둘레와 거의 비슷하다. 평이한 구간들은 자가운전 차량으로 이동하고 명소들마다 차를 세워두고 트레킹 하는 방식이 옐로우스톤 여행엔 효율적이다. 3일 정도라면 공원 주요 명소들은 거의 들러서 트레킹 할 수 있다.

📍 1일 차 : 공원 동남부

머드 볼케이노에서 옐로우스톤의 상징인 간헐천과 들소(바이슨)들을 처음 만난다. 가스를 포함한 열수와 수증기를 주기적으로 솟아내는 크고 작은 온천들을 바라보며 편안한 보드워크를 1시간 정도 트레킹 한다. 하이든 밸리(Hayden Valley)의 광활한 경관을 감상하고 아티스트 포인트(Artist Point) 아래 계곡으로 내려가 한두 시간

컹하고 점도 높은 유체에 가깝다. 화산의 분화구 같은 틈새만 보이면 어디로든 분출하려는 뜨거운 욕망을 숨긴 채, 우리의 발아래를 유유히 흐르고 있다.

옐로우스톤 일대의 지표면은 지질 구조상 맨틀층과 가장 가깝다고 한다. 상대적으로 얇은 지각층의 지하수는 뜨거운 맨틀과 가까워 당연히 뜨겁게 달궈질 수밖에 없는 것이다. 끓어오른 지하수가 전기밥솥이 내뿜는 증기처럼 꾸역꾸역 지표면으로 솟아오른다. 온천과 간헐천 같은 뜨거운 지질 구조가 생겨나는 이유 중 하나다.

옐로우스톤은 또한 야생동물과 인간이 평화롭게 조우하는 특별한 곳이기도 하다. 수많은 서식 동물들 중에서도 아메리카 들소인 바이슨과 사슴의 일종인 엘크 그리고 곰, 이들 세 종류가 옐로우스톤을 대표한다. 누군가 멀리서 곰 한 마리라도 발견할라치면 소리를 지르고 일대엔 난리가 난다. 주변에 있던 모두가 곰 쪽을 향해 길을 멈추고 카메라 셔터를 누르기 바쁘다. 워낙 멀어 자그마한 모습인데도 "나 드디어 곰 봤다!" 하는 듯 모두가 즐겁고 흡족한 표정들이다.

들소인 바이슨은 워낙 자주 보여 시간이 갈수록 심드렁해진다. 여러 마리가 떼를 지어 도로를 막는 바람에 차량들이 정체되기 일쑤다. 덩치들이 워낙 거대해서 차나 사람들에게 달려들지나 않을까 겁도 나지만 대체로 양순한 편이다. 일상에선 쉽게 볼 수 없는 야생동물들을 만나는 것도 정겹지만, 그들을 대하는 인간들 모습이 더 정겹고 재미난 곳이 옐로우스톤이다.

공원 전체는 제주도 면적의 다섯 배에 가깝다. 그러나 일부 핵심 지역만 관광용으로 개발되어 이들 주변은 아라비아 숫자 '8' 모양의 도

　오랜 세월 매일 정해진 시간에 일정한 횟수만큼 약속된 장관을 연출해준다. 마치 인간이 그 빈도와 시간을 맞춰 놓은 놀이공원 분수처럼 정확하게 작동한다. 50m 넘게 솟구쳐 오르는 물줄기가 5분 가까이 굉음을 일으킨다. 모여든 여행객들이 질러대는 환호와 함성이 어우러져 멋진 화음을 만들어낸다.

　반지름 6,000km의 지구상에서 우리가 발 딛고 서 있는 단단한 지각은 그 두께가 고작 수십 킬로미터 정도다. 지각 아래의 땅덩이 절반은 뜨거운 맨틀층이다. 완전 고체도 아니고 완전 액상도 아닌, 물

Thumb) 간헐천 등 옐로우스톤 어디를 걸어도 실감할 수 있다. 생명체로서의 대지가 우리 두 발 아래서 쉼 없이 꿈틀거리고 있는 것이다.

　　간헐천(Geyser Basin)은 뜨거운 수증기와 가스류를 일정한 간격에 따라 정기적으로 내뿜는 온천을 말한다. 전 세계 간헐천의 3분의 2가 옐로우스톤에 몰려 있다. 공원 남쪽에 있는 올드 페이스풀(Old faithful Geyser)은 옐로우스톤의 상징이나 다름없다. 주변을 걷던 이들이 정해진 시간만 되면 이곳으로 모여든다. 수십 미터 높이까지 분출되는 온천수를 구경하기 위해서다.

기했지만 누구도 믿으려 하지 않았다. 땅과 호수가 흔들리고, 거기에 대지가 숨을 쉬듯 주기적으로 뭔가를 뿜어낸다는 말이 모두에게 얼마나 황당하게 들렸을까.

그랜드캐니언과 요세미티가 중후 장대의 화려한 수식어로 많이 묘사되지만 옐로우스톤에 비한다면 움직임 없는 정물과 다름 없다. 옐로우스톤의 자연은 역동적이다. 처음 발견되던 150년 전과 똑같은 상태로 수천 혹은 수만 년 세월 동안을 살아 숨 쉬어 왔다.

공원 북쪽 일대의 맘모스 핫 스프링스(Mammoth Hot Springs)와 노리스 간헐천(Norris Geyser Basin) 일대를 걷노라면 알 수 있다. 발바닥을 통해 그르렁그르렁 생생한 진동이 느껴진다. 땅속 어딘가에 숨겨진 거대한 심장의 박동인 것이다. 거칠게 몰아쉬는 대지의 숨결일 수도 있다. 머드 볼케이노(Mud Volcano)나 웨스트 썸(West

227

미국
옐로우스톤 국립공원

　　미국의 3대 국립공원이라면 어디가 가장 먼저 떠오를까? 그랜드캐니언(Grand Canyon) 아닐까? 그다음에 요세미티(Yosemite)와 옐로우스톤(Yellowstone)이 뒤를 이을 것이다. 우리나라 사람들은 셋 중 어디를 더 많이 갔을까? 대략 3:2:1 정도가 아닐까.

　　이런 비율은 교통편 등 접근성과도 연관이 있다. 미국 지도를 놓고 보면, 그랜드캐니언과 요세미티는 LA나 샌프란시스코에서 자동차로 쉽게 갈 수 있다. 반면 옐로우스톤은 대도시와는 거리가 너무 멀다. 항공편을 이용하는 게 수월하다. 그럼에도 불구하고 내륙 깊숙한 그곳까지 꼭 한 번 가봐야 할 이유는 있다. 미국을 넘어 전 세계 최초로 지정된 국립공원이기 때문이다.

　　150년 전 이곳을 처음 발견한 서구인들은 눈앞에 펼쳐진 광경에 다들 놀라 자빠졌다. 고향에 돌아가 자신들이 본 대로 사실을 이야

라보며 걸을 수 있다는 매력도 크다. 비치 트레일을 걷는 도중에 30분 정도 들어갔다 나오면 금상첨화인 보너스 코스다.

📍 하이 포인트 트레일(High Point Trail 0.1km)

또 한 군데 보너스 코스로 하이 포인트 트레일이 있다. 역시 비치 트레일을 걷는 도중에 잠깐 올라갔다 내려오면 아주 좋다. 왕복 100m도 안 되는 초단거리 계단길이지만, 목적지인 하이 포인트 오버룩(High Point Overlook)에 오르면 이 공원 내에서 가장 멋지게 주변 경관 파노라마를 조망할 수 있다. 공원 방문자 센터 100m 전방에 코스 입구가 있어 찾기도 쉽다.

토리 파인즈 주립공원 안에는 이 외에도 레이저 포인트 트레일(Razor Point Trail)과 패리 그로브 트레일(Parry Grove Trail) 그리고 브로큰 힐 트레일(Broken Hill Trail)을 포함하여 5개 트레일이 더 있다. 그러나 특별한 목적이 아니라면 이 3개 트레일을 걷는 것만으로도 충분하다. 코스 경관과 분위기들이 얼추 비슷하고 중복되기 때문이다.

　출발지였던 남쪽 해변 주차장까지 1.3km를 검은색 모래사장을 따라 느긋이 걸어가면 비로소 비치 트레일 루프 한 바퀴 종주가 끝난다. 트레일 종주가 목적이 아니라면, 플랫락에 내려선 후 방향을 남쪽으로 틀어볼 수도 있다. 모래사장을 따라 2km만 내려가면 누드촌으로 유명한 블랙스 비치(Black's Beach)다. 안전한 지역에서 이질적인 문화를 살짝 엿볼 수 있는 기회이기도 하다.

◉ 가이 플레밍 트레일(Guy Fleming Trail 1.2km)

　그다음으로 인기 있는 코스는 가이 플레밍 트레일이다. 비치 트레일 출발지에서 방문자 센터까지 걸어오는 도중 800m 지점에 이 코스로 들어갔다가 나오는 트레일헤드가 있다. 가이 플레밍 트레일로 들어가서 1.2km를 한 바퀴 돌아나오는 지점이다. 거리는 짧지만 소나무 중에 희귀종이면서 지구상에 멸종 위기에 놓인 토리파인 나무들을 가장 잘 관찰할 수 있는 코스라는 데에 의미가 크다. 또한 코스 내에 서식하는 온갖 야생화들과 함께 북쪽 토리 파인즈 스테이트 비치부터 남쪽 라호야 코브(La Jolla Cove)까지의 해안선을 멋지게 바

♀ 비치 트레일 루프(Beach Trail Loop 3.7km)

토리 파인즈 스테이트 비치 남쪽 주차장(South Beach Lot) - 공원 방문자 센터 - 비치 트레일헤드(Beach Trailhead) - 플랫락(Flat Rock) - 비치 남쪽 주차장

　가장 인기 있는 코스가 해안 절벽을 내려서며 모래사장을 한 바퀴 돌아오는 비치 트레일 루프다. 총 거리 3.7km에 고도차 110m인 순환코스다. 천천히 걸어 1시간 반이나 2시간 정도 걸린다. 공원 북쪽 해변인 토리 파인즈 스테이트 비치에는 북쪽 주차장(North Beach Lot)과 남쪽 주차장(South Beach Lot)이 1km 거리를 두고 있는데, 남쪽 주차장이 비치 트레일 출발점이다.

　주차장과 이어진 노스 토리 파인즈 파크 로드를 따라 1.3km를 서서히 올라가면 공원 방문자 센터가 나타나고 비치 트레일헤드 팻말이 보인다. 해발 110m에 불과하지만 '헤드'란 이름대로 인근에서 가장 높은 지점이다. 이곳까지는 완만한 오르막 길이고, 차량이 다니는 도로지만 안전하고 쾌적하다. 헤드부터는 오른쪽으로 90도 방향을 틀면서 차도를 벗어난다. 듬성듬성 사막 식물들이 자라는 모래길을 따라 해안까지 1.1km를 내려간다. 경사가 급한 곳도 있고 바위 사이로 미끄럼이 심한 구간도 있어 주의가 필요하다.

　이윽고 해안가인 플랫락에 내려서면 북쪽으로 방향을 틀어 해변을 따라 걷는다. 길게 펼쳐진 북태평양 해안선이 아늑하게 다가온다. 오른쪽으로 높게 솟은 해안 절벽들은 특히 인상적이다. 수천만 년 전 해양 침전물이 퇴적된 샌드스톤(sandstone) 절벽들이다. 바닷물과 바람에 깎이고 다듬어졌는지 누렇게 속살을 드러낸 채 다양한 무늬를 뽐내고 있다.

에고 북쪽 해안 일대에 드물게 형성된 녹색 지대를 말한다. 공원 한가운데는 PGA 투어로 유명한 토리 파인즈 골프 코스가 드넓게 포진해 있다.

　해안가 낮은 언덕에 넓게 자리한 이 주립공원에는 쾌적한 분위기에서 편안하게 걸을 수 있는 짧은 트레킹 코스가 8군데 있다. 이들 중에서 가장 인기 있고, 접근성이 편리하면서 함께 묶어 걸을 수 있는 코스 3개를 소개한다.

는 경우가 많았다.

　칠레 수도 산티아고와 쿠바 제2의 도시인 산티아고 데 쿠바가 그런 경우다. 미국 서부의 샌디에고(San Diego) 역시 마찬가지다. 세 도시 모두 스페인 정복자들에 의해 건설되어 한동안 스페인 땅이었고, 도시 이름 역시 모국의 지명인 산티아고에서 따왔다.

　캘리포니아 남부의 샌디에고는 부유한 은퇴자들의 휴양도시로도 정평이 나 있다. 사시사철 쾌적한 날씨가 유지된다. LA 도심에서는 2시간 반 거리지만 멕시코 국경까지는 30분밖에 안 걸린다. 북태평양에 면한 항구도시라 샌디에고 여행의 키워드로는 해안선인 '비치'를 빼놓을 수 없다.

　해외 여행지를 고를 땐 '자연보호구역'으로 지정된 곳이라면 일단은 믿을 만하다. 그 앞에 '국립'이나 '주립'이란 단어가 붙으면 더 확실하다. 샌디에고의 '토리 파인즈 주립 자연보호구역(Torrey Pines State Natural Reserve)'도 그런 곳이다. 지도를 펼쳐놓고 보면 샌디

미국
토리 파인즈 트레일

　　　　　산티아고 순례길의 목적지는 성 야고보의 유해가 모셔진 도시 산티아고 데 콤포스텔라다. 스페인 북서부 갈리시아 지방에 속한다. '산티아고'는 예수 열두 제자 중 한 사람인 '성(聖, San) 야고보(Tiago)'의 스페인식 이름이다. 예수 사후 그는 스페인 지역에서 7년간 복음을 전파하다 팔레스타인으로 돌아가 유대왕에게 붙잡혀 순교했고, 그의 시신은 유언에 따라 스페인 땅으로 옮겨져 묻혔다.

　　800년이 지난 어느 날 '별(Stela)이 빛나는 벌판(Compos)'에서 그의 유해가 발견된 것이 산티아고 데 콤포스텔라(Santiago de Compostela)란 도시의 탄생 기원이 되었다. 다시 700년의 세월이 흐른 대항해 시대, 콜럼버스가 신대륙을 발견하면서 스페인 개척자들이 아메리카 대륙을 야금야금 정복해갔다. 그 과정에서 새로운 도시들이 하나둘씩 생겨났고, 도시 이름도 모국인 스페인 지명에서 따오

📍 루아페후 산 둘레길(Round the Mountain)
순환 66km, 5일 소요

통가리로 국립공원 내 3개의 활화산 중 루아페후 산(2,797m)은 북섬의 최고봉이다. 북섬에서 유일하게 스키장이 있는 산이기도 하다. 그만큼 산세가 다양하다는 의미다. 이 산 주변을 한 바퀴 도는 순환 코스로 정식 명칭은 '라운드 더 마운틴 서클 트랙'이다. 산 능선을 따라 초원과 빙하 계곡과 원시림을 걸으면서 마오리 족의 다양한 문화를 접할 수 있다. 노선상에 6개의 숙박용 산장(hut)도 있지만 아무 곳이나 편하게 텐트를 치고 야영할 수도 있다.

루아페후 산중턱 해발 1,650m까지 고도차 500여 미터를 오르고 내린다. 우리와 계절이 반대인 특성상 동절기를 피하여 11월 중순에서 5월 중순까지가 트레킹 적기이다. 북섬 최고 높이의 산을, 걷기보단 분위기만 느껴보고 싶다면 스키 리프트를 이용하여 중턱까지 편하게 올라갔다가 내려오는 방법도 있다.

📍 트레킹 코스의 선정

가족 단위 서너 시간이라면 타라나키 폭포 트랙이 좋다. 하루 시간이라면 어퍼타마 호수 트랙이나 난이도 높은 통가리로 알파인 크로싱을 택하면 된다. 이틀 동안의 트레킹이라면 통가리로 노던서킷을 절반만 걷는 것도 좋다. 알파인 크로싱 코스의 베스트 구간까지 겹치기 때문이다. 3~4일 이상의 시간이 있을 땐 통가리로 노던서킷과 루아페후 산 둘레길, 2개의 라운드 코스 중 하나를 택하면 된다.

오르고 내리는 것이다. 해발 1,200m에서 1,900m 정점까지 오르는 둘째 날이 가장 어렵지만 이후는 거의 내리막이다. 뉴질랜드의 9개 그레이트 웍스(Great Walks) 중 하나인 만큼 그에 상응하는 경이로운 풍광을 선사한다. 이틀째 날 하루는 통가리로 알파인 크로싱 코스의 전반부와 구간이 겹친다. 노선상에 세 곳의 산장(Hut)이 있고 산장 근처엔 유료 캠프장도 있다.

    9개 그레이트 웍스들 모두가 그렇듯 이 코스도 밀포드 트랙처럼 퍼밋(허가증)이 필요하다. 산장이건 캠핑장이건 모든 숙박 일정을 예약해야 한다. 환경청(DOC)에서 운영하는 사이트(http://www.greatwalks.co.nz)에 접속해 온라인 예약이 가능하다. 트레킹 출발점이자 종착지인 와카파파(Whakapapa) 방문자 센터에서도 예약은 가능하나 성수기에는 풀 부킹일 수도 있다.

초반 하산길도 급경사라 안전에 유의해야 하지만 에메랄드 레이크와 블루 레이크 등 그림처럼 신비한 색감의 호수 세 개를 만나며 감탄하기도 한다. 악천후이거나 초보자인 경우는 소다 스프링스나 사우스 크레이터까지만 올랐다 돌아오는 게 좋다. 시작점과 종착지가 반대 방향이기 때문에 돌아올 셔틀버스 시간을 미리 파악하든지 예약을 해두는 게 좋다. 하루 당일치기 트레킹으로 가장 인기 있는 코스다.

♀ 통가리로 노던서킷(Tongariro Northern Circuit)
순환 43km, 3일 소요

공원 내 3개 산 중 가운데인 나우루호에를 한 바퀴 도는 둘레길이다. 북쪽과 남쪽에 나란히 떨어져 서 있는 통가리로 산과 루아페후 산 사이를 통과하기도 한다. 화산 연기와 내음 속에서 활화산 능선을

📍 어퍼타마 호수 트랙(Upper Tama Lake Track)
왕복 21km, 하루 소요

공원 내 3개의 산 중 나우루호에 산(2,291m)은 가장 깊은 인상을 남긴다. 일본 후지산처럼 정삼각형으로 솟아오른 그 장엄한 외형 때문이다. 모든 코스의 시작점이자 종착점은 공원 내 와카파파(Whakapapa) 방문자 센터 주변이다. 센터에서 나우루호에 산과의 사이에는 로워와 어퍼 두 개의 호수가 있는데, 위쪽인 어퍼타마 호수(1,455m)까지 올라갔다 돌아오는 코스다. 출발지인 방문객 센터의 해발 1,140m와 비교하면 고도차 300여 미터를 조금 넘게 올라갔다 내려오는 수준이다. 통가리로 노던서킷과 루아페후 산 둘레길, 두 장거리 코스와 일부 구간이 겹친다. 나우루호에 산을 바라보며 점점 가까이 다가가는 운치가 대단하다.

📍 통가리로 알파인 크로싱(Tongariro Alpine Crossing)
편도 19.4km, 하루 소요

통가리로 산(1,967m) 중턱까지 올랐다가 반대편으로 내려오는 코스다. 망가테포포 주차장(Mangatepopo Car Park, 1,100m)에서 출발하여 레드 크레이터(Red Crater, 1,900m)까지 올랐다가 반대편 해발 800m까지 내려온다. 우리의 한라산 등반과 비슷한 난이도이다. 중턱인 소다 스프링스(Soda Springs)를 지나면 해발 1,650m에 광활한 고원이 펼쳐진다. 이곳 사우스 크레이터(South Crater)에서 거대한 분화구인 정상까지 고도차 250m를 오르는 구간은 강풍과 경사 때문에 가장 험난하다.

📍 **타라나키 폭포 트랙(Taranaki Falls Track)** : 순환 6km, 2~3시간 소요

초등학생도 함께 걸을 수 있을 만큼 편한 코스다. 타원을 이루는 남쪽 절반은 어퍼(Upper) 루트이고, 북쪽 절반은 로워(Lower) 루트이다. 낙차 20여 미터의 타라나키 폭포를 만나는 로워 루트는 통가리로 노던서킷 코스의 일부이고, 어퍼 루트는 루아페후 산 둘레길 일부 구간과 겹친다. 루아페후 산에서 녹아내린 빙하 물이 폭포로 흘러드는 물줄기와 같이한다. 가족 단위로 차를 몰고 놀러 왔을 때 잠깐 동안 트레킹을 즐기기에 적합하다.

려 섬 한가운데인 통가리로 지역에 정착했다.

어떤 연유로 이 땅의 신을 노엽게 했는지 어느 시절 강추위가 몰아쳤고 대지와 사람들이 얼음으로 얼어붙어버렸다. 마오리 신관이 고향의 신에게 이들을 녹일 수 있게 따뜻한 불을 보내 달라고 빌었다. 고향의 신으로부터 응답이 왔고 얼마 후 바다 밑 깊은 땅속으로부터 거대한 불이 건너왔다. 그와 함께 3개의 얼음산에서 불기둥이 솟아 일었다. 비로소 대지는 다시 따뜻해졌다. 이들 3개의 산은 천 년이 지난 지금까지도 그 옛날의 약속을 지켜 가끔씩 불을 솟아낸다.

통가리로 국립공원은 자연유산과 문화유산을 아우르는, 세계 최초의 유네스코 복합 문화유산 선정지이다. 뉴질랜드 최초의 국립공원이기도 하다. 거기에 영화 《반지의 제왕》 촬영지로도 유명하다. 통가리로 국립공원이 자랑하는 5개 트레킹 코스를 소개한다.

뉴질랜드
통가리로

　　천혜의 대자연으로 세계인의 부러움을 사는 곳이 뉴질랜드다. 걷기 좋은 아름다운 길들이 남섬과 북섬 전역에 펼쳐 있다. 네팔과 함께 명실상부 트레킹 천국으로 불린다. 뉴질랜드에는 모두 14개의 국립공원이 있다. 걷기 여행 측면에서 베스트 두 군데를 뽑으라면 남섬의 피요르드 국립공원과 북섬의 통가리로(Tongariro) 국립공원이다. 남섬의 피요르드는 세계 최고의 밀포드 트랙으로 유명하고, 북섬의 통가리로는 짧게는 3시간에서 길게는 일주일까지 다양한 트레킹 코스들이 골고루 포진되어 있다는 특징이 있다.

　　통가리로 국립공원은 나우루호에(Mt. Ngauruhoe), 루아페후(Mt. Ruapehu), 통가리로(Mt. Tongariro)라는 이름의 3개의 산으로 이뤄졌다. 3개 모두 여전히 활화산이다. 언제 불을 뿜을지 모른다. 마오리족 원주민들 사이에선 화산에 얽힌 오래된 설화가 있다. 옛날 옛적 남태평양 어느 조그만 섬에서 카누를 타고 온 마오리 족은 북섬에 내

있는 알파인 추모탑이 거대 설산을 배경으로 깊은 인상을 남기고, 코스 후반엔 주변 전체가 한눈에 조망되는 후커 전망대가 압권이다.

'100년 전 이 계곡은 빙하로 가득 채워져 있었다. 이 전망대 자리가 빙하의 바닥이었다. 지금 그 빙하는 계곡 위에 조금씩만 남아 있을 뿐이다. 빙하가 녹다 남은 얼음들이 정처없이 호수를 떠다니고 있다.' 이 일대의 지질 변천을 알려주는 안내 글도 인상적이다.

각각 20명 이내로 인원 제한이 있는 구름다리 3개를 지나면 비로소 후커 호수에 이른다. 둥둥 떠 있는 수많은 유빙들이 신비로운 연둣빛을 띠며 호수의 회색 톤과 묘한 대비를 이룬다. 호수 너머 끝자락에 후커 빙하로 덮인 마운트 쿡의 자태가 신비를 더한다.

📍 후커 밸리 코스 (왕복 15km, 4시간 소요)

후커 호수는 마운트 쿡의 빙하가 녹아내린 빙하 호수다. 고였다가 넘쳐흐르는 호수 물은 후커 강을 따라 남쪽 멀리에 있는 아름다운 호수 푸카키로 향한다. 후커밸리 코스는 후커 강을 거슬러 후커 계곡을 따라 빙하 호수까지 다녀오는 루트다. 오르막 내리막이 거의 없는 평지 트레킹이다.

'1914년 2월 마운트 쿡에서 산사태를 만나 숨져간 시드니 킹과 일행 셋을 기리며 동료이자 친구들이 세웠다.' 트레킹 초입에 홀연히 서

시 숨 고르기 후 다시 정상을 향한다. 한걸음 옮길 때마다 등 뒤의 시야도 시시각각 넓어진다. 뒤돌아보면 정면의 웨이크필드 산과 그 아래 짙은 회색의 뮬러 빙하호수가 바짝 따라붙는 형국이다. 마운트 쿡 봉우리를 중심으로 주변 설산들의 위용이, 산 아래 빌리지 주변과 극명하게 대비를 이룬다.

해발 1,805m에 자리 잡은 뮬러 헛은 30여 명을 수용 가능한 산장이다. 해발 2,000m도 안 되는 산악지형임에도 히말라야 설산 깊숙이 올라온 듯한 알파인 지형 분위기를 맛보게 해주는 곳이다.

 뮬러 헛 코스 (왕복 12km, 9시간 소요)

　해발 고도 차이는 물론 코스의 유형까지도 제주 한라산 성판악 코스와 많이 닮았다. 정상으로 가는 중턱에 실리 탄스라는 자그마한 호수가 사라오름 산정호수를 연상케 하고, 이곳까지 올라오는 데에 수많은 계단들 또한 한라산 등반 코스와 닮았다. 백록담 정상엔 분화구가 있지만 뮬러 헛 정상엔 하룻밤 머물 수 있는 '뮬러(Mueller)'라는 이름의 산장(hut)이 기다린다는 차이는 있다. 시작부터 코스가 매우 가파르다는 것도 한라산 등반과는 다르긴 하다.

　1,800개에 이르는 나무계단을 모두 밟고 나서야 산중턱 넓은 평원에 있는 작은 호수인 실리탄스와 마주한다. 호수 옆 의자에 앉아 잠

　가파른 산행 코스도 3개 있다. 해발 1,143m에 위치한 레드 탄스(Red Tarns)와 해발 1,250m의 실리 탄스(Sealy Tarns) 그리고 해발 1,830m까지 올랐다 내려오는 뮬러 헛(Mueller Hut) 코스다. 시작점인 빌리지 고도는 해발 760m이다. 이렇게 마운트 쿡 빌리지는 짧게는 2박 3일, 길게는 일주일 여정으로 머물며 주변을 트레킹 하기 좋은 리조트 휴양지이다. 이들 8개 중 가장 난이도 높은 뮬러 헛과 가장 인기 있는 후커 밸리, 2개 코스를 소개한다.

고속도로를 비켜나 좁아진 국도를 따라 호숫가를 30분 넘게 달리다 보면 마운트 쿡의 관문인 마운트 쿡 빌리지에 도착한다. 거대한 마운트 쿡 산군에 가로막혀 더 이상 길이 없어진 종점 마을이다. 원시와 문명, 현실과 비현실이 적당히 혼재된 듯한 분위기가 느껴진다. 넓은 평원이 거대한 병풍으로 둘러쳐진 모양새, 사방에서 수직으로 솟아오른 설산들의 위용이 그런 분위기를 만들어낸다. 푸카키 호수와 밀포드에서 느꼈던 천연색의 아름다움은 없다. 짙은 회색의 기운이 빌리지 주변을 잔뜩 에워싼다. '황량한 아름다움'이란 이런 걸 두고 하는 표현일 게다.

마운트 쿡 빌리지에서의 숙박지는 두 유형이다. 럭셔리한 허미티지 호텔(The Hermitage Hotel)이 있고, 배낭여행자들을 위한 도미토리식 호스텔이 YHA 등 서너 군데 있다. 트레킹은 대개 허미티지 호텔 앞이 출발점인데 호텔을 중심으로 8개 트레킹 코스가 적절하게 포진되어 있다. 모두 마운트 쿡 일대의 산과 계곡 그리고 빙하 호수 주변을 오르내리는 코스들이다.

먼저, 허미티지 호텔 주변 숲을 1시간 내외로 가볍게 산책할 수 있는 코스가 2개 있다. 일출이나 일몰 시간이면 근사한 경관을 선사해주는 가장 짧은 글렌코 스트림(Glencoe Stream) 코스, 그리고 울창한 삼림 지대를 걷는 1시간짜리 거버너스 부시(Governors Bush) 코스다. 멀리 떨어진 빙하 호수까지 다녀오는 2~3시간짜리 평지 트레킹 코스도 3개 있다. 마운트 쿡에 가장 가까워지는 후커밸리(Hooker Valley) 코스와 키아 포인트(Kea Point) 코스 그리고 타스만 빙하호(Tasman Glacier Lake) 코스다.

8개 포진해 있다. 만년설로 뒤덮인 아오라키 마운트 쿡 정상은 전문 산악인들에게 맡기고, 일반 트레커들은 마운트 쿡 아래의 이 코스들을 느긋이 트레킹 하는 것만으로도 충분한 기쁨과 성취감을 느낄 수 있다.

   남섬의 아름다운 도시 퀸스타운에서 6번과 8번 고속도로를 갈아타며 북으로 5시간을 달리면 푸카키 호수(Lake Pukaki)에 도착한다. 마운트 쿡에서 녹아내린 빙하가 남으로 흐르고 흘러 드넓은 호수가 되었다. 극도로 미세한 얼음 입자들이 만들어낸 호수의 아름다움을 표현하기에, 밀키 블루니 에메랄드니 하는 색감만으로는 식상하다. 주변 여러 곳에 버스가 정차해 있고, 잠시 버스에서 내린 이들은 하나같이 호수와 그 건너 설산들을 응시하며 감탄하고 서 있다.

뉴질랜드
마운트 쿡

　　뉴질랜드의 서던알프스는 남섬의 서해안을 남북으로 길게 이어가는 험준한 산줄기다. 아름다운 알프스가 유럽의 지붕으로만 있는 게 아니라 이름 그대로 적도 남쪽 망망대해의 섬에도 숨어 있는 것이다. 서던알프스 산맥의 최고봉은 해발 3,754m의 마운트 쿡이다. 원래의 이름은 '아오라키 마운트 쿡(Aoraki Mount Cook)'이다. '구름 뚫고 솟아오른 봉우리'라는 뜻의 마오리어 '아오라키'와 이 섬을 발견하여 서방세계에 알린 제임스 쿡 선장의 이름이 합쳐져 산 이름이 되었다. '아오라키'라는 단어에는 어딘지 주술적이고 원시의 기운이, '쿡'이란 이름에는 서양 문명과 현대 세계의 분위기가 묘하게 섞인 듯하다.

　　마운트 쿡 주변에는 호젓하게 걸을 수 있는 짧은 트레킹 코스들이

를 정점으로 2일간 등산하고 2일간 하산하는 3박4일 짧은 코스이다.

　밀포드 트레킹에는 가이드를 동반한 패키지 방식(Guided Walk)과 개별 참여 방식(Independent Walk), 2가지가 있다. '돈 많고 시간 없으면 패키지, 돈 없고 시간 많으면 자유여행'이란 식의 농담이 두 방식에 딱 들어맞는다. 비용 차이가 큰 만큼 트레킹 동안 들어가는 에너지 차이도 크다. 물론 개별 참여 방식이 저비용 고에너지 소비인 만큼 성취감은 비례하여 높아질 것이다.

　입산 인원은 하루 90명으로 제한된다. 여행할 수 있는 기간도 남반부의 하절기가 포함되는 10월부터 4월까지로 제한된다. 그러기 때문에 일 년 중 1만 6천여 명의 인원만 밀포드를 걸을 수 있다. 원시림이 잘 보존되는 비결 중 하나이기도 하다.

　뉴질랜드 환경청(DOC)에서 운영하는 홈페이지(http://www.greatwalks.co.nz)에서 예약을 해야 하는데 전세계 트레커들과 경쟁을 해야 한다. 여건이 어려울 경우는 일부 여행사들이 미리 확보해둔 개별 참여 예약권을 보다 비싼 가격에 매입하는 방식도 있다. 산티아고 순례길처럼 이정표가 자주 있고 트레커들도 많아 길을 잃거나 헤맬 위험은 거의 없다. 개별 참여 방식에서의 숙박은 지정된 숙소(hut)가 세 군데 있다. 기본 건물만 있는, 우리나라 지리산 등지의 산장과 비슷한 형태다.

　트레킹을 끝내면 인근에서 밀포드 협만(Milford Sound)을 항해하는 2시간 크루즈 여행을 추가하는 게 좋다. 트레킹 못지않게 세계적으로 유명한 관광 상품이다.

르드랜드 국립공원 안에 몰려 있다. 어느 면에서 보건 뉴질랜드 트레킹의 진수는 밀포드 트랙에 있다.

　밀포드를 다녀왔거나 선망하는 트레커들에겐 'The finest walk in the world'란 문구가 익숙하다. '세상에서 가장 아름다운 길'이라는 이 수식어는 오랜 세월 밀포드 앞에 따라붙는 수식어가 되어버렸기 때문이다.

　빅토리아 여왕의 도시 퀸스타운에서 3시간 버스를 타고, 이어서 작은 배로 테아나우(Te Anau) 호수를 건너면 글레이드 선착장이다. 밀포드 트랙은 이 선착장에서 강과 계곡을 끼고 산을 넘어 샌드플라이 포인트까지 이어지는 59km 원시림 길이다. 루트의 개척자인 퀸틴 맥키논(Quintin Mackinnon)의 이름을 딴 해발 1,154m의 맥키논패스

다. 남섬의 대자연을 대표하는 곳이라면 두 군데를 꼽을 수 있다.

섬의 맨 아래쪽 서남단을 중심으로 장쾌하게 펼쳐진 피오르드랜드(Fiordland) 국립공원과 그 위쪽으로 섬의 등뼈처럼 길게 뻗은 서던알프스(Southern Alps) 산맥이다. 두 지역을 대표하는 명소 딱 하나씩만 고르라면 간단하다. 피오르드랜드에는 아름다운 원시림 길 밀포드 트랙(Milford Track)이 있고, 서던알프스에는 뉴질랜드 최고봉인 마운트 쿡(Mount Cook)이 있다.

뉴질랜드의 '나인 그레이트 웍스(9 Great Walks)'는 국가 차원에서 지정한 9개의 트레킹 루트를 일컫는다. 환경청에서 엄선하여 관리되고 있으니 명실상부 뉴질랜드를 대표하는 아름다운 도보여행길이다. 이들 9개 루트 중 캐플러, 밀포드, 루트번 무려 3개 트랙이 피오

📍 덤플링 헛까지 3일 차 (19km)

민타로 헛(Mintaro Hut, 610m) - 3km - 매키논패스(Mackinnon Pass, 1154m) - 7km - 퀸틴 롯지(Quintin Lodge, 250m) - 2.5km - 서덜랜드 폭포(Sutherland Falls, 400m) - 2.5km - 퀸틴 롯지(Quintin Lodge, 250m) - 4km - 덤플링 헛(Dumpling Hut, 110m)

📍 종착지까지 4일 차 (18km)

덤플링 헛(Dumpling Hut, 110m) - 6.5km - 맥케이 폭포(Mackay Falls) - 6km - 자이언트 게이트 폭포(Giant Gate Falls, 100m) - 5.5km - 샌드플라이 포인트(Sandfly Point, 0m)

📍 클린턴 헛까지 1일 차 (5km)

글레이드 선착장(Glade Wharf, 180m) - 1.5km - 글레이드 하우스(Glade House, 200m) - 3km - 클린턴 계곡 습지(Clinton Valley Wetland, 180m) - 0.5km - 클린턴 헛(Clinton Hut, 190m)

📍 민타로 헛까지 2일 차 (17km)

클린턴 헛(Clinton Hut, 190m) - 7km - 히레레 쉼터(Hirere Shelter) - 5.5km - 폼폴로나 롯지(Pompolona Lodge, 410m) - 4.5km - 민타로 헛(Mintaro Hut, 610m)

뉴질랜드
밀포드 트랙

지금으로부터 천 년 전 어느 날 남태평양 타히티의 마오리족이 카누를 타고 오면서, 뉴질랜드에 사람의 발길이 처음 닿았다. 그들은 이곳을 '길고 흰 구름의 땅'이라는 뜻의 '아오 테아 로아(Ao Tea Roa)'라고 불렀다. 그로부터 600년이 지난 어느 날, 네덜란드인 아벨 타스만이 이 섬에 내렸다. 서양인으론 최초였다. 그는 고국 네덜란드 해안의 '질랜드'란 지명에 'New' 자를 붙여 이곳을 '뉴질랜드'라 이름 지었다. 다시 100년이 지난 어느 날엔 '캡틴 쿡'이란 별명으로 유명한 영국인 제임스 쿡이 이 땅에 내렸다. 그가 뉴질랜드를 탐험하고 고국에 알리면서부터 서양인들의 이주가 본격화되었다.

뉴질랜드는 남태평양 한가운데 2개의 섬으로 이뤄졌다. 북섬엔 국내 제1의 도시 오클랜드와 수도 웰링턴이 있고, 남섬은 천혜의 자연으로 유명하다. 여행자들에겐 아무래도 북섬보다는 남섬이 더 끌린

아메리카 대륙에 최초의 인류가 발을 디딘 건 2~3만 년 전의 일이다. 아프리카 땅에서 직립보행을 익힌 그들이 좀 더 나은 삶터를 찾아 해가 뜨는 방향으로 걷고 또 걷다 보니 베링해협을 건너게 된 것이다. 문명시대로 접어들고는 1492년 콜롬버스를 필두로 코르테스와 피사로가 아메리카에 발을 디디면서 대륙의 주인이 탐욕스런 유럽인들로 바뀌었다. 인디언과 인디오들의 아픈 역사를 어디서든 만날 수 있고, 대륙의 땅끝 파타고니아에선 베링해협을 건넌 이들의 후손들이 천신만고 끝에 이곳까지 닿았던 숨결을 느낄 수도 있다.

천 년 전 남태평양 마오리족이 카누를 타고 와 뿌리내려 살아온 땅 뉴질랜드, 수백 년이 지난 후 아벨 타스만과 캡틴 쿡이 100년 시차를 두고 발을 디디면서 유럽인들의 새로운 삶터가 되었다. 오랜 세월 원주민과 이주민들이 섞여 살며 천혜의 자연만큼은 정성을 쏟아 보호해왔다. 네팔과 함께 '트레킹 천국'으로 불릴 만하다.

chapter 2

오세아니아
북미 남미

Oceania
America

금까지는 베트남보다는 일본이나 중국 분위기가 우세했으나 이곳 재래시장만큼은 지극히 베트남스럽다. 현지인들과 관광객들이 함께 어울려 북적인다. 온갖 먹거리와 볼거리들로 넘쳐난다.

시장을 나와 응우옌 타이혹 거리로 들어서면 잠시 후 삼거리에서 민속문화 박물관을 만난다. 이 지역 옛 사람들의 삶의 모습들을 보여준다지만 박물관이라 하기엔 좀 빈약한 편이다. 응우옌 타이혹 거리에 있는 뗀끼고가도 여행객들이 많이 찾는 명소다. 1999년 호이안 구시가지가 유네스코 세계문화유산에 등재되기 전인 1985년에 이미 호이안 최초로 세계문화유산에 등재된 옛 가옥이다. 그러나 평범한 여행자 입장에서의 볼거리는 앞서의 풍흥고가와 꽌탕고가에는 못 미친다.

뗀끼고가를 나와 투본강변에 이르면 응우옌 타이혹 거리가 끝나는 사거리이다. 호이안 구시가지를 직사각형 루트로 거의 한 바퀴 순회한 셈이 된다. 사거리에서 투본 강에 놓인 안호이 다리를 건너면 호이안 구시가지를 벗어나 안호이 섬으로 넘어간다. 안호이 다리는 호이안 여행자들은 꼭 한번은 건너보는 다리이다. 대개의 호이안 여행자들은 안호이 섬의 명소인 야시장만큼은 꼭 둘러보기 때문이다.

다리 주변에서 남쪽으로 섬을 종단하는 응우옌호앙 거리 전체가 저녁이 되면 수십 개 노점상들로 들어차면서 일거에 야시장 거리로 변신한다. 수백 개의 홍등들이 불 밝히는 휘황찬란한 분위기로 변하는 것이다. 저녁에 한두 시간 거닐며 야경과 먹거리와 볼거리에 취하다 보면 호이안 여행의 마무리가 꽤 만족스러워진다.

통한다. 그중 하나가 화려한 색감을 자랑하는 광조회관 건물이다. 중국 광동 출신의 무역상들이 정착해 살면서 공동으로 건설했다. 동향인들끼리 모여 향수도 달래고 서로의 이권에 얽힌 문제도 상의했던 곳이다. 삼국지의 도원결의나 관우에 관한 그림, 조각품들이 많아서 중국을 여행하는 듯한 느낌을 들게 한다.

인근에 있는 복건회관은 중국 복건성 출신 화교 상인들이 힘을 모아 만든 향우회 건물이다. 호이안의 중국인 회관들 중에서 가장 규모가 크고 건물 문양이나 색감도 화려하다. 2개의 중국인 회관이 400m 간격을 두고 서있는 이곳은 호이안 구시가지를 동서로 가로지르는 쩐푸거리이다.

두 회관 사이인 이 중심 도로의 중간쯤에는 꽌탕고가라는 또 하나의 옛 가옥이 자리잡고 있다. 꽌탕이라는 중국 복건성 출신의 상인이 살았고 지금은 그 후손이 살고 있는 개인 집이다. 중국과 베트남 분위기가 혼합된 이 고택은 300년 가까운 세월에도 불구하고 내부 인테리어 등 가옥 전반이 옛 그대로 잘 보존된 것으로 정평이 나 있다.

삼국지 인물들 중에서 관운장에 대한 중국인들의 존경과 사랑은 유별나다. 신으로까지 추앙할 정도다. 쩐푸거리와 응우옌후에 거리가 만나는 삼거리에는 관운장을 모시는 사당이 있다. 330년 역사를 자랑하는 곳으로, 관평과 적토마 등 삼국지 속 인물이나 상황들을 그림과 조각 등의 형태로 만나볼 수 있다. 정식명칭은 꽌꽁 미에우(關公廟)이고, 한국인 여행객들에겐 관운장 사원 또는 관공묘로 불린다.

관공묘 바로 옆에는 호이안 최고 맛집으로 알려진 미쓰리가 있다. 유명세가 있어서 내용물에 비해선 좀 비싼 편이다. 관공묘에서 쩐푸거리 건너 투본강 쪽으로는 호이안 중앙시장이 자리한다. 지기 시작하여 두어 시간 정도 구시가 명소들을 둘러보고, 이어서 안호이 섬으로 넘어가 한두 시간 야시장을 거닐며 즐기는 정도라면 호이안 첫 여행으로는 가장 효과적이다.

호이안 구시가는 보행자 전용 도로가 많기 때문에 도심 외곽에서 버스나 택시를 내려야 한다. 혹시나 방문 예정지들을 미리 계획하고 왔다면 매표소에서 효율적인 패키지 입장권을 사는 게 좋고, 그게 아니라면 그냥 구도심으로 들어가면 된다. 오래된 전통가옥인 고가(古家)들을 방문하는 것이 호이안에선 중요한 여행 포인트다.

가장 먼저 만나는 풍흥고가는 '풍흥'이란 중국 상인이 지은 2층 목조가옥이다. 지을 당시인 240년 전에는 중국이나 동남아에서 수입해 온 물품들을 팔고 사는 상점이었고, 이후 지금까지는 후손들이 대를 이어 살고 있다. 베트남 전통양식에 중국과 일본풍이 가미된 건축 양식을 보인다.

풍흥고가와 인접한 내원교는 투본강의 지류인 하천 위에 놓인 다리이다. 돌다리 위에 나무 기둥과 기와지붕을 올린 화려한 외양이 독특하다. 호이안의 상징이자 랜드마크로, 베트남 2만 동(VND) 화폐에 등장할 정도다. 16세기 후반에 국제 무역항이던 이 일대는 중국인과 일본인들이 상권을 장악해 살고 있었는데, 당시의 일본인들이 중국인 마을과의 원활한 교역을 위해 이 다리를 건설했다. 때문에 '일본교'라고도 불린다. '내원교'란 이름은 '멀리서 온 사람들을 위한 다리'란 뜻을 내포한다. 당시엔 이 다리 앞까지 무역선이 들어왔기에 그들을 염두에 둔 작명이었던 것이다.

호이안에는 중국인 상인들이 거주해 살면서, 같은 고향 사람들끼리 모이던 향우회 건물이 여럿 남아 있다. 지금은 모두 관광 명소로

📍 트레킹 루트 (2km)

매표소 - 풍흥고가(馮興古家, Nhà cổ Phùng Hưng) - 내원교(來遠橋, Lai Vien Kieu) - 광조회관(廣肇會館, Cantonese Assembly Hall, Chua Quang Dong) - 쩐푸(Tran Phu)거리 - 꽌탕고가(Nhà cổ Quân Thắng) - 복건회관(福建會館, Hoi Quan Phuc Kien, Fujian Chinese Assembly Hall) - 미쓰리(Miss Ly) - 꽌꽁사당(關公廟, Quan Công Miếu) - 중앙시장(Chợ Hội An) - 민속문화 박물관(Bảo tàng Văn hoá Dân gian) - 뗀끼고가(進記古家, Nhà Cổ Tấn Ký) - 안호이다리(An Hoi Bridge) - 야시장(Chợ Đêm Hội An)거리

　두 도시의 또 다른 차이는 옛 문물의 보존 상태가 상반적이란 점이다. 후에의 역사 유적들은 공산 정권이 들어서며 봉건 잔재로 여겨져 방치됐고, 베트남 전쟁을 겪으며 철저히 파괴됐다. 반면에 호이안은 동남아 무역항으로서의 수백 년 유적들이 거의 훼손되지 않고 잘 보존된 지역으로 정평이 나 있다.
　여행자들에게 있어 호이안의 매력은 토착문화와 외래문물이 결합한 독특한 분위기일 것이다. 토속적이고 이국적인 면이 묘하게 섞여있는 것이다. 호이안 전체는 직경 8km의 둥근 원 정도의 넓이라서 여행지 또한 다양하다. 안방(An Bàng) 해변이나 미선(My Son) 유적지도 명소로 꼽히나, 호이안 여행의 핵심이자 영순위는 역시 올드타운 구시가이다.
　베트남은 사시사철 덥다. 뜨거운 한낮은 피해서 늦은 오후에 걸

베트남
호이안

     다낭 여행을 계획할 때는 대개 인근 도시 후에와 호이안까지도 염두에 두고 저울질하는 경우가 많다. 이왕 가는 김에 둘 중 하나? 아니면, 둘 다 묶어서 한번에? 이런 식이다. 현대풍의 다낭과 달리 두 도시는 복고적 옛 정취가 많이 남아 있다는 공통점이 있다. 그러나 후에와 호이안은 역사 문화적으로 특히 상반되고 대조적인 도시이다.

   후에는 베트남 수도가 1945년 하노이로 바뀌기 전까지 봉건 왕조의 왕도(王都)였다. 그런 만큼 후에는 베트남 전통 문화와 가장 연관이 깊은 도시다. 반면에 호이안은 외래문화의 영향을 가장 많이 받은 도시다. 16세기 이래 아시아와 유럽의 상선들이 수시로 기항하면서 무역도시로 번성했기 때문이다. 베트남에 기독교가 유입된 것도 호이안을 통해서였다.

마무리로선 꽤 좋은 방법이다.

　도심을 벗어나 시 외곽의 대표 명소로는 바나산과 오행산을 꼽을 수 있다. 현대적 테마파크 분위기의 바나산과 달리 오행산은 옛 정취 물씬 풍기는 유서 깊은 사원 느낌이다. 미케비치에서 남쪽으로 8km 내려간 해안 근처에 위치한다. 평지에 야트막하게 솟은 돌산 5개를 합쳐 오행산이라 부른다. 각각의 산에는 세상을 구성하는 다섯 물질인 불, 물, 나무, 쇠, 흙의 의미를 부여하여 화(火)산, 수(水)산, 목(木)산, 금(金)산, 토(土)산으로 불린다. 이들 중 여행객들이 가장 많이 방문하는 곳은 수(水)산이다.

　사후세계를 연상하는 커다란 자연 동굴 내부가 화려한 조명 속에 신비롭고 영적인 분위기를 연출한다. '서유기'의 손오공이 삼장법사의 제자가 되기 전, 옥황상제의 하늘세계를 소란케 한 죄로 500년간 갇혀 있던 곳이 바로 이 동굴이라는 말도 있지만 그렇진 않은 모양이다. 그곳은 중국 윈난성의 옥룡설산이 정설로 꼽힌다. 산 대부분이 석회암 대리석(Marble)으로 구성돼 있어서 '마블 마운틴'으로도 불린다. 계단을 오르내리며 동굴 사원과 외부 경관들을 둘러보는 데에 2시간이면 넉넉하다.

고 있다. 다낭 여행자라면 반드시 한두 번은 건너보는 한강의 명물 다리이다. 서쪽 꼬리부터 동쪽 머리까지 다리 전체가 거대한 용의 형상을 하고 있다. 차를 타고 지나기엔 아까운 구간이고 반드시 걸어서 건널 필요가 있다.

다리 건너 동쪽 해변은 '사랑의 부두'란 이름으로 여행자들을 끌어모으는 곳이다. 먹거리와 볼거리, 즐길 거리 등이 넘쳐난다. 이곳에서 바라보는 용다리와 주변 야경은 홍콩 침사추이 해변에 있는 '스타의 거리' 분위기에 버금간다.

미케비치는 선짜반도의 영흥사 아래부터 남쪽으로 길게 초승달처럼 펼쳐진 모래사장 해변을 일컫는다. 포괄적으로는 남쪽 오행산 인근 해변까지 10여km에 달하지만 여행자의 입장에서의 미케비치 범위는, 가장 인파가 붐비는, 보반 키에트 도로와 팜반동 도로 사이의 1km 구간이다. 『포브스(Forbes)』지 2005년 6월호에 '세계 6대 매력적인 해변(World's Most Luxurious Beaches)'에 선정돼 실리면서 더 유명해졌다. 부산 해운대나 제주 중문 등 아름다운 해변 정경에 익숙한 우리 한국인 입장에서는 과도한 기대가 실망을 낳을 수도 있다.

아시아파크 선월드는 선(Sun)그룹에서 운영하는, 우리의 롯데월드 같은 도심 놀이공원이다. 여행자로서 꼭 들러야 할 곳은 아니지만 이곳의 선휠(Sun Wheel) 대관람차만큼은 한번 타 볼 만하다. 런던의 런던아이와 같은 회전 기구다. 20여 분 동안 올라타 한 바퀴 돌면서 다낭 시 전체를 조망하는 것이다. 미케비치에서 택시로 15분 거리이고 도심 어디서건 택시로 10분 거리라 접근성도 좋다. 해가 막 떨어질 무렵 선휠을 타보고 내려서 다시 택시로 한강을 건너 사랑의 부두에서 용다리 야경과 함께 저녁 시간을 보낸다면 다낭 하루 일정의

면 수탉 모양의 풍향계가 보인다. '새벽 수탉이 우는' 성경 내용과 연관이 있어서 '수탉 교회' 또는 '치킨 성당'이라는 애칭으로도 불린다. 혹은 외관 색상 때문에 '핑크 성당'으로 불리기도 한다.

참족은 말레이계의 베트남 소수 민족이다. 다낭을 포함하는 베트남 중부 지역을 기반으로 참파왕국을 일으켜 한동안 번영했었다. 한강변 서쪽 용다리 건너기 직전에 만나는 참조각 박물관은 참족이 융성했던 고대 참파왕국 시대의 유물들을 다수 보관하고 있다. 실내에 들어서면 보유 조각품들 수량이 상당히 방대한 것에 놀란다. 동남아 민족들의 토속적 분위기를 잘 느껴볼 수 있는 공간이다.

용교 또는 용다리는 다낭의 랜드마크나 다름없다. 보반 키에트 도로와 함께 다낭의 도심을 동해안 미케비치와 연결해주는 역할을 하그 이상이다. 1층은 생선이나 해산물, 육류와 과일 등 식료품 전용이고, 2층은 의류, 신발, 기념품 등 다양한 공산품들이 구비되어 있다. 유명 브랜드를 이미테이션 한 짝퉁 상품들의 면면도 살짝 웃음이 나오게 만든다.

 다낭 대성당은 프랑스 인들의 100년 식민 지배하에서 지어졌다. 호치민 시의 노틀담 대성당과 함께 식민 통치의 한 방편으로 지어진 것이다. 유럽의 흔한 대성당들에 비하면 규모는 왜소한 편이나 도심 복판이자 한시장에서 도보 3분 거리라는 접근성 때문에 다낭의 명소로 자리잡았다. 특히 연분홍 빛을 띤 핑크색 외관이 경내의 야자수 나무들과 잘 어울리며 여행자들의 눈길을 확 잡아끈다.

 성당 첨탑 꼭대기에 있는 십자가로 카메라 초점을 맞춰 확대해보

를 잇는 1,726km 철길이다. 인도차이나 반도의 등뼈 역할을 한다. 이 노선은 남북으로 모두 191개 역을 경유하는데, 다낭 역은 노선의 중간쯤에, 그리고 도심 복판에 위치한다. 때문에 베트남 여행자들에겐 중요한 거점역인 것이다. 다낭 역을 기준으로 동해안 미케비치까지 걸어서 이동하면서 도심 주요 명소들을 두루두루 거치는 효율적인 트레킹 동선을 소개한다.

카오다이교는 100여 년 전 베트남 남부에서 창시된 신흥종교다. 인구의 80%가 불자인 불교국가지만 카오다이교 신자는 베트남 전체 인구의 3% 정도다. 다낭 역 바로 인근에 위치한 카오다이교 사원은 한국에서 온 패키지 여행객들의 필수 방문처이기도 하다. 도심 복판에 위치하여 접근성이 편리하다는 점 외에는, 여행지로서 대단한 가치나 볼거리가 있는 명소라고는 할 수 없다. 현대식 건물 안팎으로 불교사원과는 전혀 다른 세련된 분위기를 느끼게 해준다.

카오다이교 사원에서 레쥬안(Lê Duẩn) 거리를 따라 동쪽으로 1km쯤 가면 시원한 강변에 이른다. 서울이 한강을 사이에 두고 강북과 강남으로 나뉘듯, 다낭은 한강(Han River)을 사이에 두고 강동과 강서로 나뉜다. 한강변을 따라 남쪽으로 발길을 돌리다가 길가 유명 콩카페에 들러 코코넛커피 한잔 하고 가는 것도 좋다. 베트콩 군복을 연상시키는 짙은 녹색 제복의 아르바이트생들이 분주하게 오가는 속에서 때로는 줄을 서서 주문 순서를 기다리기도 해야 한다.

콩카페와 거리 하나를 사이에 두고 마주보는 한시장은 현지인들은 물론 다낭 여행자들이 꼭 들르는 필수 코스다. 서울의 남대문 시장에 비해 규모는 뒤지지만 현지 전통시장으로서 둘러보는 재미는

📍 트레킹 루트 (7km)

(7km, 다낭 역에서 미케비치까지만 도보. 아시아파크는 차량으로)

다낭 역(Ga Đà Nẵng) - 카오다이교 사원(Đạo Cao Đài) - 콩카페(Cộng Cà Phê) - 한시장(Chợ Hàn) - 다낭교구 대성당(Giáo xứ Chính tòa Đà Nẵng) - 참조각 박물관(Bảo tàng Điêu khắc Chăm Đà Nẵng) - 용다리(Cầu Rồng) - 사랑의부두, 선짜 야시장(Son Tra Night Market) - 미케비치(My Khe Beach) / 아시아파크 선월드(Sun World Danang Wonders) / 마블 마운틴 오행산(Ngu Hanh Son, 五行山, Marble Mountain)

베트남
다낭

　　남중국해에 면한 베트남 동해안에는 호이안-다낭-후에 세 도시가 남북으로 열 지어 있다. 우리의 강원도 삼척-강릉-속초와 비슷한 형상이다. 성격이 전혀 다른 세 도시지만 여행 측면에서는 한 묶음이 되는 경우가 많다. 즉, 다낭 여행을 계획할 때 인근 두 도시인 호이안과 후에는 물론 외곽지역의 바나힐과 오행산, 미선유적지 또는 안방 비치까지 여러 곳을 선택지에 올려놓고 고민하게 되는 것이다.
　　그러나 무더운 날씨가 계속되는 베트남에서 다낭은 북쪽의 후에와 함께 도시 트레킹으로는 상대적으로 가장 적합한 지역이라 할 수 있다. 시원한 한강(Han River)이 도시 전체를 동서로 가르고, 남중국해의 바닷바람이 늘 도시 공기를 정화시켜 놓기 때문이다.
　　베트남 남북선 철도는 옛 사이공이었던 호치민 시와 수도 하노이

조의 4대째인 투덕 황제를 모신 능이다. 왕조의 13명 황제들 중 가장 오랜 기간인 35년을 재위했고, 살아생전에 자신이 묻힐 능을 거대하게 미리 축조하도록 할 정도로 화려하게 살다 간 황제였다. 연못과 꽃이 많은 호젓하고 드넓은 정원 분위기이다. 베트남 역사를 의식하지 않고도 아무 생각 없이 편안한 기분으로 한두 시간 산책하기에 좋은 곳이다.

 투덕 왕릉에서 남쪽으로 7km 위치엔 카이딘 황제릉이 있다. 카이딘은 민생은 도외시하고 외세인 프랑스에 얹혀 국고를 탕진하며 자신의 영달만을 추구한 군주로 유명하다. 마지막 황제 바오다이의 부친이었으니 부자가 대를 이어 역사에 오점을 남긴 것이다. 투덕 왕릉은 편안한 정원 분위기였지만 카이딘 황릉은 웅장한 건축물과 다양한 조각상들이 특히 관람객들의 눈길을 끌어 모은다. 고딕 양식의 건축구조물들이 유럽의 대성당처럼 웅장하고, 황제를 호위하는 석상들 면면이 진시황의 병마용처럼 위풍당당하다.

동바시장을 나오면 한적한 주택가와 강변을 거닐다 트랑티엔 다리에 올라선다. 흐엉 강에는 후에 시를 남북으로 연결하는 4개의 다리가 있는데 트랑티엔 다리는 도심을 연결하는 가장 중요한 다리이다. 구스타프 에펠이 설계했다고 해서 그런지 마치 에펠탑을 눕혀 놓은 느낌을 주는 거대한 철 구조물이다.

　강남 신시가지로 건너오면 동바시장의 북적거림과는 전혀 다른 분위기로 바뀐다. 거리와 건물과 사람들 모습이 훨씬 더 깔끔하고 도회스럽다. 다리 남단부터 대로를 따라 걷다 후어교육대학을 끼고 왼쪽길로 들어서면 잠시 후 보티사우 거리가 시작된다. 보티사우는 프랑스 식민 치하에서 우리의 유관순 열사처럼 독립운동에 헌신하다 붙잡혀 19살에 생을 마친 소녀의 이름이다. 그런 역사 속 소녀 이름과 달리 거리 분위기는 밝고 흥겹고 활기차다. 길 양쪽으로 늘어선 야외 카페와 레스토랑과 아기자기한 상점들 때문이다.

　이 신시가 거리는 저녁 시간에 맞추어 거닐면 더 운치가 있다. 북적거리는 보티사우 거리에서 인파와 함께 어울리다가 왼쪽 강변의 '2월3일 공원'에서 야시장과 흐엉 강 야경을 즐기며 후에에서의 첫날 하루 여정을 마치는 것이다.

　후에 이틀째 반나절은 도심을 벗어나 사원과 왕릉 등 근교의 역사 유적을 둘러보는 게 좋다. 도심 투어와 달리 도보로 다녀오기엔 먼 거리이다. 숙소에서 전날 미리 투어 신청을 해 두면 좋다. 도심 가장 인근에는 티엔무 사원이 있다. 후에 역에서 4km 떨어진 강가 언덕에 위치한다. 외관상으론 7층 석탑과 거대한 종이 유명하지만 베트남 마지막 왕조인 응우옌 왕조의 상징이나 다름없는 사원이다.

　후에 역에서 남쪽으로 4km 지점에 위치한 투덕 왕릉은 응우옌 왕베트남 전쟁에서도 미군과 베트콩의 탈환을 위한 폭격이 반복되면서 왕궁의 소중한 역사 유물들은 대부분 파괴되어 버렸다. 1993년에 유네스코 세계문화유산으로 지정되면서 이후 활발한 복원작업이 이뤄지고 있다. 후에 왕궁은 베트남 옛 왕조의 유물과 현대사의 상흔들을 동시에 접할 수 있는, 후에 여행에선 영순위 방문지이겠다.
　후에의 대표적 전통시장인 동바시장은 후에 왕궁에 가깝다. 강변에 위치해 있어서 접근성 또한 매우 좋다. 후에 구도심 여행에선 왕궁과 함께 빼놓을 수 없는 관광 명소다. 1층은 먹거리와 식료품, 2층은 신발, 의류 등 공산품 매장들로 구성된다. 강변이다 보니 주변에 노점상도 많고 어시장도 있어 늘 북적인다. 관광지라기보다는 현지인들을 위한 토속적 재래시장 분위기이다.

장거리 밤샘 열차를 타보는 것도 나름 운치있는 베트남 여행이 된다.

후에 역은 흐엉 강의 남서쪽 강변에 위치한다. 역에서 서쪽 트롱티엔 다리 쪽으로 가다가 보이는 선착장에서 유람선을 타면 곧바로 강 건너 후에 왕궁 앞에 내려준다. 후에는 1945년 마지막 황제 바오다이가 퇴위 당하고 공산 정권이 들어서며 수도를 하노이로 옮겨가기 전까지 143년간 베트남의 수도였다.

옛 수도의 중심이었던 후에 왕궁은 응우옌 왕조의 13대 왕들이 정사를 펼쳤던 도성이다. 베트남 마지막 봉건왕조의 역사가 스며있는 곳이다. 그러나 이후 남과 북이 자본주의와 사회주의로 분열되면서, 지리적으로나 역사적으로 베트남의 중심이었던 후에 왕궁은 양측 모두에게 반드시 쟁탈해야 하는 전략적 요충지로 변했다.

📍 트레킹 루트 (9.5km)

(9.5km, 2월3일공원 야시장까지의 거리, 사원과 왕릉은 차량 이용)

후에 역(Ga Hue) - 흐엉 강(Song Huang, 香江) - 후에 왕궁(Kinh thành Huế) - 동바 시장(Cho Dong Ba) - 트랑티엔 다리(Trang Tien Bridge) - 보티사우 거리(Vo Thị Sau) - 2월3일공원(Park February 3) - 공원 야시장 / (차량 이용) 티엔무 사원(Chùa Thiên Mụ, 天姥寺) - 투덕 왕릉(Tu Duc Tomb) - 카이딘 왕릉(Khai Dinh Tomb)

조였다. 이때에 옛 국명 '남월'을 청나라의 권고를 받아들여 '월남(越南, Viet Nam)으로 바꿨다. 이후 60년 동안 프랑스의 식민 지배를 받았고, 1945년 독립 후에는 우리 한반도처럼 주변 외세들에 의해 남과 북으로 분열됐다. 이어서 1975년까지도 무려 30년간 프랑스와의 인도차이나 전쟁과 미국과의 베트남 전쟁을 연이어 치러야 하는 현대사의 불행을 겪었다.

후에(Hue)는 1945년 공산 정권이 들어서며 수도를 하노이로 옮기기 전까지, 마지막 봉건왕조인 응우옌 왕조의 수도였다. 신생 공산 정권은 후에의 역사 유적들을 봉건 잔재로 여겨 방치해버렸고, 이후 베트남 전쟁에서는 남과 북 양쪽 모두에게 전략적 요충지로 여겨지면서 후에는 쟁탈을 위한 폭격과 전투의 장으로 변해버렸다. 이 과정에서 옛 왕도 후에의 찬란했던 문화 유적과 유물들은 상당 부분 멸실돼 버렸다.

후에는 동해안인 남중국해로 흐르는 흐엉 강을 중심으로 구시가인 강북 지구와 신시가인 강남 지구로 나뉜다. 후에 여행은 오랜 세월 복원작업이 진행 중인 후에 왕궁을 비롯하여, 여러 왕릉과 사원 등 베트남 옛 왕조의 찬란했던 유적들을 만나보는 게 핵심이다. 거기에 전통 재래시장을 찾아 베트남 서민들의 삶을 들여다보는 여정도 추가하면 좋다. 도심 구간은 천천히 걸어서, 외곽 명소는 택시를 이용하는 방법이라면 최소한 이틀만으로도 만족할 만한 후에 여행이 될 수 있다.

후에는 650km 떨어진 호치민시와는 기차로 22시간, 다낭에서는 2시간 반 거리다. 호치민-다낭 구간은 비행기를 이용하고 다낭-후에 구간은 기차를 타는 것도 좋겠다. 아니면 4인실 침대차를 이용한

베트남
후에

　　　　베트남에선 우리의 단군왕검에 해당하는 시조가 여러 명의 '훙왕(Hùng Vương)'들이다. 5천 년 전의 건국을 기념하여 매년 음력 3월 10일을 국가 공휴일로 정했다. 훙왕들에게 제사를 지낸 후 전국적으로 축제를 여는 날이다. 우리에게 익숙한 '월남'이란 국명의 시원은, 진시황의 진나라 관리였던 '조타'가 베트남 북부에 세운 남월(南越, Nam Viet) 왕조이다. '베트남'이란 국명도 이때의 '남비엣'에서 기원한다.

　　　　남월 또는 남비엣 왕조는 100년 후 한무제에게 정벌되어 이후 1000년간 중국의 지배를 받았다. 중국의 한자, 유교, 불교 등이 베트남 역사에 큰 영향을 끼친 게 이 기간 동안이다. 왕조가 여러 번 바뀌는 역사의 부침 후에 1802년 베트남의 마지막 왕조인 응우옌 왕조가 세워졌다. 불행하게도 외세인 프랑스의 지원에 힘입어 세워진 왕

때문에 교통량이 많아 번잡한 게 단점이다. 그러나 구도심을 거치며 여러 전통 시장인 바자르와 옛 건축물 등 포카라의 실체와 옛 모습을 두루 만날 수 있다는 장점이 있다. 동쪽의 이 일대는 히말라야 산악 마을로서의 포카라가 맨 처음 시작된 올드 포카라 지역이다. 히말라야 트레킹이 유행하기 전까지는 이 일대가 포카라의 중심지였던 것이다.

서울을 크게 강남과 강북으로 나누듯 포카라는 서쪽의 레이크사이드와 동쪽의 올드 포카라, 두 지역으로 나뉜다. 관광객들은 거의 레이크사이드에만 머물다 떠나지만, 올드 포카라를 걷다보면 네팔인들의 전통적인 일상에 좀 더 가까이 다가가볼 수 있다. 사랑고트 가는 루트 중간에 포카라의 유명 힌두 사원인 빈디야바시니 사원을 들를 수 있다는 점도 좋다.

서 들여다볼 수 있다.

특히 사랑고트는 패러글라이딩 활강장으로 유명하다. 전망대 주변에서 패러글라이더들이 날개를 펴며 이륙하고, 설산과 하늘을 배경으로 페와 호수 위를 날아다니는 풍경은 대단한 볼거리다. 사랑고트 전망대 주변엔 게스트하우스와 로지 등 숙박업소가 여럿 있다. 편안하게 하룻밤 머물며 새벽 일출을 보려는 여행자 숙소들이다. 산중턱인 판델리 정류장(Pandeli Bus Stop)까지 버스도 다닌다. 하산길에는 버스를 타고 내려오는 것도 편하다.

레이크사이드가 아닌 동쪽 구시가를 통해서 사랑고트로 가는 방법도 있다. 바순다라 공원에서 가는 거리와 똑같은 12km지만 꾸준한 오르막이라 호수 쪽보다 경사가 더 완만한 편이다. 포카라의 중심 도로인 포카라-바그룽 대로(Phokara-Baglung Highway)를 지나기

돌려볼 필요가 있다. 호수 남단의 댐 사이드(Damside) 쪽으로 데비스 폭포와 마하데브 동굴이 가볼 만하다. 바순다라 공원에서 2.5km 거리에 폭포와 동굴이 인접해 있다. 꽤 유명한 관광지다 보니 전통시장 분위기의 상가와 기념품 가게들이 주변에 즐비하다.

포카라에서 가장 전망이 좋은 곳이라면 사랑고트를 꼽는다. 설산 깊숙이 들어가지 않고도 마차푸차레와 안나푸르나를 가까이에서 조망할 수 있는 위치이다. 바순다라 공원에서 서너 시간 걸어야 하는 12km 거리라서 간단치는 않지만, 하루 시간을 가지고 여유롭게 왕복 트레킹을 다녀올 만한 가치는 충분하다. 레이크사이드 해발이 850m 수준이니 호수 북쪽에서부터는 해발 700m 이상을 더 올라가야 하는 등산길이다. 호숫가를 벗어나 산중턱 마을의 학교와 사원 등을 거치면서는 네팔 시골 사람들과 아이들 살아가는 모습을 가까이

로 페와 호수 동쪽 기슭으로 형성된 레이크사이드(Lakeside)에만 주로 머물다 떠난다. 호수 남단에서 북쪽으로 2.5km에 걸쳐 있는 포카라의 중심지역이다. 근사한 카페와 레스토랑, 등산용품과 기념품 가게와 다양한 숙박업소 등, 여행자들에게 딱 맞는 편의시설들이 레이크사이드 로드(Lakeside Rd)를 따라 줄지어 서 있다. 카트만두 타멜 거리와 비슷한 상가 형태지만 호숫가라는 환경 덕에 훨씬 더 쾌적하고 럭셔리한 느낌을 준다.

레이크사이드는 동부, 중심부, 북부, 3개 지역으로 구분된다. 남쪽 바순다라 공원에서 라트나 만디르(Ratna Mandir)까지 1km는 'East', 그 위쪽으로 페와 마르가(Phewa Marga) 대로와 만나는 사거리까지 1km는 'Central', 다시 그 위쪽 포카라 디즈니랜드까지는 'North'다. 물론 중심부인 센트럴 지역이 가장 번화가다. 조용히 숙박하기에는 공원이 있는 남쪽 'East'가 좋다.

바순다라 공원은 포카라를 대표하는 호수 공원이다. 페와 호수 남쪽 끝자락에 자리한다. 카트만두에서 포카라까지 그 험난한 길을 버스 속에서 7~8시간 조마조마하며 온 뒤라면, 혹은 일주일이나 10여 일 안나푸르나 산군에서 트레킹을 마친 뒤라면, 이곳 바순다라 공원에서의 아침 산책은 천국의 시간처럼 다가온다. 고요한 호수 위로 물안개가 피어오르는 모습이야 여느 호수 공원과 다를 바 없지만, 안개 자욱한 수목들 사이를 걸으며 장엄한 마차푸차레와 함께 아침햇살을 맞아들이는 건 특별한 일이다. 포카라에서는 이곳 공원에서 바라보는 마차푸차레의 모습이 가장 근사한 것으로 정평이 나 있다.

레이크사이드 로드 2~3km만 왔다 갔다 하며 2~3일 유유자적 시간을 보냈다면 이젠 호숫가를 벗어나 포카라 다른 지역으로도 눈을

이기도 하지만 가장 중요한 건 페와 호수(Phewa Tal) 때문이다. 도시 면적의 10분의 1에 달하는, 네팔에선 두 번째로 큰 호수다.

히말라야 만년설이 녹으며 흐르고, 흘러 모여진 만큼 호수에서 멀지 않은 설산들의 모습은 가히 절경이다. 호수 위에 떠 있는 형형색색의 보트들과 호수 한편에서 발가벗고 다이빙하는 아이들의 호기로운 모습들이 그윽한 정겨움을 주기도 한다. 보트를 타고 호수 위 작은 섬에 있는 바라히 사원(Barahi Temple)을 방문하는 것도 페와 호수를 즐기는 묘미 중 하나다. 현지인들에게는 '혼인의 사원'으로 불리는 힌두 사원이다.

포카라를 처음 다녀온 이들은 호수보다는 호수에서 바라본 설산이 더 기억에 남는다. '호수'를 뜻하는 포카리(Pokhari)에서 도시 이름이 유래했다고 하지만, 페와 호수보다는 설산 마차푸차레(Mt. Machhaphuchhare, 6,993m)가 이 도시의 상징에 더 가깝다. 설산 능선이 워낙 가파르고 봉우리가 뾰족해서 포카라 여행자들의 시선을 흠뻑 빨아들이기 때문이다.

해발 8,000m에 못 미치는 높이 때문에 히말라야 14좌에는 끼지 못하지만 적어도 이 호반도시에선 안나푸르나보다도, 마나슬루보다도 마차푸차레가 제왕이다. 알프스의 마터호른과 함께 세계 3대 미봉의 하나로 언급되기도 하지만 정상 등정은 금지돼 있다. 티베트인들이 카일라스 산을 신성시하여 정상에 오르지 않는 것과 같은 이유에서다. 다만 마차푸차레 베이스캠프(MBC, 3,700m)는 안나푸르나 베이스캠프(ABC, 4,130m)로 올라가는 길목에서 트레커들이 잠시 쉬어 가는 휴게소의 기능을 하고 있다.

포카라는 카트만두와 거의 비슷한 넓이지만 단기 여행자들은 주

📍 트레킹 루트 (17km)

바순다라 공원(Basundhara Park) - 2.5km - 레이크사이드 / 바순다라 공원 - 2.5km - 데비스 폭포(Devi's Fall) & 마하데브 동굴(Gupteshwor Mahadev Cave) / 바순다라 공원(810m) - 6km - 빈디야바시니 사원(Bindyabasini Temple, 940m) - 6km - 사랑고트(Sarangkot, 1,592m)

포진해 있지만, 이들 중 에베레스트와 칸첸중가 등 5개는 중국이나 인도와 함께 공유하고 있다. 따라서 전적으로 네팔 땅에만 속하는 봉우리는 안나푸르나와 다울라기리 그리고 마나슬루, 이렇게 3개뿐이다. 네팔 중북부 지역에 위치한 이들 세 봉우리 인근에서 관문 역할을 하는 도시가 바로 포카라다. 산악인이나 트레커들이 산행을 준비하거나 산행 후 돌아와 휴식을 취하는 곳이다. 인도와 티베트를 오가는 상인과 여행자들이 거쳐가기도 하는 등 포카라는 언제나 다양한 부류의 세계인들로 넘쳐난다.

구글 지도로 포카라를 확대해 보면 파란색 호수 부분이 넓고 뚜렷하다. 카트만두 지도에선 볼 수 없는 모습이다. 포카라가 지금처럼 많은 여행자들의 안식처가 된 데는 히말라야 3좌를 가까이 둔 덕택

네팔
포카라

네팔은 우리와 비교해 국토 면적은 1.5배지만 인구 밀도는 절반에 훨씬 못 미친다. 히말라야 설산들이 속한 땅이니 당연히 그럴 것이다. 수도 카트만두는 면적이나 인구 모두 서울의 10분의 1 수준이다. 네팔 제2의 도시 포카라(Pokhara) 경우는 최근 인구가 40만을 넘어섰다고 한다. 십여 년 전보다 두 배 이상 늘어난 수치다. 카트만두 100만 인구에는 아직 절반도 안 되지만, 증가율로는 카트만두를 훨씬 앞서고 있다.

그럴만한 여러 이유가 있다. 그중에서 특히 환경 요인이 적지 않다. 두 도시를 다녀온 여행자들은 대체로 비슷한 느낌일 것이다. 카트만두 하면 매연, 먼지, 혼잡 등이 떠오르지만, 포카라를 생각하면 휴양, 쾌적, 평온 등의 단어가 떠오르는 것이다.

네팔에는 해발 8,000m가 넘는 히말라야 14개 봉우리들 중 8개가 파슈파티나트 사원은 타멜과 보드나트 중간쯤에 있는 힌두교 사원이다. 히말라야에서 발원해 인도로 흘러드는 바그마티 강변에 위치한다. 종교 목적이 아닌 여행자들이 특히 많이 찾는다. 타멜과 가깝기도 하고, 네팔에서 가장 큰 힌두교 사원이라는 유명세도 있지만 그보단 다른 이유가 있다. 바로 사원 옆 바그마티 강변의 화장터를 둘러보기 위해서다.

네팔의 힌두교 인들은 갠지스 강 지류인 이곳 바그마티 강물에 몸을 씻는 걸 중요하게 여긴다. 죽은 후에는 이곳에서 화장되기를 원하기도 한다. 처음 보는 이들에겐 이곳에서의 장례 모습은 너무나 괴기스럽다. 한쪽에선 슬픈 얼굴의 가족들이 지켜보는 가운데 장작 위의 시신이 활활 불태워지고, 강 건너에서 이를 지켜보는 관광객들은 코를 틀어막기도 한다. 다 탄 시신의 재는 이 강물에 버리는데, 가난한 사람들은 장작 살 돈이 모자라 완전히 태우지 못한 시신을 그대로 강에 버린다고도 한다.

화장을 끝낸 유족들이 한쪽 구석에서 천을 깔고 앉아 장례 음식들을 먹거나, 다 먹은 그릇들을 재가 뿌려진 그 강물로 씻어내기도 한다. 우리 지구상에 살아가는 여러 인간들의 다양한 삶의 방식들 중 하나일 뿐이지만, 사람에 따라선 네팔 여행 중 가장 뇌리에 남는 현장으로 기억되기도 한다.

이라는 명성에 걸맞게 관광객과 순례자들로 붐빈다. 사원 지붕 위 황금빛 탑에 그려진 '지혜의 눈'이 세상의 모든 걸 따뜻한 시선으로 꿰뚫어 보고 있다.

    오체투지를 하거나 마니통을 돌리며 지름 100m의 거대한 불탑 주변을 도는 사람들 모습은 티베트 라싸에서의 조캉 사원 주변 분위기를 연상시킨다. 대개는 시계 방향으로 돌지만 가끔 시계 반대 방향으로 걸어 도는 이들이 눈에 띈다. 탑돌이 등 티베트식 순례는 항상 시계 방향이어야 함을 모르거나 무시하는 외지 여행자들이다. 2015년 네팔 지진 때 붕괴되었다가 2년 가까운 복원 공사를 거쳤다. 이름에 있는 '보드(Boudha)'는 깨달음, '나트(Nath)'는 사원을 의미한다. 이름 그대로 '깨달음의 사원'인 것이다.

바르 광장에서 천천히 걸어 1시간 가까이 걸린다. 도착해도 높은 언덕까지 350여 개의 계단을 올라야 사원에 이를 수 있다. 높이 오른 만큼 시야가 탁 트였다. 카트만두 시내 전체를 조망할 수 있는 가장 좋은 전망대 역할도 한다.

라트나 파크(Ratna Park)와 함께 카트만두에서는 흔치 않은 녹지 공간이 가든 오브 드림스이다. 타멜 거리에 붙어 있기에 번잡한 거리와 매연을 벗어나고 싶으면 잠시 들러 휴식을 취하기 좋다. 아주 자연적이지는 않지만 예쁘게 잘 꾸며진 정원 분위기다.

보드나트 스투파는 높이 40m에 이르는 불교 사리탑이다. 티베트 불교의 순례지이면서 티베트 난민들이 주변에 마을을 이루어 모여 산다. 타멜 중심가에서 멀리 떨어져 있지만, 네팔에서 가장 큰 불탑 때는 걷는 게 좋다. 돌아오는 도중에 파슈파티나트 사원에 들러 갠지스 강 지류에서의 장례식 현장도 만나보는 것이다.

타멜 중심가에서 남쪽으로 십여 분 정도 내려오면 재래시장인 아손 바자르다. 규모는 떨어지지만 서울의 남대문시장 정도의 위상이다. 바로 인접한 인드라 초크(Indra Chowk) 광장까지 전통 재래시장이 이어진다. 바자르 쪽엔 좌판들이 즐비하고 광장 쪽은 목조건물 상점들이 즐비한 차이뿐 온통 시장통이다. 타멜 거리에 있던 온갖 물품들이 장소만 바뀌어 이곳으로 옮겨진 듯하다. 구매자들은 여행자들에서 현지인으로 많이 바뀐 형상이다. 여행자 입장에서는 물품 구매보다는 현지인들이 사고파는 정경에 눈길이 더 간다.

타멜 중심가에서 1.5km, 계속 이어지는 시장과 상가를 지나다 보면 어느 순간 더르바르 광장에 이른다. 'durbar'는 '궁정'이란 뜻이니, '궁정 광장'인 셈이다. 하누만 도카 궁정(Hanuman Dhoka Durbar)과 쿠마리 사원(Kumari Ghar), 모반 나라얀(Trilokya Moban Narayan) 사원 등 옛 왕궁과 신전 사원들이 주변에 밀집되어 있다. 웅장한 건축물들과 섬세하게 다듬어진 조각상들이, 네팔에도 그 옛날 강력한 왕조가 있었음을 상기시켜 준다.

카트만두에 잠깐만 들를 경우 명소 한 군데만 방문한다면 더르바르 광장이 적격이다. 광장 중앙의 마주데가(Maju Dega) 사원의 거대한 3층 목탑과 아홉 계단은 현지인들 약속 장소로 유명했던 곳이다. 계단 툇마루에 앉아 광장을 내려다보는 사람들로 늘 채워졌었으나, 안타깝게도 2015년 네팔 지진으로 3층 탑이 무너져 장기간 공사 중이다.

스와얌부나트 사원은 네팔에서 가장 오래된 불교 사원이다. 더르

📍 첫날 (7.5km)

타멜 중심가 - 아손 바자르(Ason Bazar) - 더르바르 광장(Durbar Square) - 스와얌부나트 사원(Swayambhunath Temple) - 가든 오브 드림스(Garden of Dreams)

📍 둘째날 (7.5km)

타멜 중심가 - (차량) - 보드나트 스투파(Boudhanath Stupa) - 파슈파티나트 사원(Pashupatinath Temple) - 타멜 중심가

호도는 극명하게 갈린다. 타멜만 보고 네팔을 알 수는 없지만, 타멜을 보지 않고는 네팔을 알 수도 없다.

둘러보는 정도라면 카트만두는 이틀이면 충분하다. 먼지와 매연과 소음 때문에 걷기에 그다지 쾌적하진 않지만 이틀 동안의 도시 트레킹은 세상의 다른 면들을 보게 해준다. 사람 살아가는 또 다른 모습들이 눈에 밟혀 여행 후에도 한동안 진한 여운 속에 갇힐 수도 있다.

첫날은 타멜 중심가에서 남쪽으로 아손 시장과 안드라 초크와 더르바르 광장을 둘러본 후 서쪽으로 스와얌부나트 사원까지 갔다가 북쪽 길(Ropeway Sadak)을 통해서 타멜로 돌아온다. 시계 방향 순환 코스이고 이동 거리는 7.5km다.

이튿날은 타멜 동쪽 멀리 보드나트 사리탑에 다녀온다. 이동 거리는 편도 7.5km에 왕복 15km지만 갈 때는 대중교통을 이용하고 올

네팔
카트만두

　　네팔의 수도인 해발 1,300m의 도시 카트만두는 주변이 온통 2,000m 이상의 산들로 둘러싸인 분지다. 역사적으로는 주변 산들이 성벽이 되어줘 외부의 침입에 좋은 방패가 되었지만, 현대에 와선 그 반대가 되었다. 자동차 배기가스 등 문명의 이기들이 뿜어내는 온갖 매연들이 흩어지지 못하고 굴뚝 안처럼 가두어진다. 먼지와 매연 등 공기 오염이 극심한 도시로 점차 변모해왔다. 때문에 카트만두는 여행자들이 일부러 찾는 도시는 아닌 것 같다. 히말라야를 만나러 가는 산악인이나 트레커들에게 관문 도시로서의 역할을 할 뿐이다.
　　카트만두의 중심은 타멜 지구다. 위치도 도시 한가운데다. 네팔 최고의 상권이다. 카트만두 여행자들의 숙소는 열에 아홉은 타멜 거리에 있다. 숙박, 쇼핑, 유흥 등 여행자들을 위한 모든 인프라가 타멜에 밀집되어 있다. 서울로 치면 명동 거리에 해당되지만 사람에 따라 선

지가 축적돼 왔다. 이 에너지들이 약해진 단층대를 찾아 깨트리며 요동쳐 지진을 일으키는 것이다. 한번 터지면 한동안 잠잠했다가 아물만 하면 다시 터지곤 한다. 두 대륙, 두 마리 고래 틈에 끼어 있어 언제 새우 등이 터질지 모르는 불안 속에 살아왔고 살아간다. 네팔의 숙명이다.

닐 수 있는 도로가 시작되면서 산악 트레킹은 끝난다.

좀솜부터의 마지막 4단계는 차량과 먼지 등 악조건 때문에 생략하는 경우가 많다. 이럴 경우 차량이나 경비행기를 이용하여 포카라 등지로 내려온다.

유라시아 지도를 놓고 보면 네팔이라는 나라는 그야말로 좁은 틈새에 낀 형국이다. 위아래로 티베트 고원과 인도 대륙에, 좌우로는 중앙아시아와 동남아시아에 둘러싸여 있다. 거대 강국과 잠재 강국인 두 나라, 중국과 인도의 틈바구니다. 스위스처럼 유럽 강국들 틈에 낀 덕에 오히려 외세 침략을 덜 받으며 평화를 구가하는 정도는 아니지만, 네팔도 역사적으로 비슷한 혜택을 보아왔다. 과거 인도 대륙을 식민지화했던 영국이지만 네팔까지는 미치지 못했고, 티베트를 지배했던 원나라 이래의 중국도 역시 마찬가지였다. 히말라야라는 자연이 준 거대 성곽 때문이기도 하지만 강대극들 간 견제 효과의 덕도 보는 것이다.

지리적으로는 이런 혜택을 보아왔으나, 지질적으로는 그 반대다. 거대한 두 대륙판에 끼어 있어 언제든 지진이 일어날 위험 속에 산다. 적도 아래 있던 인도 대륙이 서서히 북상하여 유라시아 대륙과 충돌하면서 가만히 있던 유라시아 대륙이 얼떨결에 들어올려지며 티베트 고원이 되었고, 울퉁불퉁 솟아오른 부분은 히말라야가 된 것이다.

대륙간 충돌 관성이 수천 년 이어지며 땅속 깊이엔 끊임없이 에너

해발 8,091m의 안나푸르나 1봉 주변에 운집한 2봉, 3봉, 남봉 등의 산군 주변을 한 바퀴 도는 둘레길이 '안나푸르나 서킷(Circuit)' 또는 '안나푸르나 라운드(Round)'로 불린다. 최고 해발이 5,416m이기에 백두산 두 배 높이까지 올랐다 내려오는 셈이다. 해발 4,130m의 안나푸르나 베이스캠프(Annapruna Base Camp, 약칭 'ABC') 코스를 트레킹한 이들이 다음 목표로 삼는 경우가 많다.

안나푸르나 서킷은 주요 경유지를 기준으로 하여 4단계로 나뉠 수 있다. 베시사하르에서 시작하여 코스 중 가장 큰 고산마을인 마낭까지 90km가 1단계, 정상인 쏘롱라까지 21km가 2단계, 공항이 있는 산악도시 좀솜까지 급격한 하산길 29km가 3단계, 그리고 나야풀까지 이어지는 완만한 도로 71km가 4단계이다.

고산 경험이 없는 일반인들에겐 해발 3,000m 근처부터 고산증세가 나타날 수 있다. 음주를 금하고 물과 음식 섭취에 만전을 기해야 한다. 고도를 최대한 천천히 높이면서 서두르지 않는 게 중요하다. 중간 마을인 마낭에 도착하면 잠시 트레킹을 멈추고 하루나 이틀 쉬어가는 게 가장 안전하다. 고산병 예방제인 다이아막스 등은 미리 준비해 가야 한다.

베시사하르에서 쏘롱라까지는 총 거리 111km로 빠르면 9일이 걸리고, 고산증세가 있으면 천천히 10일이나 11일 동안 오르는 게 좋다. 정상부터는 급격한 하산길이 한눈에 내려다보이는데, 차라부까지만 내려오면 이후부터는 길이 안전해진다. 성지 묵티나트에 도착하면 숙소나 식당, 상점 등을 이용할 수 있다. 이후부터는 차량이 다

📍 3단계 하산 (29km, 2일)

쏘롱라 - 6km - 차라부(Charabu, 4,230m) - 4km - 묵티나트(Muktinath, 3,800m) - 1km - 자르콧(Jharkot, 3,550m) - 9km - 카그베니(Kagbeni, 2,800m) - 9km - 좀솜(Jomsom, 2,729m)

📍 4단계 하산 (71km, 3일)

좀솜 - 6km - 마르파(Marpha, 2,670m) - 37km - 타토파니(Tatopani, 1,200m) - 14km - 푼힐(Poonhill, 3,200m) - 14km - 나야풀(Naya Pul, 1,070m)

📍 1단계 마낭까지 (90km, 5~6일)

베시사하르(Besisahar, 820m) - 9km - 불불레(Bhulbhule, 840m) - 13km - 게르무(Ghermu, 1,130m) - 18km - 다라파니(Dharapani, 1,900m) - 16km - 차메(Chame, 2,710m) - 13km - 듀쿠르 포카리(Dhukur Pokhari, 3,240m) - 6km - 로워 피상(Lower Pisang, 3,250m) - 15km - 마낭(Manang, 3,540m)

📍 2단계 정상 쏘롱라까지 (21km, 3~4일)

마낭 - 4km - 굼상(Ghumsang, 3,950m) - 5km - 야크 카르카(Yak Kharka, 4,050m) - 1km - 레다(Ledar, 4,200m) - 5km - 쏘롱페디(ThorongPhedi, 4,450m) - 2km - 하이캠프(HighCamp, 4,850m) - 4km - 쏘롱라(Thorong La, 5,416m)

이름을 붙였다.

   히말라야는 지구상 7개국에 걸쳐 있다. 중앙아시아의 아프가니스탄부터 파키스탄, 인도, 네팔, 부탄, 미얀마를 이으며 중국 동티베트 근처까지 뻗어 내려온다. 장장 2,400km에 걸친 이 산맥에서 우리는 해발 8,000m 넘는 봉우리들만 추려서 '히말라야 14좌'로 부르며 대우를 해준다. 이들 중 절반이 넘는 여덟 봉우리가 네팔에 속하지만 에베레스트와 칸첸중가 등 5개는 중국, 인도와 국경을 공유한다. 나머지 3개인 안나푸르나, 마나슬루, 다울라기리가 전적으로 네팔 땅에만 속한다. 이 중에서도 안나푸르나는 특히 우리에게 친숙한 느낌이다. 우리나라 경우 전문 산악인이 아닌 일반 트레커들은 에베레스트보다도 안나푸르나를 더 많이 찾는 것 같다.

네팔
안나푸르나 서킷

　　지구 나이 45억 년을 100세로 치면 히말라야가 생겨나기 시작한 건 100세 되던 해 첫날부터였다. 테티스 해(Tethys Sea)를 사이에 두고 적도 아래에 있던 인도 대륙이, 바다 너머 점차 북쪽으로 밀고 올라와 거대한 유라시아 대륙과 충돌했다. 제동장치 고장 난 잠수함이 서서히 항구로 돌진해 충돌하듯 두 대륙의 경계면이 우지끈 부서지며 울퉁불퉁 솟아올랐다.

　부딪혔으면 곧 멈출 만도 한데 거대한 땅덩이의 움직임에는 관성이라는 게 있어서 쉬이 멈춰지지도 않았다. 5천만 년 지난 오늘날까지도 두 대륙의 충돌의 관성은 유효하다. 계산해보면 십 년에 평균 2밀리미터씩 솟아올랐다. 수천 킬로미터에 걸쳐 있는 충돌 경계지역에 오늘날 사람들은 '흰 눈에 뒤덮인 집'이라는 뜻의 '히말라야'라는

들에게 언제부턴가 '학문의 신'으로 추앙받게 되었다. 때문에 이곳 신사에는 학업이나 취업 등 시험 합격을 기원하는 수험생과 학부모들 발길이 연중 끊이질 않는다. 미치자네가 '주인이 없다고 해서 봄을 잊지는 말아달라'고 부탁했듯, 신사에는 수천 그루의 매화나무가 있어 봄이 되면 매화꽃이 만개한다. 미치자네의 부탁대로 매화 향기를 전해주는 것이다.

신사에는 또한 미치자네가 유배올 때 끌고 왔다는 황소가 동상의 모습으로 앉아 있다. 소의 뿔을 손으로 만지면 머리가 좋아진다는 믿음 때문에 얼마나 많은 사람들이 동상의 뿔 부분을 쓰다듬었는지 번들번들하다. 아버지의 비참한 유배생활을 옆에서 지켜보다 먼저 간 딸의 죽음을 슬퍼하며 미치자네가 먹었다는 찹쌀떡, 우메가에 모치가 신사 주변에서 많이 팔린다.

진다.

　바다내음을 맡아가며 후쿠오카 돔을 끼고 돌면 모모치 해변이다. 멀리 수평선 너머 한반도와 부산쯤을 상상해보며 현해탄 바다와 마주한다. 해변의 후쿠오카 타워는 후쿠오카를 상징하는 대표적 명소다. 고속 엘리베이터를 1분 이상 타고 전망대에 오르면 도시 전체가 파노라마처럼 펼쳐진다. 일몰 시간이라면 더할 나위 없을 것이다. 모모치 해변 모래사장 위에서 붉게 물들어가는 하늘과 마주하다가, 타워 전망대에 올라 도시 야경을 즐기는 것이다. 타워 바로 앞에 텐진 역이나 하카타 역 가는 버스가 있고, 조금 더 걸을 수 있다면 인근 니시진 역이 1.5km 거리다.

　다자이후 텐만구는 텐진 역이나 하카타 역에서 전철이나 버스로 30~40분 거리다. 이곳에 모셔진 '텐진(天神)' 미치자네는 일본인

복합시설 안에서 다 해결된다. 분수 쇼나 라이브 공연 등 볼거리와 이벤트들이 시설 안에서 끊이지 않는다. 후쿠오카의 랜드마크이자 여행자들의 방문 영순위 명소다.

커낼시티에서 500m쯤 벗어나면 한적한 옛날식 거리가 나타나고 잠시 후, 불로장생과 상업 번성의 신을 모시는 구시타 신사가 나타난다. 명성황후를 시해한 칼 '히젠토(肥前刀)'가 보관돼 있다고 하지만 일반에 공개된 적은 없다. 신사 맞은편은 나카 강에 있는 나카스(中洲) 섬이다. 길이 1km에 폭 200m의 작은 섬이 여러 개 다리로 육지와 연결되어 있다. 포장마차 거리로 유명하고, 밤이 되면 섬 일대는 대단위 환락가로 변신한다.

나카스 섬에서 후쿠하쿠 만남의 다리(福博であい橋)를 건너면 텐진중앙공원이다. 인접한 텐진 역 일대, 특히 텐진 지하상가는 우리의 강남역 주변처럼 후쿠오카 최대의 상권이자 번화가이다. 400m 거리의 지하도에 수백 개의 매장이 밀집되어 있어 언제나 여행객과 현지인들로 붐빈다.

지하상가와 연결된 미츠코시 백화점 건물 뒤로는 아담한 케고 신사이다. 신사 경내에 무료 족탕 시설이 구비돼 있다. 뜨거운 물속에 잠시 발 담그는 호사를 누릴 수 있다. 신사에서 후쿠오카 성터로 이동하는 동안은 다이묘(大名) 거리를 지난다. 다양한 브랜드 매장과 빈티지샵들, 그리고 가로수 길과 뒷골목 길들의 조화가 감성 가득 운치를 더해준다.

아기자기하고 북적거렸던 텐진과 다이묘 지역을 벗어나면서 분위기는 차분해진다. 후쿠오카 성터를 가로질러 오호리 공원에 이르면 늘푸른 숲길과 드넓은 호수가 함께 있어 발걸음은 한층 더 가벼워

할을 하는 관문 역이 공항과 지하철 두 정거장이거나 항구와 3km 이내 거리인 경우는 극히 드물다. 그만큼 하카타 역은 규슈와 후쿠오카 여행자들에겐 편리하고 유익한 교통 거점이다.

　일본여행에선 신사 방문이 꽤 중요하다. 섬나라인지라 해상 안전을 위하여 바다의 신을 모시는 신사들이 일본 전역엔 많다. 스미요시 신사도 그들 중 하나다. 하카타 역에서 가장 가깝고 도심 한가운데라 가벼운 마음으로 둘러보면 좋다.

　커낼시티는 나카 강변에 길이 180m의 반원형 운하를 만들어 그 일대에 조성한 주상복합 타운이다. 쇼핑과 유흥과 식사와 숙박이 5층

📍 트레킹 루트 (12km) (다자이후는 별도)

하카타 역(博多駅) - 스미요시 신사(住吉神社) - 커낼시티(Canal City. キャナルシティ博多) - 구시타 신사(櫛田神社) - 나카스 포장마차 거리(洲屋台横丁) - 텐진 중앙 공원(天神中央公園) - 텐진 역(天神駅) - 텐진 지하상가(天神地下街) - 케고 신사(警固神社) - 다이묘(大名) 거리 - 후쿠오카 성터(福岡城跡) - 오호리 공원(大濠公園) - 후쿠오카 페이페이 돔(福岡PayPayドーム) - 시사이드 모모치 해변공원(シーサイドももち海浜公園) - 후쿠오카 타워(福岡タワー) - 후쿠오카시 박물관(福岡市博物館) - 니시진역(西新駅) / 다자이후 텐만구(大宰府天満宮)

은 '천신'이 된 신인(神人) 미치자네에게 소망을 빌려고 찾아오는 일본인들로 늘 북적거린다. 후쿠오카의 대표적 명소가 되어 있다.

후쿠오카 시는 후쿠오카 현의 주도이면서 규슈의 관문이다. 지리적으로 우리와 가장 가까운 만큼 부산에서 페리가 운항되는 등 여행 접근성이 좋다. 때문에 도쿄, 오사카에 이어 한국인 관광객들이 세 번째로 많이 찾는 일본의 도시다. 하카타 역에서 출발하여 텐진 지역을 거쳐 모모치 해변까지, 동에서 서로 횡단하는 도보여행 루트라면, 후쿠오카 시의 주요 명소들은 거의 거칠 수 있다. 거기에, 외곽인 다자이후 텐만구는 대중교통을 이용해서 다녀오는 것이다.

후쿠오카의 관문은 하카타 역이다. 원래는 후쿠오카와 하카타, 두 지역이었던 것이 메이지 유신 때 후쿠오카로 단일화 통합되면서 하카타란 이름은 중심역의 이름으로나마 남겼다. 대도시의 나들목 역

일본
후쿠오카

봄바람이 불면 향기를 전해주오.

매화 꽃이여,

주인이 없다고 해서

봄을 잊지는 말아주게.

헤이안 시대 귀족 학자 스가와라 미치자네가 간신들의 모함을 받아 유배를 떠나면서 읊은 시다. 그가 변방 유배지 규슈에서 외롭게 살다 죽은 후 교토에선 천재지변과 함께 천황과 여러 신하들이 의문의 죽음을 당한다. 죽은 미치자네의 저주 대문이라고 믿게 된 다음 천황은 그를 인간이 아닌, 특별한 힘을 가진 '천신(天神, 텐진)'으로 추앙하여 다자이후 텐만구에 모신다. 천 년이 지난 오늘날 이곳

에 올라서면 갑자기 사람들이 많아진다. 8구간만 따로 걷기 위해 버스에서 내려 걷기 시작하려는 트레커들이다. 마지막 8구간은 '드래곤스 백(Dragon's Back, 龍脊)'이라는 별도 이름이 있는 유명 트레일이다. 다귈라(D'Aguilar, 鶴咀) 반도의 능선을 따라 남에서 북으로 올라가 타이룽완으로 내려서는 코스다.

정상인 섹오 피크(Shek O Peak, 284m)에서 내려다보는 섹오 비치(石澳泳灘)와 남중국해의 파노라마가 홍콩 트레일 전 구간의 하이라이트이다. 드래곤스 백은 2004년 타임지에서 '아시아 최고의 하이킹 코스(Best Urban Hike in Asia)'로 선정된 바도 있다.

　한참을 내려오면 넓은 휴게공원 타이펑아우(Quarry Gap Pavilion, 大風坳涼亭)에서 잠시 쉬었다가 6구간을 시작한다. 타이탐 저수지 (大潭水塘)를 끼고 걷다가 타이탐 로드와 만나는 타이탐툭 저수지 (大潭篤水塘)에서 6코스가 끝난다. 전 구간에 걸쳐 만나는 5개의 크고 작은 저수지들 중 마지막이다.

　배수로를 끼고 포장된 오솔길이 계속 이어진다. 7코스 종점인 토테이완에선 1구간 출발 후 처음으로 해수면까지 내려간다. 넓은 모래사장에 신발을 벗어 놓고 건너편 스탠리(赤柱) 시가를 바라보며 남중국해 바닷물에 잠시 발을 담그는 것도 좋다.

　가파른 계단과 함께 8구간이 시작된다. 잠시 후 섹오 도로(石澳道)

있는 길이다. 4코스 종점인 윙나이청 로드 버스정류장에서 첫날 8시간 트레킹을 마친다.

　5구간은 거리는 짧지만 산 두 개를 넘어야 하는, 전 구간 중 가장 난코스다. 초기 절반은 윌슨 트레일 3코스와 겹친다. 그만큼 경관은 좋다. 첫 봉우리인 자르딘 전망대(Jardine's Lookout 渣甸山, 433m)에서는 첫날 출발한 빅토리아 피크와 센트럴과 침사추이까지의 스카이라인이 멋지게 펼쳐진다. 채석장 건너 두 번째 봉우리인 버틀러산 (Mount Butler 畢拿山, 436m) 정상에서는 구룡반도 동쪽 정관오(將軍澳) 등의 경관을 즐길 수 있다.

를 한 바퀴 순환하는 코스다. 구룡반도의 대모산(大帽山·Tai Mo Shan, 957m)에 이어 홍콩에서는 두 번째로 높은 산인 봉황산(鳳凰山·Lantau Peak, 934m)을 오르고 내린다.

마지막 네 번째가 홍콩 트레일(50km, 8구간)이다. 홍콩섬을 서에서 동으로 횡단하는 코스로, 현지 주민들로부터 가장 큰 인기를 얻고 있다. 2013년 론리 플래닛이 선정한 '도시 트레일 세계 베스트 10(Ten of the world's best city hikes)'에도 포함된 바 있다.

매 500m마다 거리 표지와 안내판이 세워져 있어 길 찾기에도 편리하다. 전 구간에 식당이나 매점은 전혀 없다. 식수와 점심 음식을 미리 잘 챙겨야 한다. 대중교통은 딱 세 군데. 시작점과 종착점 그리고 중간 지점인 4, 5구간 접점에서만 이용이 가능하다. 따라서 1~4구간과 5~8구간으로 이틀에 나눠서 걷는 게 표준이다.

출발점은 빅토리아 피크(太平山, 554m)의 중턱인 피크 타워 건물이다. 택시나 트램을 이용해서 올라간다. 타워 건물의 옥상인 '스카이테라스 428'은 해발 428m에서 홍콩 전체의 파노라마를 즐길 수 있는 전망대이다. 1구간이 끝나는 폭푸람 저수지까지 내려가는 도중에도 침사추이와 센트럴 등 홍콩 도심의 근사한 정경을 조망할 수 있다.

2구간은 홍콩 섬의 남쪽 해안을 내려다보며 걷는다. 에버딘(Aberdeen 香港仔)과 오션파크 및 라마 섬 정경이 근사하게 다가온다. 3구간은 업다운이 별로 없는 비포장 숲길이 대부분이다. 조망은 안 좋지만 그늘 속에서 편안히 걷거나 달리기에 좋은 구간이다. 4구간은 정반대이다. 업다운이 심하면서 포장길이 대부분이다.

3구간 시작점과 4구간 시작점인 필라이즈와 완차이 갭은 에버딘에서 올라오는 길과 만나는 접점이다. 도중에 포기할 경우 하산할 수

열리는 '비브람(Vibram) 홍콩 100 대회'로 유명하다. 코스 전 구간 100km를 48시간 안에 주파하는 목표로 이틀을 밤새워 달리는 울트라 산악 마라톤 대회인 것이다.

두 번째로는 홍콩 전체를 남북으로 종단하는 윌슨 트레일(78km, 10구간)이다. 홍콩 섬 남단에서 출발하여 북단까지 종단하고, 다시 구룡반도로 건너가 신계지구 북단까지 종단하는 것이다. 횡단과 종단, 두 개 코스의 이름은 제25대와 27대 홍콩 총독인 머레이 맥리호스(MacLehose)와 데이비드 윌슨(Wilson)의 이름에서 따왔다.

세 번째로 란타우 트레일(70km, 12구간)은 란타우 섬의 남부

📍 트레킹 루트 (50km)

빅토리아 피크 타워(Victoria Peak Tower, 凌霄閣, 400m) - 1구간 7km - 폭푸람 저수지(Pok Fu Lam Reservoir, 薄扶林水塘道) - 2구간 4.5km - 필라이즈(Peel Rise, 貝璐道) - 3구간 6.5km - 완차이 갭(Wan Chai Gap, 灣仔峽) - 4구간 7.5km - 웡나이청 로드(Wong Nai Chung Road, 黃泥涌峽) - 5구간 4km - 마운트파커 로드(Mount Parker Road, 柏架山道, 大風坳) - 6구간 4.5km - 타이탐 로드(Tai Tam Road, 大潭道) - 7구간 7.5km - 토테이완(To Tei Wan, 土地灣, 石澳道) - 8구간 8.5km - 타이롱완(Tai Long Wan, 大浪灣, Big Wave Bay)

　어쨌든 홍콩 여행자들은 대개 침사추이나 센트럴 등 도심 빌딩 숲에서 관광을 즐기다가 일상으로 돌아오곤 한다. 허나 홍콩 현지인들은 일상에서 쌓인 스트레스를 콘크리트 도심을 벗어나 인근 산과 녹지를 거닐며 푸는 경우가 많다. 홍콩을 일컬어 '대도시의 알프스'라고도 한다. 그만큼 녹지와 산악지대가 많은 것이다. 이런 좋은 자연 환경을 가진 홍콩은 아름다운 도보 여행길 조성에도 많은 공을 들여왔다. 홍콩 여행자들은 도심 빌딩 숲 관광에서 조금만 자연으로 눈을 돌리면 전혀 새로운 여행의 묘미를 체감할 수 있다.

　홍콩에는 '트레일(Trail)'이란 이름이 붙은 장거리 트레킹 코스가 네 군데 있다. 가장 긴 코스가 구룡반도를 동서로 가로지르는 맥리호스 트레일(100km, 10구간)이다. 이 코스는 특히 매년 성황리에

홍콩
트레일

홍콩은 크게 4개 지구로 나뉜다. 중국 대륙의 일부인 신계(新界, New Territories)지구와 구룡(九龍, Kowloon)반도, 그리고 국제공항이 있는 란타우 섬(爛頭島, Lantau Island)과 홍콩의 중심지인 홍콩 섬(香港島, Hong Kong Island. HKI)이다. 4개 지구와 수많은 섬들을 합한 홍콩 전체 면적은 제주도의 3분의 2도 안 되지만, 인구는 열 배가 넘는다. 그것도 대부분 구룡반도와 홍콩섬에 밀집돼 있다. 대표적인 인구 과밀 도시다.

이런 비교 숫자가 아니더라도 우리가 아는 홍콩은 좁고 번잡한 도시다. 사람에 치이고 부대끼면서도 그러나 전 세계 관광객들은 홍콩을 찾는다. 먹거리, 볼거리에 쇼핑과 관광 등 즐길 거리가 다양하기 때문이다. 중국에 속하지만 문화는 영국적이다. 동양과 서양이 혼재된 분위기가 홍콩이 주는 묘한 매력일 것이다.

품송처럼 오대부란 관직이 부여된 소나무다. 진시황이 태산에 올랐을 때 이 소나무 밑에서 폭우를 피한 덕에 벼슬을 받았다 한다. 물론 지금의 소나무는 300년 전에 다시 심은 것이다.

산속의 산인 대송산에 오르고 만장비와 만난다. 청나라 건륭제가 썼다는 글자 총 68자가 새겨져 있는 비문이다. 내용은 몰라도 가로 10m, 세로 20m 거대 절벽에 새겨진 글자들이 시각적으로 장엄하기 그지없다.

차마고도 지류인 운남성 호도협에서 가장 악명 높은 구간은 28벤드다. 오르막이 워낙 가팔라서 지그재그로 스물여덟 번을 굽이쳐 올라야 하는 데서 연유된 이름이다. 태산 등정 루트에선 용문과 승선방을 거쳐 남천문까지 고도차 400m를 가파르게 올라야 하는 십팔반 구간이 이에 해당한다. 45도 이상 경사진 1,633개의 계단이 842m에 걸쳐 이어진다.

십팔반이 두려운 이들은 중천문에서 케이블카를 이용해 남천문에 내린다. 천가는 남천문에서 옥황정 방향으로 600m에 조성된 공중도시다. 이름 그대로 '하늘거리'인 셈인데 식당과 숙소와 상가들이 즐비하다. 일반적으론 천가에서 숙소를 잡고 쉬었다가 다음 날 새벽 일출 시간에 맞추어 옥황정에 오른다. 고대의 황제들처럼 하늘에 제사를 올리진 않더라도, 태산 정상의 일출에서 정기를 받아 미래의 소망이 실현되기를 기원하는 것이다.

일출은 일관봉에서 맞고, 옥황정은 밝아진 후에 올라서 차분히 둘러보는 게 좋다. 하산길에는 한무제의 무자비(無字碑)와 공자묘(孔子廟), 그리고 태산 최고의 도교 사원인 벽하사 등 여러 역사 유적과 현장을 만날 수 있다.

파는 매점에 쓰인 문구가 눈길을 끈다. '복을 잠그고, 재물을 잠그고, 평안을 잠근다. 자식을 잠그고, 손주를 잠그고, 인연을 잠근다.' 열쇠 하나를 산다면 복과 재물과 인연 등 모든 걸 도망가지 못하도록 붙들어 잠궈준다는 의미겠다.

해발 840m 중천문은 태산 등산길의 중간 지점이다. 셔틀버스가 이곳까지 운행되고, 다시 여기서 정상 인근 남천문까지는 케이블카도 운행된다. 다리 주변에 안개가 자주 끼어 구름 위를 걷는 것 같다는 운보교를 건너고 잠시 후 오송정 오대부송을 만난다. 우리의 정이

250m이니 대묘에서 고작 100m 올라왔고, 정상까지는 1,300m를 더 올라가야 한다.

신선사상을 바탕으로 하는 도교(道敎)는 고대 이래 중국의 토착신앙이다. 태산은 중국 도교의 5대 본산 중 하나이기에 등산로 주변엔 도교 사원들이 많다. 태산을 수호하는 두모여신(斗母女神)이 모셔진 두모궁은 태산에선 유일한 불교사원이다.

두모궁에서 1시간 반 정도 걸려 호천각에 오르면 향을 피운 곳에 열쇠를 채워 뭔가를 기원하는 사람들 모습을 본다. 인근에서 열쇠를

선 의식을 치렀다고 전해진다. '태산에 올라보니 천하가 작아 보인다'라는 공자의 말 또한 태산의 위상에 기여해왔다.

태산은 우리에겐 접근성이 아주 좋다. 인천공항에서 산둥성 제남공항까지 1시간 40분 걸리고, 제남공항에서 버스로 갈아타면 2시간 만에 태안시 버스터미널에서 도착한다. 터미널 바로 인근에 있는 대묘가 태산 등정의 출발점이다. 산중턱인 중천문까지 버스도 가고, 중천문에서 정상 근처인 남천문까지 케이블카도 운영된다.

태산 트레킹은 원칙대로 대묘에서 출발하여 온전히 걸어서 정상에 이르고, 다음 날 새벽 일출과 함께 태산 정기를 받은 후 정상 주변에 반나절 머무르다 케이블카로 하산하는 방식이 가장 알차고 실용적이다. 정상 주변만 제외하곤 거의 전 구간이 돌계단으로 이뤄졌다. 대묘에서 정상까지 오르는 데는 7시간 정도 소요된다. 코스 도중과 정상 주변엔 매점과 식당들도 많다.

태안 시 북부의 대묘는 역대 황제들이 태산에 오르기 전에 먼저 들러 제를 지냈던 곳이다. 하늘에 제사를 올리기 전에 땅의 산천에 먼저 제사를 올렸던 것이다. 대묘에서 태산 입구인 일천문까지는 차량이 많은 홍문로(紅門路)를 따라 1.7km 직선으로 연결된다.

태산 입구인 일천문으로 들어서면 천계(天階)라 쓰여진 문을 지난다. 하늘로 향하는 계단이란 뜻이겠다. 정상 근처인 남천문까지 이어진 총 7,736개의 돌계단 등산길이 시작되는 것이다. 검붉은 건축물에 터널처럼 뚫린 홍문을 지나면 잠시 후 만선루 매표소에 이른다. 앞서 홍문 매표소에선 중국인들이 전자 티켓을 사고, 외국인들은 이곳 만선루에서 우리 돈 2만 원 정도에 입장료를 지불한다. 매표소 해발이

대의 다섯 개 명산을 일컬어 오악(五岳)이라 불렀다. 경치나 높이 같은 외형적 기준이 아니라 역사 문화적 역할과 의미에 따라 선정된 산들이다. 동서남북에 포진한 이들 5대 명산 중에, 모두가 인정하는 으뜸은 동쪽 산동성에 있는 동악(东岳)인 태산이다. 때문에, 태산의 여러 바위나 절벽 등에는 천하제일산(天下第一山) 또는 오악독존(五嶽獨尊)이란 붉은색 대형 글귀가 새겨져 있는 걸 자주 본다.

태산이 으뜸으로 꼽혀온 데에는 옛 황제들이 하늘과 땅에 제사를 지낸 봉선제(封禪祭) 기록이 근간이 됐다. 요순시대 요왕과 진시황을 비롯하여 한무제, 당 현종, 강희제 등 숱한 제왕들이 태산에 올라 봉

📍 트레킹 루트 (10km=옥황정까지 등산 9km+남천문까지 하산 1km)

대묘(岱廟 150m) - 일천문(一天門 220m) - 홍문(紅門) - 만선루 매표소(萬仙樓 售票處 250m) - 두모궁(斗母宮 435m) - 호천각(壺天阁 750m) - 중천문(中天門 840m) - 운보교(雲步橋 1,060m) - 오송정(五松亭) - 오대부송(五大夫松) - 대송산(对松山) 만장비(萬丈碑) - 깔딱고개 십팔반(十八盘) - 용문(龍門 1,200m) - 승선방(昇仙坊) - 남천문(南天門 1,460m) - 천가(天街) - 일관봉(日觀峰) - 옥황정(玉皇頂 1,545m) - 벽하사(碧霞祠) - 천가(天街) - 남천문 - (케이블카) - 중천문 - (버스) - 천외촌(天外村 200m)

중국
태산

　'태산이 높다 하되 하늘 아래 뫼이로다(泰山雖高是亦山)'로 시작되는 양사언의 시가 아니더라도, 티끌 모아 태산, 갈수록 태산, 걱정도 태산, 할 일이 태산, 태산명동서일필(泰山鳴動鼠一匹) 등 태산은 옛부터 우리네 일상과 몹시 친숙하다. 엄청나게 높은 산으로 잘못 아는 이들도 많다.

　중국에서 가장 높은 산은 네팔과 공유하는 에베레스트이다. 중국 땅인 티베트에선 초모랑마로 불린다. 온전히 중국에만 속한 산 중에 최고 높이는 히말라야 14좌 중 막내인 시샤팡마(8,027m)다. 이들에 비하면 태산은 아주 낮다. 고작 1,545m에 불과하다. 우리의 한라산보다도 낮다. 그러나 중국에서 태산의 지리적 높낮이는 별 의미가 없다.

　예로부터 중국인들은 지금의 서안과 낙양을 중심으로 한 중원 일

115

산이다. 해발 2,700m 공원에 올라 캉딩 전 지역을 조망할 수 있는 위치이다. 1시간 이상 걸어서 올라갈 수도 있고 케이블카로 편하게 오를 수도 있다. 정상 근처에 있는 곡불사(谷佛寺)에서 연인 또는 부부가 함께 기도하면 사랑이 영원해진다고도 하고, 독특한 풍모를 자랑하는 영운백탑(凌云白塔)을 세 바퀴 돌면 원하던 소원이 이뤄진다고도 한다.

포마산을 내려와선 산 입구 케이블카 탑승장 주변에 있는 박물관을 들러보는 것도 좋다. 이 지역 간쯔 자치주의 역사와 문화를 느껴볼 수 있는 의복 등 다양한 문화유산들이 전시되어 있다. 시내 가장 남쪽 명소로는 남무사가 있다. 황금빛으로 치장한 지붕들과 자주색 3층 외벽이 티베트식 사원들의 독특한 분위기를 느끼게 해준다.

은 이 지역의 유명한 사랑노래인 '캉딩정가'의 제목을 딴 광장이다. 많은 인파가 모여 단체로 춤을 추기도 하고, 다양한 공연도 이뤄지는 광장이다. 지역 사람들의 면면을 함축해서 엿볼 수 있는 곳이기도 하다.

안각사는 도심 한복판 대로변에 위치한 티베트 불교 사찰이다. 티베트의 가장 위대한 지도자로 꼽히는 달라이 라마 5세가 17세기에 건립했다. 라싸가 중국 공산당에 점령된 뒤 달라이 라마 14세가 마오쩌둥의 요청을 받고 베이징으로 회담하러 가는 도중, 캉딩에선 이곳 안각사에 잠시 머물렀다고 한다.

포마산은 노래 '캉딩정가' 가사 첫머리에 등장하는, 캉딩을 대표하는

안 방향에서 들어올 경우 내리는 캉딩 시의 동쪽 관문이다. 시내 방향으로 들어오는 길목에서 기다랗게 열 지은 다양한 군상의 조각상들과 만난다. 동관(東關)과 차도동래(茶道東來)라는 조각 글씨로 봐서 '동쪽 차마고도로 가는' 또는 '동쪽 차마고도에서 들어오는 길목'이란 뜻이겠다. 100년쯤 전에 살았을 사람들의 치열했던 삶의 현장을 생생하게 보여주는 조각상들이다.

 서쪽을 향하던 길이 남서쪽으로 방향이 틀어지면서 도심에 들어선다. 큰 물통을 등에 인 하얀 여인의 조각상이 눈길을 끈다. 역시 옛사람들의 수많은 사연이 깃들어 있을 법한 우물터이다. 인근 캉딩 정가광장

아무튼 캉딩은 중국과 경계이다 보니 한족(漢族) 유입이 특히 많아졌다. 지금은 티베트 장족과 중국 한족의 비율이 반반이다. 그만큼 인근 리탕에 비해서 티베트 분위기는 훨씬 덜 느껴진다. 설산에서 녹아내리는 강물을 따라 도로 몇 개가 단순하게 이어지는 도시다. 주요 명소들이 길과 강 주변에 포진해 있어서 다른 여느 여행지보다도 수월하게 도심 트레킹을 즐길 수 있는 곳이 캉딩이다.

캉딩 시 북동쪽 끝 지점에 버스 종합터미널이 있다. 정식 명칭이 캉딩동관 신터미널, 줄여서 캉딩 신처짠으로 불리기도 한다. 청두나 야

📍 트레킹 루트 (5km)

캉딩동관 신터미널(康定東關 新汽车站) - 동관 차도동래 공원(東關 茶道東來) - 캉딩 수정자(康定水井子, Shuijingzi) 우물 - 캉딩 정가광장(康定情歌广场) - 안각사(安觉寺) - 포마산(跑马山) - 간쯔자치주 무형 문화유산 박물관(甘孜自治州 非物质文化遗产博物馆) - 남무사(南无寺)

싸로 연결된 여러 갈래의 교역 길들이다. 지금은 대부분 포장도로들이지만 마오쩌둥이 중국을 통일하기 이전까지는 거의가 흙먼지 휘날리는 비포장 길들이었다. 중국인들 입장에서 브면 캉딩은 차마고도를 따라 티베트 땅으로 들어가는 첫 관문인 셈이다.

동티베트
캉딩

지금의 쓰촨성 캉딩(康定)은 티베트 땅의 가장 동쪽이자 동티베트의 동쪽 마지막 도시다. 소설 《잃어버린 지평선》의 에필로그 부분의 몇 문장을 보면 옛 캉딩의 분위기를 유추할 수 있다.

'캉딩은 아주 이상하고 찾아가기 어려운 도시였어. 세상의 끝에 있는 장터 마을 같은 곳이었지. 윈난에서 온 중국인 노동자들이 자신들이 가져온 차를 티베트 인들에게 넘기는 곳이라네. 유럽인들은 거기까지는 가지 않지. 그곳 주민들은 꽤 예의 바르고 친절했네.'

티베트와 인접한 중국 쓰촨과 윈난 지역의 차(茶)가, 티베트 고원에 풍부했던 말(馬)들과 물물교환되던 오래된 옛길(古道)이 차마고도(茶馬古道)이다. 크게 보면 중국 쓰촨과 윈난 지역에서 티베트 라

지만 어쩐지 코믹하고 친근한 모습이다.

    광장으로 오가는 길에 리탕 시의 두 개 중심 도로인 단결로와 행복로를 거닐 수 있다. 남북으로 뻗은 길이 단결로이고, 동서로 난 길이 행복로이다. 마지막으로 크고 작은 백탑들이 100여 개 놓여 있는 백탑공원에서 오체투지하는 현지인들을 바라보거나 마니차를 돌려보면서 리탕 여행을 마친다. 다음 여정이 망캉이나 라싸 쪽이라면 서성문을 지나고, 야안이나 성도로 간다면 동성문을 지나면서 리탕과 작별한다.

장터가 많다. 이곳 리탕에도 유명한 천장터가 있다. 인강고가 오거리에서 북서쪽 길을 따라 1.5km 지점에 위치한다. 장례가 매일 있는 건 아니기 때문에 숙소에 문의하면 그날 장례 여부와 시간을 알려준다. 여행자 누구에게나 난생 처음 보는 괴기스런 현장이겠지만 장례를 치르는 동안 티베트 인들에게선 슬픔보다는 망자를 좋은 곳으로 잘 보내고 있다는 안도가 엿보인다.

거싸얼왕은 고대 동티베트 지역의 전설적인 왕이었다. 실존 인물은 아니지만 이곳 캄 지역 사람들에게는 정신적 지주 역할을 해온 영웅이다. 달라이 라마 7세 탄생지에서 동쪽으로 두 블록에는 거싸얼왕 광장이 조그맣게 자리한다. 말에 탄 왕이 한껏 위세를 부리려 하

고, 남은 뼈마저도 모두 잘게 분쇄한 후에 양념을 묻혀 뿌려주면 주변 독수리들이 금세 먹어치운다.

하늘에 장례 지낸다는 의미에서 천장(天葬)이라 부른다. 육신을 독수리 먹이로 바치면 영혼까지 하늘나라로 올라간다는 믿음 때문에 천 년을 이어온 티베트 인들의 전통 장례 방식이다. 육신을 새의 먹이로 바친다 하여 조장(鳥葬)이라고도 한다. 건조한 티베트 고원에선 시신을 묻어도 잘 썩지 않기 때문에 이런 풍습이 생겨났다. 시신이 썩지 않으면 영혼이 하늘로 올라갈 수도 없고, 그러면 내세를 기약할 수도 없다는 믿음 때문이다.

라싸의 세라 사원 뒤나 수미산 카일라스 입구 등 티베트 전역에 천

증세만 없다면 천천히 걷기에 아주 고즈넉하고 운치 있는 길이다.

중국 지배하에서의 티베트 왕인 달라이 라마 제도는 지금까지 600여 년 동안 이어져왔다. 지금의 달라이 라마 14세가 독립을 추구하다 쫓겨나 인도에 망명한 지 60년이 흘렀지만, 80대 후반인 그가 다시 라싸로 복귀하긴 어려워 보인다. 리탕 구도심에는 달라이 라마 7세의 생가가 지금도 보존 관리되고 있다. 일반인이 들어갈 순 없지만 생가 앞에 인상 깊은 돌탑도 있고 주변으로 찻집 등도 있다. 리탕 여행자들이 꼭 들르는 관광지이기도 하다.

포탈라궁을 건립한 달라이 라마 5세는 중국으로부터 나름 독립적 지위를 확보한 후에 세상을 떴다. 6세로 왕권이 넘어오자 중국은 다시 티베트에 대한 지배권을 확보하려고 묘책을 강구했다. 그런 와중에 중국이 자신들과 지리적으로 가까운 동티베트 리탕 출신을 꼭두각시로 내세워 라싸로 쳐들어가 왕좌에 옹립한 인물이 달라이 라마 7세이다. 그가 즉위하기 전인 여덟 살 때 출가한 곳이 바로 이곳 리탕사이다. 그의 생가가 보존된 주변 1km 거리는 인강고가라는 이름으로 불린다. 서울의 인사동 거리와 비슷한 분위기다. 빨강과 하얀색이 조화를 이루는 티베트 전통가옥들이 즐비하다. 골목골목 누비며 고즈넉하게 산책하기 좋은 길이다.

마틴 스콜세지 감독의 영화 《쿤둔》에는 어린 달라이 라마 14세의 부친이 죽은 후 장례를 치르는 모습이 섬뜩하게 그려진다. 넓은 고원 들판에서 붉은 옷을 입은 승려들이 경건하게 염불을 외고, 큰 칼을 든 인부들이 사체를 토막 내고 살점들을 잘라내 주변에 던진다. 하늘에서 내려와 기다리던 수십 마리의 독수리 떼가 무섭게 달려들어 살점들을 먹어 치운다. 뼈에 남아 있는 살점들도 하나하나 발라내

다란 문구가 쓰여진 '동성문'이다. 누구든 차에서 내려 인증사진을 찍게 할 만큼 관문의 자태는 위용이 넘친다.

리탕에 온 여행자들이 가장 먼저 찾는 곳은 티베트 불교 사찰인 리탕사이다. 16세기에 달라이 라마 3세에 의해 창건된 겔룩파(格鲁派) 또는 황교(黃敎)의 사찰이다. 밖에서는 잘 모르는데 안에 들어가 보면 규모가 대단함을 알 수 있다. 장청춘커얼사로도 불리며 강남 황교(康南黃敎)의 성지로 일컬어진다. 티베트 여느 사원들처럼 문화혁명 때 거의 파괴되었다가 1990년에 다시 복원되었다. 도심 북쪽 모라카산(莫拉卡山) 기슭에 위치한다. 도심에선 왕복 3km 거리다. 고산

는 쓰촨성 야딩 등의 동티베트 여행은 꽤 인기를 끈다.

지금의 쓰촨성 깐쯔 장족(甘孜藏族) 자치주의 리탕(理塘)은 티베트의 역대 14명 달라이 라마 중 두 명을 탄생시킬 정도로 옛 캄 지역을 대표하는 중심 도시였다. 동티베트 지역에선 지금도 여전히 티베트적인 분위기를 가장 많이 느낄 수 있는 여행지이다. 라싸보다도 더 높은 해발 4,100m 고원 도시라 고산증과의 싸움이 일반 여행자들에겐 큰 과제이다.

청두나 캉딩 또는 남쪽 따오청에서 리탕으로 들어갈 때는 시내 1km 전방에 있는 관문을 지난다. '세계 고성(古城) 리탕'이라는 커

📍 트레킹 루트 (9.5km)

동성문(东城门) - (차량) - 청두 게스트하우스(成都旅游招待所) - 리탕사(理塘寺=장청춘커얼사 长青春科尔寺) - 달라이 라마7세 탄생지(七世达赖喇嘛诞生地=인강고옥 仁康古屋) - 인강고가(仁康古街) - 천장터(天葬垈) - 거싸얼왕 광장(格萨尔王广场) - 단결로(團結路, Tuanjie Rd) - 행복로(幸福路, Xingfu Rd) - 백탑공원(白塔公园, Baita Park) - (차량) - 서성문(西城门)

동티베트
리탕

　　1950년 중국에 합병되기 전 원래의 티베트는 크게 세 지역으로 구성됐다. 서쪽 절반이 우창(U-Tsang, 卫藏), 나머지 절반인 동쪽은 다시 북부와 남부로 나뉘어 암도(Amdo, 安多)와 캄(Kham, 康巴)으로 불렸다.

　　이들 세 지역 중 우창 지역의 중국 내 행정 명칭은 시짱(西藏)자치구다. '서쪽의 장족' 즉 서티베트 인들의 땅이란 뜻이다. 1965년 서부의 우창 지역만 시짱이란 이름을 붙여, 티베트 인들의 자치구로 인정해버린 결과였다. 이때 동부의 암도와 캄 지역은 칭하이, 깐쑤, 쓰촨, 윈난 4개 성의 일부로 분할 합병돼 버리면서 이 지역 티베트 인들은 점차 천대받는 소수민족으로 전락해갔다. 옛 암도와 캄 지역을 뜻하는 동티베트라는 지명은 외래 여행자들이 그렇게 불러줄 뿐 중국 입장에선 금기어이다. 우리나라에서도 윈난성 리장과 샹그릴라 또

　그러나 소설《잃어버린 지평선》에서의 낙원에 대한 환상을 너무 많이 품고 샹그릴라에 온 여행자라면 십중팔구는 실망한다. 여전히 '금빛 찬란한 절'도 있고, '미려하고 여유 넘치는 호수와 초원'도 있기는 하다. 그러나 더 이상 '세상과 동떨어진 곳'은 아니다. 신시가는 물론 구시가 고성을 비롯해 샹그릴라 어딜 가나 대체로 그렇다. 수많은 관광객들과 숙박업소와 유흥업소들이 즐비하다. 샹그릴라가 아닌 여느 관광도시와 다를 바가 없어졌다. '샹그릴라에 와보니 샹그릴라는 없더라'고 자조하며 샹그릴라를 떠나는 이들이 많아지고 있다.

　남쪽 올드타운 고성에서 북쪽 송찬림사를 거쳐 외곽 나파하이까지는 총 11km 거리이다. 트레킹으로도 가능한 거리지만 샹그릴라에선 차량이나 패키지 투어를 이용하는 게 좋다. 특히 나파하이에 도착한 경우 워낙 드넓은 초원이다 보니 걷기보다는 말을 이용한 현지 프로그램을 이용하는 게 더 운치 있고 효율적이다.

초원 체험 프로그램이 있다.

 시의 북쪽 외곽에 위치한 송찬림사와 나파하이는 샹그릴라 여행자들에겐 '다녀오는 곳'이라 할 수 있다. 반대로, 시 가장 남쪽에 위치한 올드타운 고성(古城)은 '머물며 거니는 곳'으로 표현될 수 있다. '두커종(獨克宗) 고성'이 정식 지명인 샹그릴라 고성은 당나라 때 티베트의 토번왕국이 중원을 향한 전초기지로 세운 요새에서 출발한 도시다.

 고성 내 구이산 공원(龜山公園)에 올라 바라보는 오래된 가옥들의 모습, 대불사(大佛寺)에서 여럿이 함께 돌려보는, 세상에서 가장 거대한 60톤짜리 마니차, 그리고 웨광광장(月光广場) 주변에서 느끼는 오래된 도시의 정취 등이, 샹그릴라를 오래 머물고 싶은 여행지로 만드는 매력들이다.

100개 이상 올라가야 한다. 사원 안을 둘러보는 동안에는 고소증이 오면서 멍한 기분에 취하기도 한다. '작은 포탈라궁'이란 별칭으로 불리기에, 라싸에 아직 못 가본 이들은 이곳에서 포탈라궁 기분을 느끼며 대리 위안을 삼기도 한다.

　소설로 유명해진 두 번째 명소는 '소와 양이 떼 지어 다니는 대초원'이다. 송찬림사에서 북서쪽으로 5km를 더 올라가면 펼쳐지는 초원 나파하이(纳帕海)를 말한다. 우기에 비가 많이 오면 초원은 드넓은 호수가 되기에 '바다 海' 자를 이름에 붙였다. 건기가 되면 호수면이 줄어들거나 바닥이 말라붙어서 이라초원(依拉草原)으로 불린다. 해발 3,300m 고원지대의 계절성 호수가 갖는 특성이다.

　삼면이 산으로 둘러싸인 호숫가 황금빛 초원에, 좋은 계절이 오면 들꽃이 만발하고 작은 말과 소와 양들이 노닌다. 누군가의 묘사처럼 '미려하고 여유가 넘치는 곳'이다. 고원 특성상 동절기는 여행을 피하는 게 좋다. 이왕이면 우기인 6~8월까지 피해서 이른 봄이나 늦가을이면 나파하이를 최대한 즐길 수 있다. 말타기와 활쏘기 등 다양한

1,000m를 더 올라가야 하기 때문이다.

    그렇게 도착한 샹그릴라에 소설 《잃어버린 지평선》으로 유명해진 관광 명소는 두 군데다. 먼저, '신비롭게 빛나는 금빛 찬란한 절'로 묘사되면서 샹그릴라 여행자들의 영순위 방문지로 꼽히는 송찬림사(松贊林寺)다. 티베트 불교를 일컫는 라마교의 사원으로 티베트에선 포탈라궁 다음으로 규모가 크다. 도시 중심부에서 북쪽으로 4km 떨어져 있으면서, 지붕과 외곽이 온통 금빛으로 번쩍인다.

    드넓은 평원 앞 산악 지대에 올려진 위치 때문에 멀리서 보면 이 세상 모습이 아닌 것처럼 아늑하게 보인다. 그저 잠깐 나타나고 마는 신기루의 느낌이다. 해발 3,300m 고지대에 있으면서 가파른 계단을

졌다. 샹그릴라 현을 현급시(縣級市)인 샹그릴라 시로 승격시킨 것이다. 개명한 지 20년이 가까워오는 지금 샹그릴라는 전형적인 관광지의 모습으로 변모해 있다.

샹그릴라는 윈난성의 서북단에 위치한다. 여러 소수민족들이 모여 살지만 그중에서도 티베트 인들이 절반에 가깝다. 샹그릴라로 가는 여행자들은 주로 쿤밍(昆明)에서 항공편을 이용하거나, 가까운 리장(丽江)에서 대중교통을 이용한다. 쿤밍과는 우리의 서울-제주 간 거리와 똑같다. 리장에서는 거리 150km에 불과하지만 차량으로 4시간 이상 걸린다. 계곡과 능선으로 이어지는 열악한 도로를 따라 해발

拉)'라는 중국식 지명도 덧붙였다.

   샹그릴라 또는 샹거리라의 어원은 샴발라(Shambhala. 香巴拉)다. 불국정토인 피안의 세계를 일컫는 티베트 전설 속 이상향을 가리킨다. 티베트 인들 마음속에는 세상이 탐욕과 부패로 종말을 맞을 때 샴발라 불국의 왕이 홀연히 나타나 자신들을 구원해줄 거라는 믿음이 전해져 내려온다.

   동티베트 땅에 속하는 윈난성 중덴에 대한 샹그릴라 개명은 이렇듯 중국 정부의 용의주도한 관광 마케팅의 산물이었다. 식민지 티베트 인들의 심리를 잘 다독이며 서구 여행객들의 생리까지 치밀하게 간파해낸 결과다. 새로운 이름으로 그럴싸하게 포장한 샹그릴라에는 이후 낙원을 꿈꾸는 해외 관광객들이 밀려들기 시작했다. 중국 정부의 영리한 계산은 대성공으로 이어졌고 한 단계 조치가 더 취해

동티베트
샹그릴라 중뎬

　　중국 대륙 공산화와 함께 티베트 등이 금단의 땅으로 변한 후 50년 세월이 흐른 어느 날, 중국의 한 지방 정부가 '드디어 샹그릴라를 찾아냈다'고 떠들썩하게 발표했다. 윈난성(云南省) 디칭(迪慶) 장족(藏族) 자치주의 3개 현 중 하나인 중뎬 현(中甸县)이 소설《잃어버린 지평선》속의 그 샹그릴라라는 것이다. 지리적 문화적 제반 요건이 소설과 일치하며 장기간에 걸친 엄격한 고증의 결과임을 강조했다.

　　피폐해진 일상에서 꿈속 이상향을 그리던 서방 세계 많은 이들의 시선이 중국 윈난으로 쏠렸다. 관광 수입과 외화 자본이 절실했던 중국은 중앙 정부 차원에서 발 빠르게 움직였다. 발표 4년 후인 2001년에는 중뎬 현을 아예 샹그릴라 현으로 공식 개명해버렸다. 티베트 문화를 샅샅이 뒤져 발음이 비슷한 한자를 찾아냈고 '샹거리라(香格里

오르막이다.

    이윽고 우유해가 눈앞에 나타나고 잠시 후 호숫가에 이른다. 앙매용 설산의 빙하가 녹으며 빚어낸 호수의 빛깔은 비취색이다. 마지막 남은 500여 미터 거리를 마저 올라가면 두 번째 호수인 오색해와 만난다. 해발 4,600m 정상이다. 선내일 신산의 중턱에 있는 호수다. 빛의 굴절에 의해 호수의 색깔이 다섯 가지로 변해 보인다는 연유로 붙여진 이름이다.

    하산은 올라간 길 그대로 내려오면 된다. 낙융목장에서부터는 충고사까지 전동차를 타고 가는 게 덜 지루하다. 하루 당일치기 고산 트레킹으론 동티베트 샹그릴라의 진수를 맛볼 수 있는 최고의 코스다.

길이 넓고 편안하다. 원래는 거친 자갈길이었겠지만 많은 이들이 오가며 자연스레 평평하게 다져진 흔적이 엿보인다. 1시간쯤 지나면서 폭 좁은 돌계단길이 시작된다. 경사도 가팔라진다. 무리하게 빨리 오르려 하면 당장 고산병에 노출될 가능성이 많다. 해발 4,000m 넘어서부터는 무조건 심호흡을 크게 하며 몸은 최대한 천천히 움직이는 게 좋은 것이다.

거대한 암벽 밑에 수백 장의 깃발들이 만국기처럼 휘날리는 곳을 만나면 정상이 가까워진 것이다. 네팔이건 중국이건 티베트 문화권 지역이라면 흔히 만나는 타루초(Tharchog, 經文旗)다. 타루초 한 장 한 장에 적혀 있는 불교 경전들이 바람에 읽혀, 무지한 중생들 마음에 심어지고 있다. 가파른 초원에서 두 번째 타루초를 만나면 마지막

숲과 호수가 있는 초원에 소와 양들이 한가로이 풀을 뜯고 있다.

　천천히 2시간 반 동안 대초원을 가로질러 낙융목장에 이르면 잠시 한숨 쉬는 사이 멀리 앙매용 신산의 절경에 압도된다. 삼각형으로 뾰족하게 솟은 설산 봉우리가 하얀 구름에 감겨 신비감을 더해준다. 낙융목장의 유래를 설명하는 안내판에는 '1928년 로크 선생이 이곳에서 머문 적이 있다'는 내용도 있다. 로크 선생이라면 이곳 사진들을 내셔널 지오그래픽지에 올려 야딩 풍경구를 서방 세계에 처음 알린 미국 탐험가 조셉 록(Joseph Rock)을 말한다. 90여 년 전 당시의 교통수단과 여건으로 이런 오지까지 탐험했을 그의 상황을 생각하면 참으로 아득한 일이다.

　마지막 3단계는 해발 4,600m에 있는 호수까지 고도차 500m를 올라가는 5km 거리의 가파른 길이다. 낙융목장에서부터 한동안은 곧이어 1933년에 소설 《잃어버린 지평선》이 발표됐다. 자연스럽게 이곳 야딩이 곧 소설 속 '히말라야 동쪽에 있다는 그 샹그릴라'일 거라는 믿음이 서구 사회에 퍼져갔다. 그러나 2차 세계대전이 터지고 중국이 공산화되면서 이곳은 서방 세계와 완전히 단절돼 버렸다. 그리고 점차 사람들 뇌리에서 잊혀졌다. 그 후 50년 세월이 흐르고 나서야 중국 정부의 개방 정책에 따라 바깥세상에 다시 모습을 드러낸 것이다.

샹그릴라 진의 중심가 읍내에서 차로 10분 거리인 터미널에서 야딩행 버스를 탄다. 가파른 도로를 따라 고도차 수백 미터를 오르고 내린다. 아찔한 계곡 아래를 내려다보며 수십 번의 굽이길을 돌고 돌다 1시간 후에야 트레킹 출발지인 룽통빠에 내린다. 충고사까지는 아직 전망은 시원하지 않지만, 계곡 물소리가 청정하게 들리는 편안한 구간이다.

야딩을 상징하는 세 개의 설산이 조금씩 그 윤곽을 드러낸다. 선내일(仙乃日. 6,032m), 하락다길(夏诺多吉. 5,958m), 앙매용(央迈勇. 5,958m)이 각자의 자태를 뽐내며 우람하게 솟아 주변 삼면을 병풍처럼 두르고 있다. 티베트 인들은 이들을 삼신산(三神山)으로 여기며 신격화해 부른다. 북쪽의 선내일 신산은 중생들에게 자비를 베푸는 관세음보살, 동쪽의 하락다길 신산은 악을 뿌리치는 힘을 가진 금강수보살, 그리고 남쪽의 앙매용 신산은 지혜의 화신인 문수보살로 받들어지는 것이다.

선내일 신산 기슭 아래의 충고사는 금빛 찬란한 지붕을 얹은 채 삼신산을 모시는 특별한 임무를 맡고 있는 티베트 사원이다. 충고사에서 낙융목장까지 7km는 확 트인 대초원을 걷는 트레킹 2단계이다.

따오청에 공항이 생겨서 편하게 항공편을 이용할 수도 있다. 따오청에 도착하면 다시 차량으로 3시간을 이동해야 샹그릴라 진(香格里拉镇)이다.

윈난성의 샹그릴라는 현급시(县級市)이고 이곳 쓰촨성의 샹그릴라는 현보다 하위 단계인 진(镇)급이다. 윈난성이 2001년 중뎬 현을 샹그릴라 현으로 개명하자 이에 질세라 쓰촨성도 그 이듬해에, 원래 르와 향(日瓦鄉)이던 이곳을 샹그릴라 향(香格里拉鄉)으로 바꾼 것이다. 물론 제임스 힐튼의 소설 《잃어버린 지평선》의 여러 요소들을 쓰촨성 정부 나름대로 분석하여 내놓은 결과였다. 그리고 몇 년 후에는 향(鄉)보다 더 윗 단계인 현재의 진(镇)으로 격상시켜 오늘에 이르렀다.

비슷한 시기에 개명되었지만 두 샹그릴라의 차이는 크다. 대도시인 윈난성 샹그릴라 시에 비하면 이곳 쓰촨성 샹그릴라 진은 시골 읍내 수준 규모에 불과하다. 그러나 외지인들의 발길은 그동안 훨씬 적었고 그만큼 오염도 덜 되었음을 단박에 알 수 있다. 그래도 샹그릴라라는 이름을 믿고 이곳에 도착한 사람들은 역시나 실망한다. 쾌적하고 분위기 좋은 고산 마을임에는 분명하나 개명한 이름에 걸맞은 정도는 아니라고 느껴지기 때문이다.

그러나 아직 실망은 이르다. 샹그릴라 진(镇)의 영내이지만 차로 1시간을 더 달려 야딩 풍경구(亚丁 风景区)를 찾아가야 번지수가 맞는 것이다. 1928년 미국인 탐험가가 이곳 야딩 지역을 여행하며 찍은 사진들이 3년 후 내셔널 지오그래픽지 표지와 내지에 실렸다. 야딩이라는 동방의 오지는 한순간에 지상낙원의 이미지로 서구인들의 눈길을 끌어 모으기 시작했다.

📍 트레킹 루트 (20.5km)

롱통빠(龙同坝 3,780m) - 4km - 충고사(冲古寺 3,880m) - 7km - 낙융목장(洛绒牛場 4,130m) - 4.5km - 우유해(牛奶海 4,500m) - 0.5km - 오색해(五色海 4,600m) - 4.5km - 낙융목장(洛绒牛場 4,130m)

윈난의 상업화된 샹그릴라에 실망했다면 쓰촨성으로 찾아가면 된다. 관문인 따오청(稻城)까지는 버스로 열두 시간 이상 걸리는 험난한 길이긴 하다. 북쪽으로 강과 계곡을 따라가는 비포장도로다. 해발 4,000m 고지대까지 오르고 내리고를 반복하며 가야 한다. 근래에는

중국에는 샹그릴라라는 지명이 두 군데 있다. 두 곳 다 이 소설 속 배경지임을 서로 주장하며 오래전에 개명을 한 결과다. 원래 지명이 중뎬(中甸)이었던 윈난성 샹그릴라는 개명한 지 20년이 가까워오는 지금 유명 관광지로 변모해 있다. 꿈속의 낙원 같은 이미지를 꿈꾸며 찾아간 여행자라면 상업화된 현지 모습에 대개는 실망한다. 인근인 쓰촨성에도 샹그릴라가 있다. 윈난보다 한 템포 늦게 개명했기에 외부엔 덜 알려져 있다. 외지인들의 발길이 훨씬 덜 닿았고, 상업적으로 덜 때묻었다.

두 샹그릴라 모두 70년 전까지는 티베트 땅이었다. 1950년 마오쩌둥 군이 티베트를 침공해 동서로 분할해버리면서 동쪽은 윈난성과 쓰촨성 등에 강제 편입되었다. 이 지역 티베트 인들은 자기 땅에 살면서 남의 땅에 빌붙어 사는 소수민족쯤으로 치부되고 있다. 이를 안타깝게 바라보는 외지인들이 이 지역을 동티베트라고 불러줄 뿐이다.

동티베트
야딩 풍경구

설산에 금빛 찬란한 절이 있다.

신비하다.

빙하와 숲과 호수와 대초원이 있다.

초원에는 소와 양이 떼 지어 다닌다.

미려하고 고요하고 여유가 넘친다.

세상과 동떨어진 곳이다.

제임스 힐튼의 1933년 소설《잃어버린 지평선》의 일부라고 가끔 인용되는 대목이다. 허나 소설 속에 실제 이런 대목이 나오는 건 아니다. 독자인 누군가의 창작일 뿐이다. 그렇지만 이 소설의 분위기를 정확히 압축해낸 묘사임엔 틀림없다. 소설 속에 그려진 이상향 '샹그릴라'의 모습을, 눈앞에 다시 보듯 생생하게 펼쳐놓기 때문이다.

　자료에 의하면 구게왕국 유적지에는 토굴 879개와 방 445개 칸, 요새 58개와 비밀 통로 4갈래 그리고 불탑 28개가 남아 있다고 한다. 그러나 막상 현장을 오를 때면 이런 용도별 공간과 수치들이 전혀 염두에 둬지질 않는다. 50층 아파트 꼭대기까지 계단을 통해 올라가는 만큼의 에너지가 필요하기 때문이다. 이런 험하고 높은 곳에 견고하게 꾸며진 공간들이 그저 감탄스럽고 경이롭게 느껴질 뿐이다.

　구게왕국을 올라본 이들은 모두 같은 느낌일 것이다. 물 한 방울 안 나오고 풀 한 포기 자랄 수 없는 이런 척박한 절벽 산상에서 어떻게 그리 많은 인간 군상들이 모여 살며 도시를 이루고 수백 년 번영을 이뤘는지, 도무지 납득이 안 되는 것이다. 그래서 구게왕국은 다녀온 이들에게나 아직 가보지 못한 이들에게나 똑같이 '신비의 왕국'으로 남을 수밖에 없다.

주하는 수백 개의 동굴과 움막들로 구성된다. 산 중턱 허리 부분 일대에는 여러 개의 불교 사원과 승려들의 승방과 수도 공간이 있으면서 종교인과 중산층 구성원들이 함께 거주했다. 사원들 중 일부에는 다양한 불교 벽화들이 또렷이 남아 있어 관광객들 누구나 눈으로 확인해볼 수 있다.

  맨 위 정상부는 역시 지배층을 위한 왕궁으로써의 공간이었다. 물론 왕국 전체를 감시하는 전망대이기도 하면서 전쟁 시엔 지휘 센터의 역할도 할 수 있는 위치였다. 정상에는 또한 왕족들이 더위를 피하기 위한 여름 궁전이 있었고, 산 아래 지하에는 추위를 피하기 위한 겨울 궁전도 있었다. 꼭대기와 지하에 있던 이들 두 개의 궁은 극소수만이 아는 비밀 통로로 연결되어 있었다. 외부 침입과 비상시에는 왕족들의 긴급 대피 경로로도 활용했던 것이다.

무대에서 사라지고 만다.

　자다(札達)를 지나는 유일한 도로를 따라 서쪽으로 20km 지점에 자부랑 마을이 위치한다. 마을로 들어서고 잠시 계곡을 올라가면 울퉁불퉁 누런 벌거숭이 돌산이 얼른 눈에 들어온다. 웅대한 자태가 꽤 인상 깊긴 하지만 이곳 자다토림(札達土林) 일대에서 흔히 만나는 여느 산과 계곡들처럼 자연의 일부일 뿐이다. 하지만 막상 산 아래서부터 정상까지 오르다 보면 놀라고 또 놀라게 된다. 60년 전 이곳에 처음 발을 디딘 중국 군인들의 느낌과 똑같을 수밖에 없다. 산 구석구석이 자연이 아닌 인공 조형물이나 다름없다. 하나하나 사람의 손길에 의해 깎이고 다듬어졌음을 확인하게 되는 것이다.

　300여 미터 높이의 황토산은 크게 3개 지역으로 나뉜다. 여느 도시처럼 이곳 산상 도시도 구성원의 계급에 따라 주거지를 달리하는 구조인 것이다. 산 중간부터 아래 바닥까지는 백성과 노예 계급이 거자 라싸는 왕위 계승을 둘러싸고 극심한 내분에 휩싸인다. 권력 암투에서 밀려난 그의 손자 지더니마(吉德尼瑪)는 라싸를 탈출하여 서쪽 멀리 떨어진 이곳 아리 지역을 장악해 다스린다.

 지더니마가 죽자 왕국은 선왕의 유지에 따라 세 왕국으로 나뉘어 세 아들들에게 분배된다. 현 아리지구의 푸란현과 자다현 일대는 푸란왕국과 구게왕국, 그리고 인도 카슈미르 지역은 라다크왕국, 이렇게 셋으로 나뉜 것이다. 구게왕국을 이어받은 셋째 아들 더짜오(德朝)는 지금의 유적지 자리인 황토산에 누구도 침입할 수 없는 왕궁을 축성하기 시작했다.

 그가 죽은 후에도 증축은 대를 이으며 계속되어 황토산 전체는 어느덧 견고한 요새이자 주거지를 겸하는 거대한 산상 도시로 변모해 간다. 그와 함께 16대 왕까지 수백 년 번영을 누리던 구게왕국은 17세기 초반 인근 라다크왕국의 침공으로 허무하게 무너지면서 역사의

변방 오지인 이곳에도 한때는 티베트족 또 하나의 왕도(王都)가 있었다. 라싸와는 결이 다르지만 13세기를 전후해 700여 년간 엄연히 티베트의 역사에 등장했던 구게왕국(古格王国)이다. 라싸를 중심으로 이어져온 역대 왕조와 달리 구체적 흥망성쇠에 대한 기록이 거의 없고 전설로만 알려져왔기에 '신비의 왕국'으로 불린다.

아리(阿里)지구 서남단인 자다(札達)현에 존재하는 왕국의 유적지는 오랜 세월 베일에 싸여 있다가 현대에 들어와서야 바깥세상에 알려졌다. 잉카제국의 '사라진 도시' 마추픽추와 닮은꼴이다. KBS 차마고도 제작팀이 발간한 논픽션집 《차마고도》는, 구게왕국 유적지가 최초로 외부 세계에 알려질 당시의 상황을 이렇게 묘사하고 있다.

'1959년, 일단의 중국 인민해방군들이 라싸에서 약 열흘에 걸쳐 서쪽으로 이동해왔다. 그리고 이들은 마치 세상의 끝인 듯한 이곳에서 놀라운 광경을 목격했다. 그것은 상상도 못 할 풍경이었다. 높다란 바위 절벽 위에 건축물이 있던 것이다. 해발 약 4,200m 지점의 메마른 고원에 솟은 높이 약 300m의 높은 절벽, 다시 그 위에 서 있는 우람한 건축물. 붉은 벽의 그 건축물 앞에서 인민해방군들은 차라리 두려움을 느껴야 했다. 이 멀고 먼 서역 땅 끝, 누가 어떻게 저 높은 절벽 위에 저리도 화려한 건축물을 지었을까? 왜 지었을까?'

티베트족을 최초로 통일시켰던 토번(吐蕃)왕국은 융성 300년을 넘기지 못하고 9세기 중반 멸망했다. 이후 400년간 티베트는 춘추전국시대 같은 내부 분열의 시대를 겪었다. 구게왕국은 이때 생겨난 지방정권 중 하나였다. 토번국의 마지막 왕 랑다르마(郞達瑪)가 죽

총 거리	약 1km
소요 시간	1일
최고 해발	3,750m

는 위상에 걸맞게 듬직한 호위무사들을 거느리고 있는 것이다.

과거엔 이 모든 지역이 달라이 라마가 이끄는 티베트 민족의 땅이었으나, 1950년 중국 공산당이 점령한 이후엔 동서로 강제 분할됐다. 동쪽 절반은 쓰촨, 윈난, 칭하이 성 일부로 편입되고 나머지 절반만 시짱(西藏), 즉 '서쪽 티베트' 자치구로 남게 된 것이다. 지금의 시짱자치구는 한가운데 수도 라싸(拉萨)를 중심으로 아리(阿里), 나취(那曲), 창두(昌都), 린즈(林芝) 등 6개 지구로 구성된다. 이들 중 아리지구는 중국인들도 쉽게 접근하기 어려운 티베트의 서쪽 끝, 인도 카슈미르 라다크 지역에 면한 오지 중 오지이다.

 티베트 라싸까지 2,000km를 걸어가는 여정이 그려진다. 그가 맞닥뜨리는 해발 4,500m 고원 풍광은 먼 우주 속 어느 혹성처럼 낯설고 기이하다. 중후반부터 라싸를 보여주기에 앞서 영화는 초반에 티베트의 대자연 풍광을 극적으로 담아낸다. 인도 국경을 넘은 그가 며칠 밤낮을 쉼없이 걸어 지난 곳은 티베트의 오지로 손꼽히는 아리(阿里)지구의 자다(札達)현이다.
 티베트 고원은 현 중국의 두 지역, 칭하이(青海)성과 시짱(西藏) 자치구 전역을 아우르기에 칭짱(青藏)고원으로도 불린다. 사방 4개의 거대 산맥들이 고원을 둘러싸 보호하고 있다. 남쪽의 히말라야에 이어 북쪽은 신장위구르와 경계를 이루는 쿤룬산맥(昆仑山脉), 동쪽은 쓰촨성과 윈난성을 마주하는 헝돤산맥(横断山脉), 그리고 서쪽은 세계 제2의 고봉 K2가 있는 카라코람산맥이다. '세계의 지붕'이라

티베트
구게왕국

　　1차 세계대전 후유증이 어느 정도 치유될 때쯤 세상은 다시 암흑에 휩싸였다. 세계경제 대공황의 광풍이 몰아친 것이다. 1933년 제임스 힐튼의 《잃어버린 지평선》이 출간돼 인기를 끌면서 소설 속 지상낙원 샹그릴라가 모두에게 꿈의 이상향이 되었다. 암울한 현실에서 도피하고픈 이들이 히말라야 어딘가에 있다는 그 낙원을 찾아 동방으로 떠났다.

　　독일 총리 히틀러는 다른 이유 때문에 동방으로 원정대를 보냈다. 샹그릴라가 순수 아리안 혈통의 진원지라는 믿음 때문이었다. 오스트리아 산악인 하인리히 하러는 당시 독일 정부 히말라야 원정대의 일원이었다. 그의 실제 경험을 담은 영화가 브래드 피트 주연의 《티베트에서의 7년》이다.

　　영화 초반엔 인도 데라둔 지역의 포로수용소를 탈출한 주인공이트 전통 박물관이다. 중국 정부가 지은 만큼 티베트가 중국 영토임을 은연중 과시하는 분위기가 많이 느껴진다. 한족인 문성공주의 황금 빛 청동 좌상이 실물 크기로 특히 화려하고 아름답게 전시되어 있다. 문성공주가 라싸의 지형을 여체에 비유한 자료도 만날 수 있다.

조캉 사원 앞 광장은 바코르 광장이라고도 불린다. 현지인들이 바람 쐬러 나오거나 여행자들이 반드시 들러보는 곳이다. 조캉 사원을 둘러싸는 도로가 팔각형이라 붙여진 이름이 바코르, 팔각로(八角路)이다. 라싸에서 가장 많이 붐비는 구도심이다. 티베트에서 유일하게 옛 모습 그대로를 많이 간직한 곳이기도 하다. 시장과 온갖 상가로 밀집된 팔각로는 도보나 오체투지로 조캉 사원을 도는 순례객들로 늘 붐빈다. 대부분은 시계 방향으로만 돈다. 군중들과 거슬러 시계 반대 방향으로 걷는 이들도 꽤 보인다. 그들은 분명, 현지인들이 아닌 외국인 여행자들이다.

주) ―――――

티베트 포함 중국 지명들은 현지식 원음이나 우리식 한자 발음 중 하나로 통일시키지 않고, 그때그때 문맥의 이해 편의상 두 방식을 병행 표기했다. 예) 칭하이(青海)성 또는 청해(青海)성, 시짱(西藏)자치구 또는 서장(西藏)자치구, 칭짱(青藏)고원 또는 청장(青藏)고원

　포탈라궁과 자치 정부 청사 건물 사이 광장에는 거대한 탑이 하나 높이 솟아 있다. 1950년 중국 인민해방군이 라싸를 점령한 걸 기념하여 세웠다. '화평(和平) 해방(解放) 기념비'라는 이름은 티베트 민족을 중국이 해방시켰다는, 점령군 특유의 왜곡 표현이다.

　해방기념비에서 중심 도로를 따라 서쪽으로 2.5km 이동하면 노블링카다. 몸이 허약했던 7대 달라이 라마가 치료와 휴양 차 숲이 우거진 저지대에 별장을 지은 것이다. 역대 달라이 라마들이 겨울엔 포탈라궁에서 지내고 여름엔 노블링카로 옮겨서 더위를 식혔기에, 포탈라궁은 겨울 궁전, 노블링카는 여름 궁전으로 불리기도 한다.

　시짱(西藏) 박물관은 노블링카 인근에 현대식 건물로 지어진 티베

제스처를 써가며 교리문답을 벌이는 유명한 토론장이다.

내면의 역사성으론 조캉 사원이 티베트를 대표하나 외부적으론 포탈라궁이 라싸의 상징으로 인식된다. 핍박받는 달라이 라마의 궁전이라는 사실과 요새처럼 높이 솟은 특이한 외양과 규모 때문이다. 7세기 손첸감포가 문성공주를 왕비로 맞으며 지었던 홍산 궁전 자리에 17세기 때 5대 달라이 라마가 지었다. 종교의식을 행하던 홍궁(紅宮)과 달라이 라마가 정사를 돌보던 백궁(白宮)을 중심으로 여러 개의 황금탑 등 다양한 양식의 건축물들이 궁을 메우고 있다. 14대 현 달라이 라마가 인도로 망명한 1959년 이후 주인을 잃고 지금은 관광객들로만 북적인다.

손첸캄포가 죽은 뒤 문성공주가 자신의 불상을 조캉 사원으로 옮기면서 네팔 공주 불상은 라모체 사원으로 옮겨진 것이다. 이후부터 성지의 중심은 라모체에서 조캉으로 바뀌게 되었다.

조캉 사원에서 북쪽 5km 지점에 위치한 세라 사원은 승려들의 교육과 불경 연구를 위한 사원이다. 티베트 불교의 주류인 겔룩파의 라싸 3대 사원 중 하나다. 나머지 둘인 간덴 사원과 드레풍 사원은 거리가 멀어 트레킹으로는 적합지 않다. 7세기에 지어진 조캉 사원이나 라모체 사원과는 달리 셋 모두 15세기 이후에 건립되었다. 세라 사원에선 오후에 1시간 동안 실시되는 최라(chora, 辯經)가 여행객들에게 특히 볼거리다. 수십 명의 승려들이 사원 안뜰에 앉거나 서서 격한는 단적인 사례다. 그들이 육신을 혹사하며 수개월 동안 향하는 곳이 대개는 라싸의 조캉 사원이다. 티베트 인들이 평생에 한 번은 꼭 찾아가야만 하는 성지 중의 성지요, 라싸의 랜드마크이기도 하다.

그런 조캉 사원을 시작으로 라싸 시내 명소들을 걸어서 둘러본 후 다시 조캉 사원으로 회귀하는 도심 트레킹은 티베트 문화와 만나는 색다른 경험이 된다. 티베트 여행은 대개 차량을 이용한 명소 관광으로 이뤄지기에 온전히 두 발로 라싸를 걸어보는 여정은 티베트 인들의 삶에 한층 더 가까이 다가서보는 기회가 된다.

조캉 사원을 출발하여 라모체 사원, 세라 사원, 포탈라궁, 해방 기념비, 노블링카, 티베트 박물관, 바코르 광장, 조캉 사원 순으로 돌아오는 동선이면 피상적이나마 라싸를 두루 섭렵하는 셈이 된다. 트레킹 총 거리는 25km지만 명소 체류 시간을 감안하면 느긋이 사흘이면 좋고 서두르면 이틀에도 가능하겠다. 유일하게 외곽인 세라 사원까지의 왕복 13km를 생략하면 구도심 트레킹만 하루나 하루 반나절에 마칠 수도 있다. 라싸 강 이남에 라싸 역을 중심으로 신도시가 형성되어 있지만 여행자들의 관심과는 거리가 멀다.

라싸를 처음 방문한 이들은 포탈라 궁을 가장 많이 찾지만 성지라기보다는 관광지에 가깝다. 그에 비해 규모는 작지만 티베트 인들이 가장 많이 찾고 가장 성스러워하는 곳은 조캉 사원이다. 당나라 문성공주가 손첸캄포 왕에게 시집올 때 가져온 불상이 1,400년 동안 보존되어온, 티베트 불교의 본산이다. 사원 내부는 물론 사원 바깥도 한 손에 염주를 굴리며 사원 주위를 도는 현지인 순례자들로 늘 붐빈다.

라모체 사원에는 네팔의 브리쿠티 공주가 손첸캄포에게 시집올 때 가져온 불상이 보존되어 있다. 원래는 조캉 사원에 보존되었으나

📍 **라싸 트레킹 루트 (25km, 세라 사원 왕복 코스 제외 시 총 거리 12km)**

조캉 사원(大昭寺) - 라모체 사원(小昭寺) - 세라 사원(色拉寺) - 포탈라궁(布达拉宫) - 시짱 해방기념비(西藏和平解放纪念碑) - 노블링카(罗布林卡) - 시짱 박물관(西藏博物馆) - 바코르 광장(大昭寺广场, 八廓街道)

    티베트 여행에서는 흙먼지를 뒤집어쓴 채 삼보일배로 나아가는 오체투지 현지인들을 자주 볼 수 있다. 여행자들 마음엔 왠지 모를 미안함과 묘한 연민이 일지만, 그들 표정엔 고통보다는 평온과 희망이 엿보인다. 오체투지는 티베트 인들의 신앙심과 내세관을 보여주

　역사상 티베트의 전성기는 7세기 때 손첸감포(松贊干布)가 라싸(拉萨)를 수도로 삼아 토번(吐蕃) 왕조를 건립한 시기였다. 당나라 수도 장안을 위협할 정도로 그 위세가 대단했기에 당 태종 이세민은 문성공주를 시집보내어 토번국과의 화친을 도모했다. 이때 다량의 혼수품과 함께 수많은 시녀들이 공주를 따라 라싸로 이주해왔다. 중국 문화가 최초로 티베트에 유입된 시점이다.

　이 혼인의 가장 중요한 의미는 불교의 전래였다. 독실한 불자였던 문성공주는 토번으로 시집가면서 다수의 불상과 경전과 불탑 등을 가져갔고, 토번국 왕비로 사는 동안 많은 사찰을 지으며 불교 전파에 힘을 쏟았던 것이다. 문성공주 이후 1,400여 년이 지난 오늘날까지도 티베트인들에게 불교는 의식주만큼이나 중요한 삶의 일부가 되어 있다.

티베트
라싸

중국에 속한 오늘날 티베트의 행정 명칭은 시짱(西藏) 자치구다. '서쪽의 장족' 즉 서티베트 인들의 땅이란 뜻이다. 원래의 티베트 땅은 지금의 두 배, 중국 대륙의 4분의 1에 달할 만큼 넓었다. 1950년 마오쩌둥 군이 티베트를 침공해 점령하면서 동서로 두 동강을 내버렸고 서쪽만 티베트로 간주한 것이다. 나머지 절반인 동티베트 땅은 다시 네 갈래로 쪼개져 쓰촨, 윈난, 깐쑤, 칭하이 4개 성의 일부로 각각 편입되었고, 장족이나 티베트란 이름도 잃어버렸다.

티베트는 13세기 초 몽고에 점령된 이후 원, 명, 청에 이르기까지 700년간 중국의 직간접 지배를 받았다. 1911년 청나라가 멸망하면서 독립을 선언했으나, 마오쩌둥의 공산당 정부에 의해 다시 합병되어 오늘에 이르렀다. 달라이 라마의 망명정부가 인도에 있긴 하지만 중국 정부의 철권통치 아래 티베트의 독립은 요원해 보인다.

　해발 4,556m에 펼쳐진 호수지만 고산증은 덜하다. 라싸에서 여기까지 오는 며칠 동안에 어느 정도 고산 적응이 되기 때문이다. 호수 북쪽에 인접한 성산 카일라스(Mt. Kailash)는 '우주의 중심'으로, 이곳 마나사로바 호수는 '우주의 자궁'으로 불린다. 카일라스의 설산 빙하가 녹아내려 이 호수로 모여드는 것이다. 앞서의 얌드록쵸와 남쵸가 남성적인 중후 장대의 분위기라면 마나사로바는 섬세한 어머니의 품처럼 고요하고 아늑하다. 히말라야의 한 줄기인 해발 7,694m의 설산 나모나니봉(納木那尼峰)이 든든하게 뒤를 받쳐주기에 더더욱 그래 보인다.
　인도와 네팔 국경에 가까워서 티베트 불교는 물론 힌두교에서까지 성지로 여기고 있다. 1948년에는 마하트마 간디의 유해 일부가 성자의 유언에 따라 이곳 호수에 뿌려지기도 했다. 티베트 인들은 호수 둘레 100km를 며칠에 걸쳐 순례하지만 대개의 외지 트레커들은 호수 북쪽 10km 구간을 서너 시간 트레킹 하는 것으로 만족한다.

📍 마나사로바 호수(玛旁雍错, Mapam Yumtso, Mānas sarovar)

　마나사로바까지 가는 길은 멀고도 멀다. 서쪽 멀리 신장위구르까지 가는 길을 이용해야 한다. 얌드록쵸는 네팔과 이어진 우정공로를, 남쵸는 청해성과 이어진 청장공로를 이용했고, 마나사로바 가는 길은 신장공로(新藏公路)를 이용하는 것이다. 라싸에서 신장위구르 카스 지구의 이에청(葉城)까지 이어진 도로가 신장공로다. 3대 호수를 여행하면서 서티베트의 핵심 도로 세 개를 다 경험하는 것이다.

　라싸에서 마나사로바까지 거리는 1,500km 남짓 된다. 포장 상태는 물론이고 도로 폭도 비좁다. 아찔한 고산과 계곡 길을 수없이 오르고 내린다. 가는 동안의 복잡 험난함에 비해 호수는 정작 너무나 고요하다. 역시 호수 뒤로는 높고 낮은 설산들이 둘러섰고 수평선 부분은 뽀얀 물안개에 싸여 육지와 수면이 구분되질 않는다.

서 해발 4,718m에 펼쳐진 하늘호수와 처음 맞닥뜨릴 때의 감동이란 누구에게든 예외가 없다. 남쵸 트레킹은 드넓은 호수의 남동부 쪽 반도 지역을 2시간 동안 한 바퀴 도는 여정이다. 해발고도를 100m 남짓 더 올랐다가 내려오기에 힘들지는 않지만 3대 호수 중 가장 높은 해발 4,800m를 넘기에 고산병에 사전 대비를 잘해야 한다.

호수 건너편 북쪽으로 병풍처럼 펼쳐진 녠첸 탕글라 산맥(念靑唐古拉山脈, Nyenchen Tangla) 설산 봉오리들이 에메랄드빛 호수와 그윽한 대조를 이루며 두 눈을 사로잡는다. 구간 곳곳에 부부바위 등 거대 암석들이 불쑥불쑥 솟아나 있다. 지구 아닌 어딘가 다른 혹성에 와 있는 듯 이질감을 느끼게 한다. 남쵸는 티베트 인들이 워낙 신성하게 여기는 곳이기에 호수에 발을 담그는 일이 금지된다. 각별히 유념해야 한다. 서티베트인 서장자치구에서는 가장 넓은 호수다.

으로 다가온다. 하늘에서 보면 호수의 모양이 전갈을 닮았다는데 이는 구글 지도로도 확인이 되고 이곳 캄발라 고개에서 내려다보아도 수긍이 된다.

트레킹 루트는 별다른 난코스가 아니다. 해발 5,050m의 캄발라산 정상까지 완만하게 올라갔다가 가파른 경사를 따라 하산해 고도차 550m 아래의 호수까지 이르는 것이다. 시간은 2시간 반 정도 걸린다. 호수는 둘레길이 250km나 된다. 주변의 높고 낮은 산들이 호수를 겹겹이 에워싸고 있기 때문에 호수 전체는 보이지 않지만, 보일 듯 말 듯 펼쳐진 풍광이 더 신비롭게 다가온다. 하산하는 동안 호수 자체의 꼬불꼬불 이어지는 풍광도 장관이지만 호수 뒤에 버티고 앉은 해발 7,200m의 노진캉상(宁金剛桑, Noijin Kangsang) 설산과의 조화가 더 깊은 인상을 남긴다.

📍 남쵸(纳木错, Nam Tso)

얌드록쵸가 라싸 남쪽으로 자동차 3시간 거리라면, 남쵸는 라싸 북쪽으로 5시간 거리에 위치한다. 얌드록쵸 트레킹은 라싸에서 당일치기로 다녀올 수 있지만, 남쵸는 차 타는 시간만 왕복 10시간이다. 호수 근처 현지에서의 1박이 필요한 거리다. 라싸에서 출발하면 초기 서너 시간은 청장공로(青藏公路)를 지난다. 라싸에서 청해성(青海省) 성도인 서녕(西宁)까지 2,000km를 잇는 자동차 도로가 청장공로다. 청장열차는 같은 구간을 철로 위로 달린다. 라싸에서 청장열차를 타고 서너 시간 달리다 보면 어느 순간 창가 쪽 승객들의 함성이 동시에 울린다. 열차가 하늘 호수 남쵸를 지나고 있는 것이다.

앞서 얌드록쵸의 '쵸(错)'는 호수를 의미한다. 남쵸 또는 나모쵸(纳木错)라는 티베트 이름에는 '하늘호수'라는 뜻이 담겨 있다. 열차 속에

얌드록쵸(羊卓雍错, Yamdrok Yumtso)

　세 호수 중 라싸에서 가장 가깝다. 남서쪽으로 차를 달려 3시간 거리다. 라싸에서 네팔 카트만두까지 1,000여 km를 잇는 318번 도로는 우정공로(友情公路)라는 아름다운 이름이다. 이 도로를 타고 2시간쯤 달리다가 라싸 강(拉萨江)이 얄룽창포 강(雅鲁藏布江)에 합쳐지는 지점에서 왼쪽 샛길로 접어들면 1시간 후 트레킹 시작점에 닿는다. 얌드록쵸가 한눈에 내려다보이는 캄발라 고개(Kamba-la) 주차장이다.

　해발 4,998m 표지석 앞은 인증 사진을 찍으려는 관광객들로 짧은 줄이 만들어진다. 표지석 뒤 난간엔 오색의 타르초와 흰색의 '하다(하얀 천)'가 촘촘히 걸려 있고, 그 뒤로는 연둣빛 호수 얌드록쵸가 웅장하게 모습을 드러낸다. 호수와의 고도차가 500m를 넘다 보니 더 극적인 모습

이들 수많은 호수들 중에서도 특히 라싸 근교의 얌드록쵸와 남쵸, 그리고 아리 지구의 마나사로바는 티베트 고원의 대표 호수들이다. 티베트 인들에게 영혼을 정화시켜 주고 안식을 주는 성지로 여겨지면서 '3대 성호(聖湖)'로 불린다. 티베트 인들뿐만 아니라 외지인들도 성스러운 호숫가 주변을 트레킹하면서, 문명세계의 찌꺼기들을 성호의 정기로 일부나마 씻어내곤 한다.

셋 모두 해발 4,500m 내외 높이에 있는 '하늘 호수'들이다. 걷는 내내 고산증으로 머리는 아파오지만 이질적인 풍광과 영적인 분위기 때문에 환각에 취한 듯 몽롱해지기도 한다.

티베트
3대 호수

    구글 지도로 유라시아 대륙을 펼쳐보면 가운데 부분이 도드라진다. 위쪽 러시아나 아래쪽 동남아의 역동적인 녹색 톤과 대비되어 무채색에 가깝다. 고원 지역 특유의 단조로움과 삭막함이 절로 느껴진다. 같은 고원이지만 지도를 점점 확대해가면 큰 차이가 드러난다. 신장 위구르나 몽골 지역은 별다른 변화가 없으나 티베트 고원 쪽은 크고 작은 하늘색들이 무수하게 늘어나는 것이다. 모두가 고원의 설산 빙하들이 녹으며 흘러든 빙하 호수들이다.

    티베트 고원에는 크고 작은 호수들이 수천 개나 널려 있다. 세계 최고 높이의 가장 넓은 고원지역에 가장 많은 수의 호수가 밀집되어 있는 것이다. 이런 풍부한 수량 덕택에 티베트 고원은 아시아 지역에 물을 공급해주는 절대 수원(水原)이기도 하다. 인도와 중국 대륙 그리고 동남아로 흘러드는 인더스 강과 갠지스 강, 양쯔 강, 메콩 강이 모두 티베트 고원에서 비롯되는 것이다.

게 느껴질 수도 있다. 언제 다시 오랴 싶어 자꾸만 뒤돌아서서, 멀어지는 카일라스를 바라보게 된다.

    2시간 가까이 내려오면 이틀 동안 카일라스에 가려 보이지 않던 히말라야 산군이 장엄하게 모습을 드러낸다. 이때쯤 오른쪽 산중턱으로부터 낙석 위험 구간이 두 군데 나타난다. 다르첸까지 원점 회귀하는 마지막 6km는 버스를 타고 이동하는 것도 좋다. 여기까지 온 이상 조금 더 서북쪽 짜다 지방으로 이동하면 전설의 구게왕국을 만날 수 있기 때문에 시간을 절약하는 게 좋은 것이다.

📍 **2일 차 트레킹 루트 (22km)**

디라푹 곰파(5,050m) - 8km - 돌 마라 패스(5,630m) - 14km - 주툴푹 곰파(4,790m)

　디라푹 곰파에서부터 정상까지 8km는 카일라스 코라 전 과정 중 가장 고난도 구간이다. 오르막 과정에서는 고산중 외에 지리적 위험 요인은 거의 없다. 일명 '해탈의 고개'인 돌마라 패스에 오르면 오색의 타르초들이 여러 갈래 줄에 매달려 펄럭인다. 개인적 소망을 적은 하다(흰색 천)를 미리 준비해 간 이들은 이를 타르초 줄에 정성껏 묶는다. 천에 적어둔 소망들이 고봉의 힘찬 바람에 실려 신들에게 전달되기를 기원하는 것이다. 아니면 자신의 머리카락 몇 올이나 소지품 일부를 소망과 함께 정상에 남겨두기도 한다.

　돌마라 패스부터 하산길 초기 5km 거리에 급경사와 바윗길 등 위험 구간이 자주 등장한다. 평지로 내려서면 위험 요인은 사라져 안심해도 되지만, 이미 소진된 체력 때문에 나머지 9km도 상당히 지루하면서 힘겹다.

📍 **3일 차 트레킹 루트 (12km)**

주툴푹 곰파(4,790m) - 6km - 버스 정류장 - 6km - 다르첸(4,560m)

　2일 차 숙박지인 주툴푹 곰파는 티베트 불교의 성자 중 한 명인 밀라레빠가 수행한 동굴 사원으로 유명하다. 11세기에 살았던 고승 밀라레빠는 카일라스 정상을 밟은 유일한 인간으로 간주된다. 티베트인들은 3일 차 순례에 나서기 전 이곳 사원에 들러 약간의 보시와 함께 정성스레 예불을 드린다. 카일라스를 등지고 남쪽 인도 라다크 방향을 바라보며 걷는 마지막 날은 전날의 고난도에 비하면 너무 싱겁

　'곰파'는 '사원'을 뜻한다. 산티아고 순례길 숙소인 알베르게가 교회나 수도원 건물을 개조한 것이듯 수미산 순례의 숙소들은 대개는 불교 사원 건물들이다. 수직으로 솟아오른 거대 암벽 설산들이 좌우 양쪽에서 계속 따라붙는다. 산세가 너무나 특이하고 낯설어서 트레킹 내내 어느 외계 혹성을 걷는 듯한 느낌에 젖게 된다. 첫날은 고도 차 250m를 오르기에 완만한 오르막이 내내 이어진다. 고산증만 아니면 무난한 구간이다.

📍 1일 차 트레킹 루트 (18km)

다르첸(4,560m) - 6km - 다보체(4,730m) - 12km - 디라푹 곰파(5,050m)

    다르첸에서 1박 후 곧바로 트레킹을 시작할 수도 있지만 대개 다보체까지 6km는 차량으로 이동한다. 다보체에서 트레킹을 시작한 직후에는 주변의 천장(天葬)터를 올랐다 내려오는 것도 좋다. 시신을 독수리에게 쪼아 먹이는 티베트 전통 장례터를 만날 수 있기 때문이다. 첫날 여정은 카일라스의 서쪽 협곡을 따라 디라푹 곰파까지다.

을 느끼며 지나가게 된다.

 카일라스 순례길은 외부(아웃 코라)와 내부(인 코라), 두 개의 코스가 있다. 외부는 위에 설명한 3일 코스이고, 내부는 더 높은 구간이지만 거리는 짧은 하루 코스다. 티베트 인들에겐 아웃 코라를 열 세 바퀴 돌면 1년 동안의 죄업이 소멸되면서 인 코라를 한 바퀴 돌 수 있는 자격이 주어진다고 한다. 이런 과정을 108번 반복하면 현생의 모든 죄업이 씻겨 나가거나 또는 윤회의 고리에서 벗어나 그 자리에서 부처가 된다는 믿음도 있다고 한다. 청정 환경의 티베트 인들에게 그러할진대 오염 요인이 과다하게 많은 우리 외지인에겐 아웃 코라 3일만으로도 씻겨 나갈 것들이 꽤 많을 것이다. 종교 순례가 아닌 일반 트레커들에게는 3일 코스 아웃 코라가 주 관심 대상이다.

 카일라스를 중심에 두고 산 주위를 한 바퀴 일주하는 아웃 코라는 총 거리가 52km이다. 현지에서 만나는 삼보일배 오체투지 순례자들에게는 15~20일이 소요되는 여정이다. 일반 트레커들에게는 그다지 장거리는 아니지만 해발 4,500m에서 5,600m까지를 오르고 내리는 여정이라 고산병이 오는 등 결코 만만치가 않다. 백두산 두 배 높이까지 올랐다 내려오는 쉽지 않은 여정인데도 외지인 트레커들의 발길은 끊이질 않는다.

 카일라스의 관문인 다르첸 마을까지 가는 길은 멀고도 험하다. 해발 5,000m가 넘는 산악 지형을 여러 번 넘고 험한 계곡길을 수시로 지나야 한다. 라싸에서 출발하면 시가체, 사가, 파양 등의 도시를 지나 3일 후에 다르첸에 도착한다. 이곳을 기점으로 카일라스를 3일 동안 시계방향으로 한 바퀴 돌고 다시 다르첸으로 원점 회귀하는 것이다.

아리(阿里)지구에 있기 때문이다.

해발 4,000m 고원에서의 삶을 이어가는 티베트 인들의 소망은 간절하다. 이번 생은 이리 척박하지만 다음 생은 보다 나은 환경에서 안온과 행복을 누렸으면 하는 바람이다. 그러기 위해선 현생에서 지은 죄업들을 죽기 전에 하나씩 소멸시켜둬야 한다.

'코라'라 불리는 '순례'는 그런 차원에서 티베트 인들에겐 내세를 위한 영적 수련의 한 과정이다. 라싸의 세라 사원이나 조캉 사원 주변엔 시계 방향으로 걷는 현지 순례자들이 항상 몰린다. 카일라스 산을 한 바퀴 도는 '카일라스 코라' 또한 마찬가지다. 거리와 시간의 차이만 있을 뿐 같은 목적의 순례 코스인 것이다.

외지인들은 카일라스 트레킹 3일 동안에 수많은 오체투지 티베트 순례자들을 지난다. 질퍽한 흙탕길과 눈밭길을 보름 이상 동안 그렇게 거북이처럼 나아가는 것이다. 안쓰러움과 미안함이 혼재된 연민

티베트
카일라스 코라

　　불교에서 세상의 중심이자 우주의 근원으로 보는 성산(聖山)이 수미산이다. 원래는 상상 속의 산이었지만 티베트 인들은 티베트 서쪽 오지에 위치한 카일라스 산을 수미산이라 믿는다. 신의 영역이란 믿음 때문에 정상 등반은 허용되지 않지만, 산 주변을 한 바퀴 도는 '순례'인 '카일라스 코라'는 티베트 인들에게는 현생의 죄업을 씻고 내세의 안녕과 영생을 기원하는 성스러운 여정이다.

　　티베트 인에게 불교는 의식주만큼이나 중요한 삶의 일부다. 종교가 일상화되다 보니 티베트 전역엔 일반인들이 성지로 여기는 곳이 많다. 그중에서도 가장 성스러운 곳 두 군데만 고른다면 조캉 사원과 카일라스 산이다. 조캉 사원은 티베트 불교의 본산이자 많은 티베트 순례자들이 몇 달에 걸쳐 오체투지로 가는 곳이다. 수도 라싸에 있다 보니 접근성이 좋다. 허나 카일라스는 그렇지 못하다. 티베트에서 가장 오지로 꼽히는 곳, 인도 라다크 지방과 카슈미르에 면한 서북단의

있다. 여행지에서 즐기고픈 볼거리-먹거리-느낄 거리, 3박자를 다 아우르면서 문화적 만족감까지 얻을 수 있는 효율적인 동선인 것이다.

   제주원도심 트레일의 시작점이자 종착점인 관덕정은 제주국제공항에서 고작 3km 떨어져 있다. 공항에서 버스도 수시로 많고 승용차로 10분이면 닿는 거리다. 비행기 타기 전에 들러 두어 시간 걸어보기에도 편리하고, 비행기에서 내린 직후 제일 먼저 원도심으로 이동하여 고즈넉하게 걸으며 제주 섬의 응축된 현장을 예습삼아 선경험해보는 것도 유익할 것이다.

외지인 여행자들이 쉽게 걸을 수 있는 '제주원도심 트레일' 코스를 소개한다. 제주읍성을 골격으로 인근 상권들과 도심 올레 코스를 결합하여, 외지인 여행자의 입장에서 가장 선호할 만한 여러 포스트들을 효율적인 하나의 코스로 묶었다. 제주의 심장인 관덕정에서 출발하여 시계 반대방향으로 남문통-동문통-산지천-칠성통-탑동-무근성을 거쳐 관덕정으로 회귀하는 6.5km 트레일이다.

읍성의 흔적을 따라가며 옛 제주의 정취를 맛보게 하면서도, 동문시장, 흑돼지거리, 서부두횟집거리, 칠성로쇼핑거리 등 여행자들이 공통적으로 관심을 가질 만한 현대적 상권 지역들도 모두 포함하고

문이 있던 자리이고, 북쪽으로 제주북초등학교를 돌아 동쪽으로 산지천 하류까지 이어가면 북쪽 수문인 북수구가 있던 자리에 지금은 북수구 광장이 조성돼 있다. 산지천을 끼고 남쪽으로 조금 이동하면 나오는 동문로터리가 동문이 있었던 자리이고, 다시 남서쪽으로 이동하면 산지천 남쪽 수문인 남수구 터에 이어 남문 터와 남문사거리로 회귀하는 것이다.

제주읍성을 실물로 확인하기에는 남수구와 남문 터 사이에 복원된 170m 성벽이 유일하다. 남문사거리 아래 남문터와 산지천 하류인 북수구 인근에 약간의 성벽 흔적이 실물로 남아 있긴 하다. 나머지는 성문 터와 정자와 누각 등이 있었던 요소요소 자리에 팻말 등으로 표기만 해 놓았다.

국내 전반적으로는 '원도심 여행'에 대한 관심이 날로 커가는 추세이다. 밝고 화려한 도시나 아름답고 멋진 자연 풍경을 찾아가는 여행에 질려가는 이들이, 퇴락해가는 도시를 찾아 그 속에서 풍기는 은은한 옛 정취를 느껴보고 싶은 것이다. 유럽의 소도시들처럼 은은한 옛 정취를 찾아가는 여행이 새로운 패턴으로 정착되고 있는 듯하다.

옛날 제주사람들이 '성안(城內)'이라고 불렀던 구제주 원도심 지역은 이런 추세에 부응할 만한 충분한 여건들을 두루 갖추고 있다. 차량을 이용해 제주를 여행하거나 제주올레를 걸을 때에는 하루나 이틀 정도 일부러 제주 원도심에 머물러 보는 게 여행의 의미와 즐거움을 배가시킬 것이다. 제주 현지인들의 오래된 삶과 역사와 문화가 원도심 좁은 공간에 모조리 응축되어 있기 때문이다.

📍 제주 원도심 트레킹 루트 (총 거리 6.5km)

관덕정 - 2km - 제주성지 - 2.5km - 서부두방파제 - 2km - 관덕정

관덕정 - 성내교회 - 이승훈 유배지 - 북두칠성 제이도(에메랄드 호텔) - 향사당 - 삼도2동 주민센터 - 메가박스 - 중앙성당 - 간세라운지 - 중앙로 정류장 - 광해군 유배지 - 남문 터 - 남문사거리 - 귤림서원 - 오현단 - 제주성지 - 제이각 - 오현교 - 동문시장 8문 - 동문시장 1문 - 동문로터리 - 제주기상청(공신정 터) - 건입동 포제터 - 금산수원지 - 김만덕기념관 - 용진교 - 산짓물공원 - 고씨주택(제주책방) - 북수구광장 - 칠성로 - 한옥카페 마음에온 - 블랙야크 - 흑돼지거리 - 서부두 횟집거리 - 서부두 방파제 - 탑동광장 - 아라리오뮤지엄 - 영주관 터 - 북초교 - 제주스테이 - 카페 리듬앤블루스 - 제주목관아 - 관덕정

성의 성벽을 구성했던 그 많은 돌들은 거의 대부분 지금의 제주항 주변 바닷속이나 방파제 그리고 항만 건물 등에 묻혀 있는 것이다.

　지금의 구제주 시가지에서 읍성의 흔적을 찾아내기란 쉽지 않다. 그러나 책상머리에 앉아 지도상으로 성곽 루트를 따라가 보는 건 어렵지 않다. 제주읍성에는 해안인 북쪽을 제외한 동, 서, 남 3개의 성문이 있었고, 읍성을 관통하는 산지천 남쪽과 북쪽으로 2개의 수문이 있었다. 이들 5개 거점을 남문-서문-북수구-동문-남수구-남문 순으로 이으면 지도상에 성곽 한 바퀴가 그려지는 것이다.
　맨 먼저, 제주KAL호텔 아래쪽에 있는 남문사거리가 남문이 있던 자리이다. 그다음은 북서쪽으로 700m 이동하면 서문사거리, 즉 서

합방 직전인 1907년, 일제가 이완용을 허수아비로 내세운 내각령 1호로 성벽처리위원회를 구성하면서 한양도성 등 조선의 모든 성곽들을 헐어 없애는 작업에 착수한 것이다. 도성이나 읍성들은 조선 역사의 얼과 문화를 담고 있었기에 이들을 말살해버리기 위함이었고, 또한 의병 활동을 저지하기 위한 목적도 있었다.

    읍성을 없앤 자리에는 '신작로'와 공공건물과 일반시설들이 들어서기 시작했다. 제주읍성 또한 이러한 과정을 거친다. 1913년부터 시작하여 성문과 성벽과 정자와 누각들이 매년 단계적으로 차례차례 헐려나갔다. 1926년부터는 산지항 방파제 공사가 대대적으로 진행되면서 엄청난 양의 암석들이 필요해졌다. 읍성을 헐어낸 돌들은 모조리 여기로 운반되어 바다 매립과 축항 공사에 쓰이게 된다. 제주읍

한라산 북쪽으로 내려가는 물줄기 중에는 병문천과 산지천이 1km 간격을 두고 제주시 앞바다로 흘러든다. 세계 어느 역사에서나 성곽 주변엔 적의 침입을 어렵게 할 목적의 자연 또는 인공 해자(垓子)가 존재했다. 제주읍성은 병문천과 산지천 사이에 둥그런 타원 형태로 쌓은 성곽이다. 두 하천을 자연 해자로 활용한 것이다.

오래전부터 있어왔던 이 제주읍성은 조선 시대로 들어와 명종 20년인 1565년에는 산지천까지 성 안에 들어오도록 동쪽으로 300m 가량을 더 넓혀 증축된 것으로 전해진다. 빈번해지는 왜구들의 침입에 효과적으로 대응하고, 성 안에 우물 등 급수원이 모자랐던 애로점을 해소하는 일거양득의 목적에서였다.

이후, 성곽이나 성문 위에 공신정(拱辰亭), 제이각(制夷閣), 북수각(北水閣) 등 정자나 누각 들을 추가하면서 견고한 성곽을 유지해 왔으나 구한말로 접어들면서 읍성의 운명이 바뀌기 시작한다. 한일

제주
원도심 트레일

　　　　　제주시 구도심 지역은 원래는 견고한 성으로 둘러쳐져 있었기에 옛날엔 '성안'으로 불렸다. '성(城)의 안쪽'이란 뜻이다. 어느 역사에서든 중요 거점지역은 단단한 울타리를 쌓아 외적의 침입을 막으려 했다. 나라의 중심엔 종묘와 왕궁을 둘러싼 도성(都城)이 있었고, 관아(官衙)가 있는 지방의 읍치(邑治) 고을들은 읍성(邑城)이 둘러싸고 있었다. 지방 제주의 관아가 있었던 지금의 구도심 지역도 예외는 아니었다. 둘레 3km가 조금 넘는 제주읍성은 일제강점기 때 거의 허물어졌지만, 해방 이후 1970년대까지도 제주사람들은 제주시를 '성안'이라고 불렀던 것이다.

　제주에는 한라산 중턱에서 발원한 물줄기들이 방사형으로 퍼지며 수십 개의 하천을 이루는데, 해안까지 뻗어내려온 경우는 동서쪽보다 남북 방향이 훨씬 많다. 완만하고 긴 동서쪽에 비해 남북으로는 상대적으로 경사가 더 급하기 때문이다.

📍 해파랑길 34-35코스 (32km, 1박 2일)

아무런 준비 없이 그냥 훌쩍 동해안으로 떠나 1박 2일 걷기 여행 다녀오기 좋은 코스가 해파랑길에는 여러 군데가 있지만 그중에선 이 코스가 가장 효율적이다. 청량리에서 무궁화 열차를 타고 묵호항까지 갔다가 다음 날 정동진역에서 다시 무궁화 열차로 돌아오는 여정이다. 왕복 10시간의 기차여행도 오래간만이라면 꽤 운치 있다.

소박한 묵호역을 지나 묵호등대에 오르는 논골담길에는 몇십 년 전 이곳에 살았던 서민들 애환의 자취가 고스란히 남아 있다. 어달항에서 망상해수욕장까지 해안길도 고즈넉하다. 금진항과 심곡항 간 해안도로는 '헌화로'라는 이름으로 유명할 뿐 아니라, 국내 최고의 드라이브 코스로도 소문나 있다. 드라마 <모래시계>의 정동진 해변을 거닐다가 세계에서 가장 바다와 가까운 역으로 기네스북에 오른 정동진역을 만난다.

특히 마지막 구간인 심곡항에서 정동진 해변까지는 원래는 산행길이었지만 몇 년 전에 '정동심곡바다부채길'이 개장되면서 많은 여행객이 모인다. 오랜 세월 군사 보호시설로 폐쇄되어 있다가 오픈된 것이다. 트레킹 끝내고 정동진 해변에서 레일바이크를 이용하면 운치 있는 마무리가 된다.

는 길이다.

    오고 가는 교통편이 다른 코스들보다는 좀 불편할 수도 있다. 자가 운전으로 가서 강구항 삼사해상공원에 차를 세워두고 걷다가 고래불 해변에서 마치고 다시 차 있는 공원으로 돌아오는 게 가장 좋다. 물론 버스를 이용하는 것도 몇 번 갈아타야 하는 번거로움은 있지만 경제적인 방법이다.

　오른 후 풍력발전단지를 거쳐 해맞이공원으로 내려오는, 일명 '바다를 꿈꾸는 산길'이다.
　블루로드 B코스는 영덕의 아름다운 해안과 바닷가 마을들을 가장 잘 압축해놓은 코스라 할 수 있다. 대게의 원조 마을인 차유마을을 지나고 블루로드 현수교를 건너 대나무 울창한 죽도산에 오른 후 축산항으로 내려온다. 블루로드 C코스인 해파랑길 22코스는 대소산 봉수대를 넘어 고려 말 충신 목은 이색 선생의 산책로와 괴시리 전통마을을 지나 고래불해수욕장까지, 영덕군의 역사와 문화가 살아 숨 쉬

📍 해파랑길 1-2코스 (34km, 1박 2일)

부산 오륙도 해맞이공원 앞에서 시작하여 기장군 대변항까지다. 시작 초기 이기대 절벽길에서 바라보는 부산 도심 정경은 홍콩을 여행하는 듯한 느낌을 준다. 해파랑길을 처음 여행하는 이들에게 가장 적합하다. 이틀 걷고 나서 마음에 든다면 다음엔 3~4코스로 이어서 걸어보고, 결국엔 전 코스 종주까지도 기대할 수 있기 때문이다.

90년대 초반까지도 군사 지역으로 묶여 생태계가 잘 보존되어 있는 이기대 절벽길을 시작으로 초반부터 광안대교, 마린시티, 해운대 해수욕장 등 부산의 진수들과 만난다. 해운대 미포부터는 송정 해변까지 새롭게 단장한 그린레일웨이(동해남부선 폐철로)를 따라 청사포 전망대를 거쳐 송정 해변으로 이어진다. 우리나라 3대 관음성지의 하나이자 바다와 가장 가까운 사찰인 해동용궁사, 일출 사진 출사 장소로 유명한 오랑대를 연이어 만난다.

부산 갈맷길은 부산 지역 9개 좋은 길들이 하나로 어우러진 700리 길이다. 해파랑길 부산 구간은 갈맷길 1, 2코스와 동일한 루트다. 부산까지 KTX 열차를 이용하면 시간을 아끼려는 여행객들에게 특히 편리하다.

📍 해파랑길 20-22코스 (47km, 2박 3일)

영덕이 자랑하는 아름다운 길 블루로드 A, B, C코스와 함께하는 길이다. 블루로드 A코스인 해파랑길 20코스는 강구항에서 뒷산 언덕에 올라 등산로를 따라가는 산길이다. 해발 235m의 고불봉까지

　50개 코스 750km를 한 번에 종주하기엔 한 달의 시간이 너무 길 수도 있다. 한 번에 일주일 또는 10일씩 나누어 서너 번에 종주하는 것도 좋은 방법이다. 그것도 시간적으로 무리라면 좋은 코스를 골라 1박 2일이나 2박 3일씩 여러 번에 걸쳐 다녀오는 것도 좋을 것이다. 이렇게 이틀이나 사흘 여행으로 다녀오기에 가장 좋을 만한 구간 세 군데를 소개한다. 도보여행에 따른 주변 경관은 물론 교통 편이와 접근성 및 여행의 재미 요소 등을 종합해서 선정했다. 전적으로 필자의 주관적인 판단이다.

티아고 순례길이 이베리아 반도 내륙을 동에서 서로 횡단하는 길이라면, 해파랑길은 한반도 동해안을 남에서 북으로 종단하는 길이다. 두 길 모두 3~20km마다 사람 사는 마을이 있고 일반 도로를 걷기도 하고 숲길을 걷기도 한다. 가끔은 대도시를 만나거나 높고 낮은 산을 오르기도 한다. 산티아고 순례길 완주를 준비 중인 이들에게 동해안 해파랑길은 전지훈련 코스로서 아주 적합하다. 한 달 동안 잘 걸어서 산티아고 순례길을 무사히 종주할 수 있을지 없을지, 동해안 해파랑길 위에서 자신의 역량을 미리 확인해 볼 수 있기 때문이다.

우길… 원래부터 있어 왔던 동해안의 여러 좋은 길들이 하나의 길로 이어져 해파랑길이 되었다.

길 이름 '해파랑'의 의미도 정겹다. '해'는 '뜨는 해' 또는 '바다 해(海)'를 연상시킨다. '파'는 '파란 바다'나 '파도'를, '랑'은 누구누구랑 함께할 때의 '랑'을 연상시키는 작명이다. 동해의 떠오르는 해와 푸른 바다를 길동무 삼아 좋은 이들과 함께 걷는다는 의미를 담고 있다.

해파랑길에는 《삼국유사》, 《관동별곡》 등 우리 역사와 문화와 연결된 다양한 스토리들이 녹아 있다. 전체 길의 3분의 2는 해안선과 어촌 마을을 지나지만 나머지 3분의 1은 내륙으로 우회하며 우리 국토의 산과 들과 시골 마을들 속을 샅샅이 밟으며 지난다. 영남과 강원 지역의 부산, 울산, 경주, 포항, 영덕, 울진, 삼척-동해, 강릉, 양양-속초, 고성의 10개 구간에 총 50개 코스로 구성되어 있다.

해파랑길은 782km인 산티아고 순례길과 총 거리가 거의 같다. 산

동해안
해파랑길

　　　동해안 해파랑길은 2016년 늦봄 동해안 전 지역에서의 개장 행사와 함께 정식으로 열렸다. 5년간의 긴 조성작업을 거친 후였다. 한반도의 동해와 남해를 가르는 분기점인 부산 오륙도 앞에서 해파랑길은 시작된다. 동해바다 해안선을 따라 가끔은 내륙길로 돌면서 강원도 고성까지 굽이쳐 올라간다. 북한 땅이 눈앞에 또렷이 펼쳐져 보이는 통일전망대가 해파랑길의 종점이다. 총 거리 750km이다.

　　　고성 통일전망대 위에 서면 지금은 갈 수 없지만 언젠가는 갈 수 있게 될 1,200km의 북녘 길이 눈앞에 뻗어있음을 상상할 수 있다. 한반도 동북단인 두만강 서수라까지의 해안길이다. 수많은 이들의 간절한 열망에 힘입어 언젠가는 반드시 열릴 것이다.

　　　해파랑길은 새로 만든 길은 아니지만 새롭게 태어난 길이다. 부산 갈맷길, 울산 솔마루길, 경주 주상절리길, 포항 감사나눔길, 영덕 블루로드, 울진 관동팔경길, 삼척 수로부인길, 동해 해물금길, 강릉 바

소한 행복이 있었을 것이고, 앞날에 대한 소박한 꿈과 희망도 품었을 터이다.

우리보다 100~200년 먼저 살았던 이들의 숨결을 느끼며 그들의 발자취에 나의 발자국을 옮겨 놓다 보면, 생각의 시선은 결국 나에게로 옮겨진다. 목숨 걸고 자신의 신념을 지키려 했던 이들의 죽음을 위로하고 어루만지며 2박3일의 순례를 마무리하다 보면 종교와 관계없이 자신의 마음속에도 미세하나마 변화가 있게 마련인 것이다.

길 중간중간 아름답고 아기자기한 풍광들 속에서 자주 나타나는 '그대 어디로 가는가'란 질문도 스스로에게 만만찮은 답을 요구해 온다. 종착지인 한티순교성지에 이를 때까지도 그에 대한 답은 찾아내지 못할지라도 적어도 자신이 지금껏 걸어왔던 길 정도는 돌아보게 만든다.

을 따라 이어지는 순교자 무덤들을 만나며 해발 최고 지점인 숯가마 터까지 올라갔다가 내려오면, 당시의 신자촌 사람들을 형상화한 석상들이 세워진 '한티마을사람'에서 한티가는길 45.6km의 순례가 끝난다.

　순교자 묘역에는 병인박해 때 갑작스럽게 죽임을 당해 한동안 방치되었다가, 뒤늦게 찾아온 주변 교우들에 의해 그 자리에 묻힌 37기의 무덤이 있다. '이곳은 순교자들이 살고 죽고 묻힌 곳입니다'라고 쓰인 큼지막한 표지석이 이곳 성지 묘역의 분위기를 말해준다.

　믿음을 포기하겠다는 한마디면 살 수 있었음에도 이를 마다하고 기꺼이 날 선 작두 위에 자신의 목을 올려놓은 이들이 생전에 누볐던 길이 한티가는길이다. 하루하루 불안한 일상 속에서도 가족과의 소

많다. 금낙정에서 380년 된 느티나무와 포옹을 한 후 비탈길로 들어서면 순교자들이 실제로 걸었던 굽이굽이 산길이 이어진다. 그동안 걸어왔던 길들이 아늑하게 펼쳐져 보인다.

동명성당에서 가산산성 진남문까지 이르는 4구간은 '용서의 길'이다. 산티아고 순례길의 페르돈 고개(Alto del Perdon)처럼 땀을 쏟아내야 하는 가파른 길은 아니지만, 마음속에 품었던 누군가에 대한 원망과 미움의 감정을 하나씩 내려놓으며 걷는 구간이다. 한적한 마을길과 고즈넉한 숲길과 팔공산 계곡길이 반복해서 이어진다.

마지막 5구간은 '사랑의 길'이다. 가산산성 진남문을 벗어나 팔공산터널 방향으로 1시간 반 정도 지나 한티성지 입구에 이른다. 숲길의 도보 순례길로 일반에 공개했다. 오랜 기간의 연구와 고증을 거친 결과다.

낙동강변 왜관읍의 가실성당을 출발하여 신나무골성지와 동명성당을 거쳐 팔공산 자락 한티순교성지까지 45.6km에 걸쳐 아름다운 길들이 이어진다. 대중교통이 닿는 몇몇 정류장을 기점으로 길은 모두 5개 구간으로 나뉜다. 전체의 3분의 2가 숲길이고 나머지는 시골길과 임도로 이어진다. 해발 고도는 최저 30m에서 최대 740m까지 오르내리지만 높낮이가 심하게 느껴지진 않는다. 경사가 심하거나 특별히 어려운 구간도 없어 누구나 편하게 걸을 수 있는 길이다.

경북에서 가장 오래된 125년 역사의 가실성당이 한티가는길의 시작점이다. 야트막한 산속 숲길이 중간중간 바람쉼터와 도암지쉼터로 이어지는 1구간은 자신 또는 주변을 '돌아보는 길'이다. 푹신푹신한 숲길이 오르락내리락 소박하게 반복된다. 자기성찰의 시간을 이어가기에 알맞은 여건인 것이다.

조선 후기, 박해를 피해 모여든 신자들이 살았던 신나무골성지는 현재 한옥성당, 사제관, 쉼터가 새롭게 조성되었다. 이곳 성지에서 1구간이 끝나고 2구간 '비우는 길'이 시작된다. 초반에 만나는 연화임도는 주변 풍광이 계절마다 도드라지게 달라지고, 2구간 중간쯤인 전망쉼터에선 멀리 가야산 자락까지 그윽한 풍광이 펼쳐진다.

창평지에서 시작하는 3구간은 '뉘우치는 길'이다. 초반 쌀바위에서 금낙정까지 이어지는 구간은 한티가는길 전체를 통틀어 가장 시원한 전망과 풍광을 선사해준다. 산중턱을 따라 펼쳐진 1.5km 능선길이 한눈에 들어온다. 무릉도원을 거닐 듯 안개구름에 휩싸일 때가

이 사건 이후 서울 경기 충청 지방 신도들이 보다 안전하다고 판단한 영남 쪽 여러 지역으로 피신해오기 시작했다. 1815년 을해박해와 1827년 정해박해를 거치면서는 팔공산 자락의 산간벽지 한티에도 소규모 신자촌이 형성되고 있었다. 세상의 눈을 피해 숨어든 이들에게 깊은 산중턱의 한티는 천혜의 은둔지였던 것이다. 그들은 움막을 짓고 화전을 일구며 옹기와 숯을 구워 생계와 신앙생활을 이어갔다.

1860년 경신박해 때 첫 순교자가 생겨났다. 이곳으로 피신해온 신도 일가족이 뒤따라온 포졸들에게 붙잡혔고, 배교한 남편과 어린 두 아들은 빼고 끝까지 신앙을 증거한 아내와 맏아들은 작두로 참수된 것이다. 6년 후 병인해의 대규모 박해 과정에서는 한티에도 여지없이 포졸들이 들이닥쳤다. 도망가던 신도들을 끝까지 쫓아가 그 자리에서 죽였고 배교하지 않은 신도들은 압송해 가다가 죽였다.

멀리 피신해 살아남은 이들이 얼마 후 돌아와 보니 마을은 이미 불타 없어졌다. 온 산 곳곳엔 시신들이 널브러져 썩어가고 있었다. 시신들은 한결같이 너무 부패한 상태라 이장도 어려웠다. 어쩔 수 없이 시신이 놓인 그 자리에 그대로 매장해줄 수밖에 없었다. 120년 지나 이 일대가 한티순교성지로 조성되는 과정에서 37기의 순교자 묘가 확인되고 정비되어 오늘에 이르렀다.

천주교 대구대교구와 칠곡군은 그 옛날 이 지역 은둔 교인들이 일상 속에서 옹기와 숯을 짊어지고 오갔던 길들, 박해를 피해 숨어다녔던 길들을 조사했다. 그리고 그들의 땀과 한숨이 서린 여러 갈래의 길들을 하나로 묶고 연결하여 2016년 9월, '한티가는길'이라는 이름

나 신도가 늘고 세가 확장되면서 긴장하기 시작했다. 특히 만민평등 사상이 조선의 신분 체제를 위협하는 듯 느껴졌다. 조상의 제사를 지내지 않는 교리가 유교 예법에 어긋나는 것이라 탄압의 좋은 빌미가 되었다.

 1791년 시범 케이스 격인 신해박해 사건 이후 10년 세월이 흘렀고, 정조가 사망하자 박해가 본격화되었다. 어린 순조를 대신해 수렴청정에 나선 정순왕후와 새 집권세력 노론벽파가 남인들 중심의 천주교를 탄압하기 시작한 것이다. 반대세력인 남인들을 제거하려는 정치적 속셈이 컸다. 1801년(순조 1년)의 신유박해로 중국인 주문모 신부를 비롯하여 교인 백여 명이 처형되고 4백여 명이 유배되었다. 한국천주교 최초의 대대적 박해사건이었다.

3구간 (9km)

창평지 - 쌀바위 - 금낙정 - 비탈길 - 여부재 - 실골삼거리 - 송산지 - 동명면사무소 - 동명성당

4구간 (8.5km)

동명성당 - 동명수변공원 - 수상데크길 - 현수교 - 양지교 - 청산농원쉼터 - 팔각정 - 원당공소 - 가산산성 진남문

5구간 (8.1km)

가산산성 진남문 - 방턱골 정류장 - 소나무골목입구 - 마당재 - 한티순교성지 - 1868억새길 - 29번 묘역 진입 - 옹기굴 - 숯가마터 - 한티마을사람

📍 5개 코스 트레킹 루트 (45.6km)

1구간 (10.5km)

가실성당 - 임도입구 - 숲갈림길 - 전망데크 - 바람쉼터 - 금무봉 나무고사리 화석산지 - 제1연화교 - 도암지쉼터 - 성모상 - 신나무골성지

2구간 (9.5km)

신나무골성지 - 연화임도 - 숲갈림길 - 전망쉼터 - 댓골저수지 - 팔각정 - 양떼목장 - 산길전망대 - 숲갈림길 - 창평지

면의 한티재 인근엔 천주교 박해 시절에 희생된 신도 수십 명의 묘역인 한티순교성지가 있다. 전국 백 수십 군데인 천주교 성지들 중 하나다.

천주교 문화가 국내에 조금씩 유입되기 시작한 건, 중국을 방문한 조선 사신들을 통해서였다. 그들이 북경에서 예수회 선교사들을 만나 필담을 나누거나 관련 서적들을 받아오곤 했던 것이다. 그러다 천주교가 정식으로 국내에 유입된 건, 이승훈이 북경에서 세례를 받고 돌아온 1784년(정조 8년)이다. 그 이전부터 남인 학자들에게 실학의 연장으로 관심을 끌었고, '서학'이란 이름의 새 학풍으로 퍼져오다가 이때부터 본격적 신앙의 단계로 넘어서는 것이다.

서학에 대하여 조정은 초기엔 방관하며 너그러운 입장을 보였으

칠곡
한티가는길

　　　　스페인 산티아고 순례길의 정식 명칭은 '까미노 데 산티아고(Camino de Santiago)'이다. 번역하면 '산티아고 가는 길'이다. 예수 열두 제자 중 최초 순교자인 성(San) 야고보(Tiago)의 유해가 모셔진 산티아고 대성당까지 가는 길을 말한다.
국내에도 유사한 성격과 닮은꼴 이름의 순례길이 있다. 경북 칠곡군에 있는 '한티가는길'이다. 다져진 역사와 이어지는 거리의 차이는 크지만, 신념을 지키다 희생된 사람들이 생전에 걸었던 길이라는 공통점이 있다. 종교 목적의 순례만이 아니라 일반인들의 자기 성찰 길로도 더 각광을 받고 있다는 점 또한 두 길은 닮았다.
　'한티'는 '큰 고개' 또는 '높은 언덕'을 일컫는 '대치(大峙)'의 우리말이다. 서울 강남 대치동의 한티역이나 충남 당진 대치리의 한티길 등 국내엔 '한티'라는 지명이 꽤 여러 군데이다. 경북 칠곡군 동명

일제의 만주 대륙 석권과 조선 침탈의 도구로 활용되었다. 원래 목적 그대로다. 그러나 결과적으론 한반도의 동남단 부산에서 서북단 신의주까지를 일직선으로 잇는 한반도 대동맥의 역할도 겸했다. 이때부터 영남대로와 의주대로의 많은 역할은 철마가 달리는 철길에 맡겨졌다. 그 철길을 달렸던 철마 중 하나는 지금, 6·25 때 폭격 맞은 형태 그대로 의주길 제5길의 종점인 파주 임진각에 멈춰 서 있다.

언젠가 좋은 날이 온다면 개성과 사리원을 거쳐 평양 그리고 신의주까지 신기술 고속철이 질주할 것이다. 그리고 중국과 러시아를 거쳐 유럽까지도 마다하지 않을 것이다. 부산 동래에서 한양까지 그리고 의주까지, 걸어서 한 달이 넘게 걸렸던 우리 옛길 영남대로와 의주대로가, 태평양과 유라시아 대륙을 연결하는 세계적 교통 요충지의 토대가 되는 것이다.

비 내리던 새벽, 선조 임금이 도성을 버리고 몽진 길에 나선 후, 날이 훤히 밝아 도착한 곳이 삼송이고, 두어 시간 후 아침 식사를 한 곳이 벽제관이다. 어가 행렬이 비를 맞으며 지나간 의주대로 그 구간은 현재 차량 통행이 많은 국도로 변해 있다. 삼송역에서 공릉천까지는 1번 국도로, 공릉천에서 벽제관지 근처까지는 39번 국도로 변모한 것이다. 삼송역에서 벽제관지까지 새로 조성한 의주길 제1길은 번잡한 국도를 피하되 원 노선에 최대한 인접하여 나란히 나아간다.

의주길 제2길은 벽제관지에서 대자산을 넘고 옛 고양 관청이 있던 마을 뒤 관청령을 넘어 파주로 들어서는 길이다. 원 노선은 파주와 고양의 경계인 동쪽 혜음령을 넘는 루트였으나 지금은 혜음령 터널까지 뚫린 78번 지방도라 차량 통행량이 워낙 많다. 고양에서 파주로 들어선 후 시작되는 의주길 제3길 역시 번잡한 차도를 피해 대체 도로를 조성했다. 원 노선도 역시 78번 국도로 이어져 도보 탐방은 어렵기 때문이다.

조선 시대 때 파주목은 지금의 파주읍을 중심으로 법원읍, 문산읍, 파평면, 광탄면, 월롱면, 조리읍 일대에 해당한다. 의주길 제4길은 옛 파주목의 중심지였던 파주읍을 정통으로 누비며 지나기에 그 이름이 파주고을길이다. 제2길인 고양관청길의 작명과 같은 맥락이다. 이 구간의 옛길 원 노선 역시 두 개의 지방도로 변모해 있다. 전반은 김포 월곶에서 강원 인제를 잇는 56번 지방도이고, 후반은 고양에서부터 계속 이어져 온 78번 지방도이다. 역시 차량 통행량이 많고 번잡하여 호젓한 대체 도로를 찾아 우회할 수밖에 없었다.

1905년 일제가 급조한 한양-의주 간 경의선 철도는 개통되자마자

의주군으로, 드넓은 하나의 지역이었다. 그러나 지금은 동쪽의 신의주시와 서쪽의 의주군으로 양분되어 있다. 대륙 진출을 꾀하던 일제가 1905년 한양-의주 간 경의선 철도를 개통한 후 둘로 쪼개졌다. 당시 일본은 철로가 들어선 지역 일대를 본격 육성하기 위해 '새로운 의주'란 뜻의 '신의주'로 명명했다. 의주대로가 경의선 철로로 대체되는 역사의 전환점이었다.

우리 역사에서 보듯 의주대로는 조선을 유라시아 대륙과 연결해주는 가장 중요한 교통로였다. 6대 간선도로 중 고산자 김정호가 1번을 달아준 이유이기도 하다. 오랜 세월 묻히고 잊혔던 옛길이 경기도의 노력으로 일부 구간이 복원되어 현대인들의 발길을 맞아들이고 있다. 2013년 5월, 고양-파주 지역에 '경기옛길 의주길' 5개 구간이 열리면서부터다.

옛길을 걷는 시간은 역사와 만나는 여정이다. 옛 선조들의 숨결을 느껴보는 성찰의 기회이기도 하다. 그런 의미에서 경기도의 옛길 복원 사업은 의미가 크다.

수도권 북쪽은 대체 도로 개발이 제한되었기에 남쪽보다 옛길은 덜 훼손되었다. 덕택에 아직까진 원형이 많이 남아 있다. 하지만 교통량이 많고 번잡하다. 도보 탐방로로 적합지 않은 구간은 역시 보다 안전하고 쾌적한 대체 도로를 찾아 우회할 수밖에 없었다.

전남 목포에서 신의주까지 뻗어있던 1번 국도는 고양시 삼송역에서 경기 북부를 서울과 잇는다. 3호선 삼송역 주변은 수도권 북부의 교통 요충지인 셈이다. 의주대로 원 노선이 지나던 바로 이곳이 경기옛길 의주길의 출발점이다.

요, 조선 통신사들이 일본 가는 배를 타기 위해 보름을 걸었던 길이 4번 영남대로였다. 두 길은 임진왜란이라는 우리 역사의 아픈 과정을 오롯이 함께 겪기도 했다. 의주대로는 한양을 떠나 북으로 향하는 선조 임금의 한숨과 남겨진 백성들의 애끓는 원성의 소리를 묵묵히 들어야 했고, 영남대로는 한양 도성으로 향하는 왜군들에게 본의 아니게 편리한 길잡이 노릇을 해주면서 동시에 짓밟혔다.

　의주대로는 태조 이성계가 요동 정벌군을 이끌었던 길이기도 하다. 평양에서 출발해 압록강까지 갔다가 위화도에서 회군하여 개성까지 내려온 루트인 것이다. 현재의 지명으론 개성-평산-사리원-평양-안주-정주-의주를 잇는 경로다. 태조가 회군한 압록강 위화도는 신의주 바로 코앞이다.

　의주대로의 종착지인 의주는 고려와 조선 시대에는 의주목 또는

제3길 쌍미륵길(14km)
용미3리 - 용암사 마애이불입상 - 윤관장군묘 - 광탄삼거리 - 신산5리 버스정류장

제4길 파주고을길(12.7km)
신산5리 - 광탄천 - 파주초등학교 - 파주향교 - 봉서산 숲길 - 중에교 - 독서둑길 - 선유삼거리

제5길 임진나루길(13.8km)
선유삼거리 - 화석정 - 임진나루터 앞 - 임진리 오토캠핑장 - 장산1리 마을회관 - 임진강역 - 임진각

5개 코스 트레킹 루트 (56.5km, 2021년 8월 경기옛길 홈페이지 기준)

제1길 벽제관길(8.7km)
삼송역 - 의주길 벽화거리 - 덕명교비 - 송강 공릉천 공원 - 제1대자교 - 벽제천 - 벽제관지

제2길 고양관청길(7.3km)
벽제관지 - 고양향교, 중남미문화원 - 대자산 숲길 - 연산군시대 금표비 - 고읍마을 - 관청령 - 용미3리

사람 사는 땅이라면 어디건 길은 생겨왔다. 삼국 시대와 고려를 거치며 통치자들의 필요에 의해 하나둘씩 조성된 우리 한반도의 길들은, 조선 시대에 이르러 6개 주요 간선 도로망으로 완성되었다. 수도 한양을 중심에 두고 방사형으로 퍼져 전국을 이었다. 북녘으로 둘, 동해안과 서해안으로 각각 하나씩, 그리고 남쪽으로 두 갈래의 길이 1~6 번호까지 달고 '대로(大路)'라는 이름으로 뻗어 나갔다.

도산자 김정호는 《대동지지》에서 의주대로는 '서북지 의주 일대로(西北至義州一大路)', 영남대로는 '동남지 동래 사대로(東南至東萊四大路)'로 표기하고 있다. '한양에서 서북쪽 의주로 향하는 1번 대로' 그리고 '한양에서 동남쪽 동래로 향하는 4번 대로'쯤으로 각각 풀이될 수 있다.

중국 사신들이 위세 부리며 한양으로 오갔던 길이 1번 의주대로

경기옛길
의주길

　40대 초반의 연암 박지원은 운 좋게도 나랏돈으로 대륙 여행에 나서는 행운을 얻었다. 청나라 황제 칠순 축하 사절단에 끼게 된 것이다. 사절단 일원인 팔촌 형 덕분이다. 압록강 건너 요동벌판과 선양 그리고 만리장성의 동쪽 관문인 산해관, 이어서 북경에서 몽고고원 근처인 열하까지, 장장 5개월에 걸친 긴 여행이었다. 자신이 살아온 세계가 얼마나 좁은 우물이었는지, 바깥세상은 얼마나 앞서가고 있는지, 연암은 여행을 통해서 절실히 깨달았다.

　한양에서 출발한 연암이 압록강까지 가슴 설레며 보름을 걸었던 길이 의주대로다. 대륙 여행에서 돌아와 집필한 《열하일기》는 240년이 지난 오늘날까지도 스테디셀러에 속한다. 연암이 이런 대단한 여행서를 구상한 것도 아마 대륙 여행을 마치고 압록강을 건너 한양까지 걸어오는 길, 의주대로 위에서였을 것이다.

의 영남대로 원 노선은 17번 국도와 궤를 같이한다. 그 때문에 복잡한 이 구간을 피해 영남길은 서쪽으로 우회하는 대체 도로를 조성했다. 덕택에, 오랜 세월 역사에 묻혀 있던 곳들이 새로이 사람들 발길을 기다리며 끌어들이기도 한다. 특히 제6길 은이성지(隱里聖地)·마애불길은 종교인들에게는 의미가 큰 순례길이다. 일반인들에게도 마찬가지다. 멀지 않은 우리 역사에서 신념 때문에 핍박받고 희생된 사람들을 숙연하게 돌아보는 성찰의 기회가 되는 것이다.

던 영남대로는 일제강점기 땐 철도와 신작로에 밀리며 점차 그 위상이 초라해지더니, 고속도로가 생기고부터는 그야말로 뒷방 퇴물이 되고 말았다. 그러다 오늘날에 와선 몇 군데 흔적만 남게 된 영남대로가 경기 구간만이나마 복원된 건 크게 반길 일이다.

영남대로 총 거리는 380km였다. 그중 경기 구간은 70km였지만 복원 과정에서 더 나은 대체 도로를 찾다 보니 116km로 늘어났다. 경기 지역별로는 성남 22km, 용인 61km, 안성 23km, 이천 10km로 이어진다. 4개 지역 중 용인 구간 비중이 절반을 차지한다.

경기옛길 영남길은 10개 코스 각기 나름의 이야기와 수려한 풍광들을 품고 있지만, 베스트 하나만 꼽으라면 제7길인 용인 구봉산길이다. 영남길 통틀어 해발 450m를 넘는 경우가 두 번인데, 제4길 석성산길과 제7길이 그렇다. 난이도 면에서도 제7길이 6길과 함께 가장 높은데, 둘 중에서도 7길이 더 높다. 구봉산 입구까지 이르는 길도 오르막의 연속이다. 구봉산 정상 이후에도 달기봉, 정배산, 조비산을 지나면서 오르고 내림이 여러 번 반복된다. 산행길 구간이 차지하는 거리와 시간도 제7길이 가장 멀고 길지만, 그만큼 구봉산길은 역동적이면서 다양한 풍광들을 선사해준다. 아홉 개의 봉우리가 산성처럼 정상을 둘러싸고 있어서 그 이름이 유래했다는 구봉산은 정서적인 측면에서 용인의 대표 산이라 할 만하다.

용인에서 남해안 앞까지 거의 수직으로 이어진 도로가 17번 국도다. 영동고속도로 양지나들목에서 여수항까지 400km 이상을 달린다. 경부고속도로와 거의 같은 거리다. 용인 양지에서 안성 죽산까지

도로를 찾아 우회하다 보니 원형보다는 좀 더 길어졌다. 경기도의 옛길 복원사업은 2013년 5월 삼남길 10개 구간이 개통되면서 가시화되었고, 같은 해 10월엔 의주길 5개 구간이, 그리고 2015년엔 영남길 10개 구간이 열렸다.

청계산 자락 옛골 마을이 경기옛길 영남길의 시작점이다. 서울시를 벗어나 경기도로 막 들어서는 성남의 관문이다. 원 노선은 경부고속도로와 나란히 달래내고개를 넘지만, 복원된 길은 더 안전하고 호젓한 청계산 능선으로 우회한다. 그 옛날, 과거 급제를 꿈꾸며 먼 길을 걸어온 선비들이 '휴~ 이제 한양이 코앞이로다'라며 땀을 훔치던 곳이 바로 달래내고개다. 경부고속도로 운전자들이 이곳을 지나며 '서울로 들어서는 마지막 고개'임을 의식한다면 잠시 여행의 감상에 젖을 수도 있다. 그런 중요한 고개를 우회하는 미안함이 깊었는지, 옛길 복원을 주도한 이들은 영남길 제1길에 '달래내고개길'이란 이름을 붙여줬다.

경부고속도로 경기 구간은 거의 수직으로 남쪽을 향한다. 영남대로 원 노선도 고속도로와 꼭 붙어 내려오다가 신갈 부근에서 45도 방향을 틀어 동남쪽 부산을 향한다. 경기도 내 영남길은 10개 구간 중 1길과 2길, 두 노선이 성남시를 관통한다. 신갈까지의 영남대로 원 노선은 판교 부근 일부만 제외하곤 거의 경부고속도로에 덮였거나 근접해 있다. 때문에, 새로 복원된 영남길은 더욱 안전하고 쾌적한 대체 도로를 찾아 우회할 수밖에 없었다. 성남 남부인 분당구를 관통하는 영남길 제2길 역시 새로 개척해낸 우회 노선이다.

경부고속도로가 생기며 서울-부산 간은 자동차 반나절 거리로 짧아졌다. 그 옛날 과거시험 보러 가던 선비들이 짚신발로 보름을 걸었

　1970년 경부고속도로가 뚫렸다. 서울-부산을 이어온 영남대로는 그 존재감이 희미해졌다. '대로(大路)'는커녕 초라한 '옛길'로 밀려날 수밖에 없었다. 이후 개발 시대를 거치며 거의 단절된 영남대로가 최근 일부나마 되살아났다. 경기도가 관내 옛 노선을 최대한 원형에 가깝게 복원해낸 것이다. 옛길 복원 사업의 일환으로 여러 해 동안 공들여 연구하고 고증을 거쳐 검증해낸 결과다. 이름하여 '경기옛길 영남길' 10개 구간에 총 거리 116km다.
　고속도로에 묻히고 신도시 아파트 등에 막힌 구간은 더 나은 대체

제6길 은이성지·마애불길(15.4km)

양지면 남곡리 - 은이성지 - 문수산 - 법륜사 - 용인 농촌테마파크 - 내동 연꽃마을 - 원삼면 독성리

제7길 구봉산길(13km)

원삼면 독성리 - 둥지박물관, 오토캠핑장 - 구봉산 - 정배산 - 드라미아 - 조비산 - 백암면 석천리 황새울마을

제8길 죽주산성길(13km)

백암면 석천리 황새울마을 - 비봉산 - 죽주산성 - 매산리 석불입상 - 봉업사 당간지주 - 죽산면소재지

제9길 죽산성지순례길(9.9km)

죽산면소재지 - 죽산성지 - 일죽면 장암리 - 일죽면 화봉리 - 일죽면 금산리

제10길 이천옛길(10km)

일죽면 금산리 - 율면 산양리 - 부래미마을(석산리) - 어재연 장군 생가

📍 10개 코스 트레킹 루트 (116km, 2021년 8월 경기옛길 홈페이지 기준)

제1길 달래내고개길(13.7km)

청계산옛골 - 천림산봉수지 - 금토천 - 판교박물관 - 판교 크린타워 - 성남항일의병 기념탑 - 백현동 - 분당구청

제2길 낙생역길(8.3km)

분당구청 - 수내동 고가(중앙공원) - 불곡산

제3길 구성현길(14.7km)

불곡산 출구(무지개마을) - 탄천 - 구성역 - 마북동 석불입상 - 민영환 묘소 - 용인향교 - 법화산 - 동백호수공원

제4길 석성산길(6.5km)

동백호수공원 - 석성산 등산로 - 용인문화복지행정타운

제5길 수여선옛길(11.6km)

용인문화복지행정타운 - 금학천 - 용인중앙시장(김량장역) - 봉두산 - 양지면 남곡리

해대로, 경상도 부산 통영까지의 영남대로, 남쪽 땅끝 해남까지 그리고 바다 건너 제주까지 이어진 삼남대로, 그리고 강화도로 향하는 강화대로다.

 우리 땅 한반도에서 옛사람들 발길이 가장 많이 닿은 길은 이들 중 어딜까? 아마도 영남대로일 것이다. 신라 땅에 자연스레 점선처럼 생겨나던 길들이 삼국 통일 과정에서 북서쪽으로 점차 늘어나며 한 줄의 실선으로 이어지지 않았을까. 초창기 영남대로는 통일신라의 한복판을 가로지르며 번영의 시대를 함께한 길이었다. 영남대로는 또한 한반도 젖줄인 한강-낙동강 라인과 인접하여 궤를 나란히 한다. 수많은 이들의 발길과 함께 풍성한 역사 이야기들이 녹아 있음을 짐작케 한다. 인류 역사 초기 메소포타미아 지역 등 4대 문명에서 보았듯 우리 인간은 메마른 땅보다는 큰 강 유역에서 더 역동적인 삶을 이어갔음을 알 수 있기 때문이다.

경기옛길
영남길

　　고대 서방 세계의 모든 길은 로마로 통했다. 수많은 길이 로마로 향했고, 로마를 중심으로 방사형처럼 퍼졌다. 유럽 전역과 소아시아, 그리고 아프리카 북부까지 이어졌다. 수십 갈래의 길들은 합산 총 거리가 85,000km에 달했다. 2,000년 전에 조성된 이 길들, '로마 가도(街道)'를 통해서 로마는 제국을 일으켰고 제국을 통치했다. 제국이 멸망한 뒤에도 길들은 남아 오랜 세월 인간과 물류와 문화의 교류 혈관이 되어왔다.

　　고대 유럽 대륙을 동방의 우리 한반도로 압축해서 옮겨보자. 화려한 역사보다는 애환으로 얼룩진 길이지만, 조선 시대 6대 간선도로가 로마 가도에 해당한다. 이탈리아반도의 한가운데 로마처럼 한반도의 한양을 중심으로 여섯 갈래의 길들이 동서남북으로 퍼져나갔다. 평안도 압록강변 의주까지 의주대로, 한반도 동북단인 함경도 경흥까지는 경흥대로, 강원도 강릉을 거쳐 경상도 평해까지 이어진 평적도 아래 인도 대륙이 테티스해를 넘어 북상하며 유라시아 대륙에 부딪혀왔다. 거대 땅덩이의 남쪽 일대가 육중하게 들어올려지며 티베트 고원이 되었고, 길게 맞붙은 충돌면은 우지끈 부서지며 솟아올라 울퉁불퉁 히말라야가 되었다. 아시아 대륙에 옛날 옛적 '세계의 지붕'이 생겨난 기원이다. 이들 고원 설산 일대를 걷는 여행자의 눈에는 모든 게 경이롭다. 아름다운 풍광들이지만 낯이 설고, 척박한 곳에서 삶을 일궈가는 사람들 모습에선 경외심마저 들게 된다.

우리 한반도의 오래된 옛길이나 동남쪽 베트남의 화려했던 왕도 등, 아시아의 여러 길과 도시와 마을들을 두 발로 뚜벅뚜벅 걸을 때는 왠지 모를 애잔함이 느껴진다. 오랜 역사에 스며있는 약자들의 한과 설움이 떠오르기 때문이다. 내가 사는 곳은 대륙의 동북쪽 한 귀퉁이지만 우리 모두는 아시아라는 하나의 땅덩어리에 함께 부대끼며 살고 있다.

chapter 1
아시아
Asia

chapter 3
유럽

이탈리아 피렌체	302
이탈리아 친퀘테레	311
이탈리아 로마	319
스페인 산티아고 순례길	327
스페인 바르셀로나	335
포르투갈 리스본	346
포르투갈 포르투	353
스코틀랜드 하이랜드	363
스코틀랜드 에든버러	372
스코틀랜드 글래스고	380
잉글랜드 휘트비	390
잉글랜드 맨체스터	399
잉글랜드 런던	409
아일랜드 더블린	420
북아일랜드 벨파스트	429

chapter 2
오세아니아 북미 남미

뉴질랜드 밀포드 트랙　　　192

뉴질랜드 마운트 쿡　　　202

뉴질랜드 통가리로　　　210

미국 토리 파인즈 트레일　　　220

미국 옐로우스톤 국립공원　　　226

아르헨티나 피츠로이 세로토레　　　236

아르헨티나 부에노스아이레스　　　242

아르헨티나 이과수 폭포　　　250

칠레 토레스 델 파이네　　　260

칠레 모레노 빙하　　　268

칠레 푼타아레나스　　　276

페루 잉카 트레일　　　284

페루 쿠스코　　　292

동티베트 야딩 풍경구	86
동티베트 샹그릴라 중뎬	94
동티베트 리탕	101
동티베트 캉딩	109
중국 태산	115
홍콩 트레일	122
일본 후쿠오카	132
네팔 안나푸르나 서킷	140
네팔 카트만두	148
네팔 포카라	156
베트남 후에	165
베트남 다낭	173
베트남 호이안	182

❈ 목차 ❈

Prologue　　　　　　　4

---
chapter 1
아시아

경기옛길 영남길　　　　14

경기옛길 의주길　　　　22

칠곡 한티가는길　　　　30

동해안 해파랑길　　　　40

제주 원도심 트레일　　　48

티베트 카일라스 코라　　56

티베트 3대 호수　　　　63

티베트 라싸　　　　　　70

티베트 구게왕국　　　　78

마음속이 사막처럼 황량하다고 느껴진다면 어딘가로 떠나 걸어보자. 거창한 준비 없이 가볍게 떠나면 어떤가. 먼 곳일 필요도 없다. 익숙한 일상을 벗어난다면 그게 어디든 다 여행이다. 길고 짧은 여행에서 돌아올 때마다 우리 마음속엔 나무숲이 가득할 것이고, 그게 아니라면 파릇파릇한 새싹 정도는 돋아나 있을 것이다.

저자 이영철

※ 퇴직 후 세상 바깥으로 혼자 나돌아다니도록 방치 및 지원해 준 권 아무개 동지에게 늘 감사드린다.

는 세계 곳곳의 아름다운 길과 도시와 마을들을 두루 망라하고 있다.

각 꼭지 전반부에는 해당 지역의 역사와 문화에 대한 이야기로 인문여행의 향취를 담아냈고, 후반부에는 도보여행에 필요한 거리와 해발고도 및 경유지 정보들을 다양하게 실었다. 특히 트레킹 루트가 명시된 각각의 지도를 통하여 해당 여행지의 지리 정보가 한눈에 파악될 것이다.

여행에 대한 꿈과 로망을 억누르며 살아온 코로나 시대가 2년을 채워간다. 이제 집단 면역의 시대로 접어들며 길고 어두웠던 터널의 끝도 멀지 않은 듯하다. 드디어 기차가 멈추고 맑은 공기 마시며 여행을 시작할 종착역이 가까워진 것이다. 역에 도착해 내릴 때까지 멍하니 앉아만 있을 것인가? 곧 시작될 여행에 대한 준비와 예습에 돌입하면 어떨까? 아니면, 예전에 갔던 여행지들에 대한 복기와 복습도 좋겠다. 여행을 준비하는 것도, 여행을 복기하는 것도 다 여행의 연장이다. 여행을 예습하는 건 현지에서의 여행을 더 풍요롭게 해주고, 여행을 복습하는 건 우리 일상의 마음속을 더 풍요롭게 해준다.

여행과 치유에 관한 영화 《가을로》에서, 불행한 남자 현우(유지태 분)는 전남 신안군의 우이도 모래언덕에서 여행을 시작한다. 10년 전 죽은 약혼자 민주(김지수 분)의 속삭임이 그의 곁을 따른다.

"사막에서부터 여행을 시작하는 게 이상하다고? 그럼 이런 주문을 외워 보는 건 어떨까? '지금 우리 마음은 사막처럼 황량하다. 하지만 이 여행이 끝날 때쯤이면 우리 마음속에 나무숲이 가득할 것이다."

는가 보다. 전전긍긍 노심초사해왔던 일련의 직장 일과 고민들이 별것 아닌, 그저 지나가는 일상으로 다가왔다. 설명할 수 없는 담대함, 근거 없는 자신감이 전에 없이 내 안에 들어찬 모양이었다. 벽면수행하던 스님의 머릿속에서 번쩍하는 득도의 순간이 그럴지도 모르겠다.

그 여름날 이후 3년 하고도 5개월이 지나 결국 직장에서 나왔다. 그로부터 두 달 후, 오랜 로망이던 안나푸르나 트레킹에 나섰다. 이어서 동해안 해파랑길과 산티아고 순례길을 누비며, 백수 첫해의 3분의 1의 시간을 국내외 길 위에서 도보여행으로 보냈다. 어렵던 시절에 맞닥뜨린 그날 하루의 트레킹 경험이 일상의 습관과 마음가짐에 큰 변화를 가져왔고, 퇴직 후 여행 등 중장기 인생에 관한 기획과 준비를 가능케 해줬다.

여행이 주는 행복감을 100으로 보면 30-40-30 순으로 채워짐을 느낀다. 정보를 찾아가며 여행 계획을 짜고 준비해가는 며칠 또는 몇 달 동안의 설렘과 기대감으로 30, 현지로 떠나 실제 여행에서 느끼는 행복감으로 40, 그리고 나머지 30은 일상으로 돌아와 사진과 기록을 뒤적이며 지난 여정을 복기하는 과정에서 채워지는 것이다. 아무 준비 없이 마음 내키는 대로 떠나 여행 자체만을 즐기고 끝내는 고수 여행가들도 있겠지만, 나에겐 예습과 준비 과정을 거치고 또한 복기까지 이어지는 여행이 늘 만족도가 높았다.

이 책에는 그렇게 예습-여행-복기의 과정을 거쳐 간 국내외 여행지들 중에서 도보여행으로 특히 좋았던 50군데를 모아 담았다. 2년 전 펴낸 《세계 10대 트레일》 중 5개 코스의 내용 일부를 출판사의 양해를 얻어 편집해 실었고, 국내 5개 트레일을 포함한 나머지 45군데

❦ Prologue ❦

　　　　누구에게나 인생의 터닝포인트로 기억되는 날이 있을 것이다. 큰 성취는 아니어도 일상에 대반전을 이뤘던 날 말이다. 나에겐 13년 전, 어느 여름날이 그랬다. 오래 꿈꿔왔던 고위직 승진은 고사하고 연말에 잘릴지도 모른다는 공포감이 극에 달했던 시절이 있었다. 며칠째 두통과 불면에 시달리다 주말 새벽 5시에 집을 나섰다.
　안양천을 걷다 보니 밤새 지끈거렸던 머리가 맑아지는 게 신기해서 학의천을 따라 계속 걷다가 예정에 없던 청계산으로 발길이 향했다. 매봉과 망경대를 넘어 선바위역으로 하산하곤 내친김에 우면산까지 들렀다. 귀신에 씌었는지 사당에서 다시 관악산으로 올라 연주대를 넘고 안양유원지로 하산했다. 시간은 저녁 7시였다. 한두 시간에 그쳤을 아침 산책이, 난생처음 주변 산 3개를 오르내리는 14시간 트레킹으로 이어진 날이었다.
　마치 큰 바위가 짓누르듯 했던 스트레스와 두통, 불면이 그날 이후 감쪽같이 사라졌다. 내가 모르는 뭔가가 그날 하루 내 안에서 일어났

마음이 가는 대로, 발길이 닿는 대로

세계 도보여행 50

이영철 지음

siso

세계 도보여행 50